AF324831

NEWLANDS

astromorphorganique

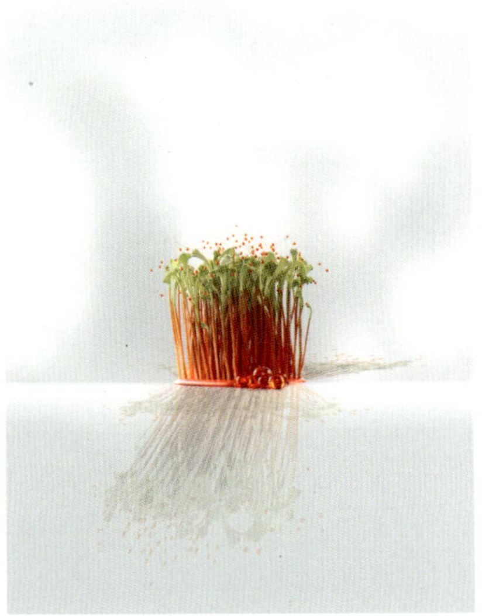

Imagination leads me by the hand, to a leafy place where matter softly intertwined
bids surprising tastes, harmony of notes, latent power bristling, utterances uncut.
Deep in the well of existence, draw a new reality: a world where an earthy breeze greets
us from a waking dream, calling up the essence of life, illuminating every single cell.
May we present you with a panoply – from icy structures, to water vapours,
all infused with provocative suggestions, and every one just as compelling?

Dirigés par l'imaginaire, la matière et le végétal nous apparaissent dans un doux mélange,
saveurs palpables, harmonies des sons, forces secrètes intimes, versions originales.
Au cœur, au plus profond de l'être, là où s'animent les cellules, nous puisons une nouvelle réalité:
monde où les parfums de terre nous sont soufflés dans un rêve éveillé, essence de vie.
Nous vous offrons un panaché de structures de glaces et de vapeurs d'eau,
imprégnées de provocations, de vibrations, de sens et d'audaces, toutes aussi séduisantes.

J. CASTAGNÉ – M. LOWE – D. METTOUDI

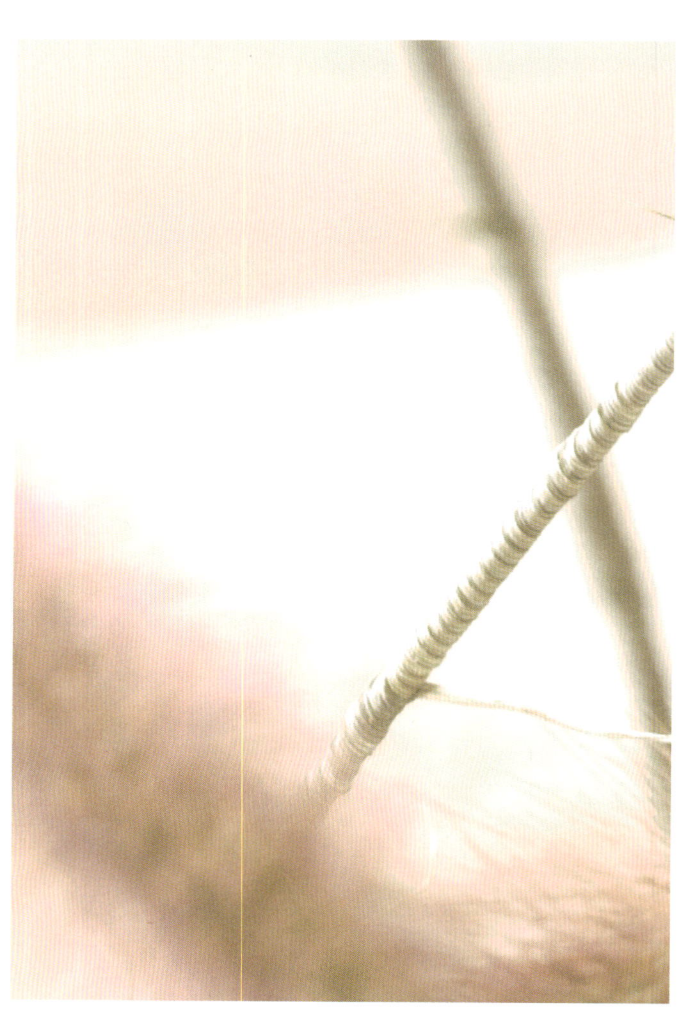

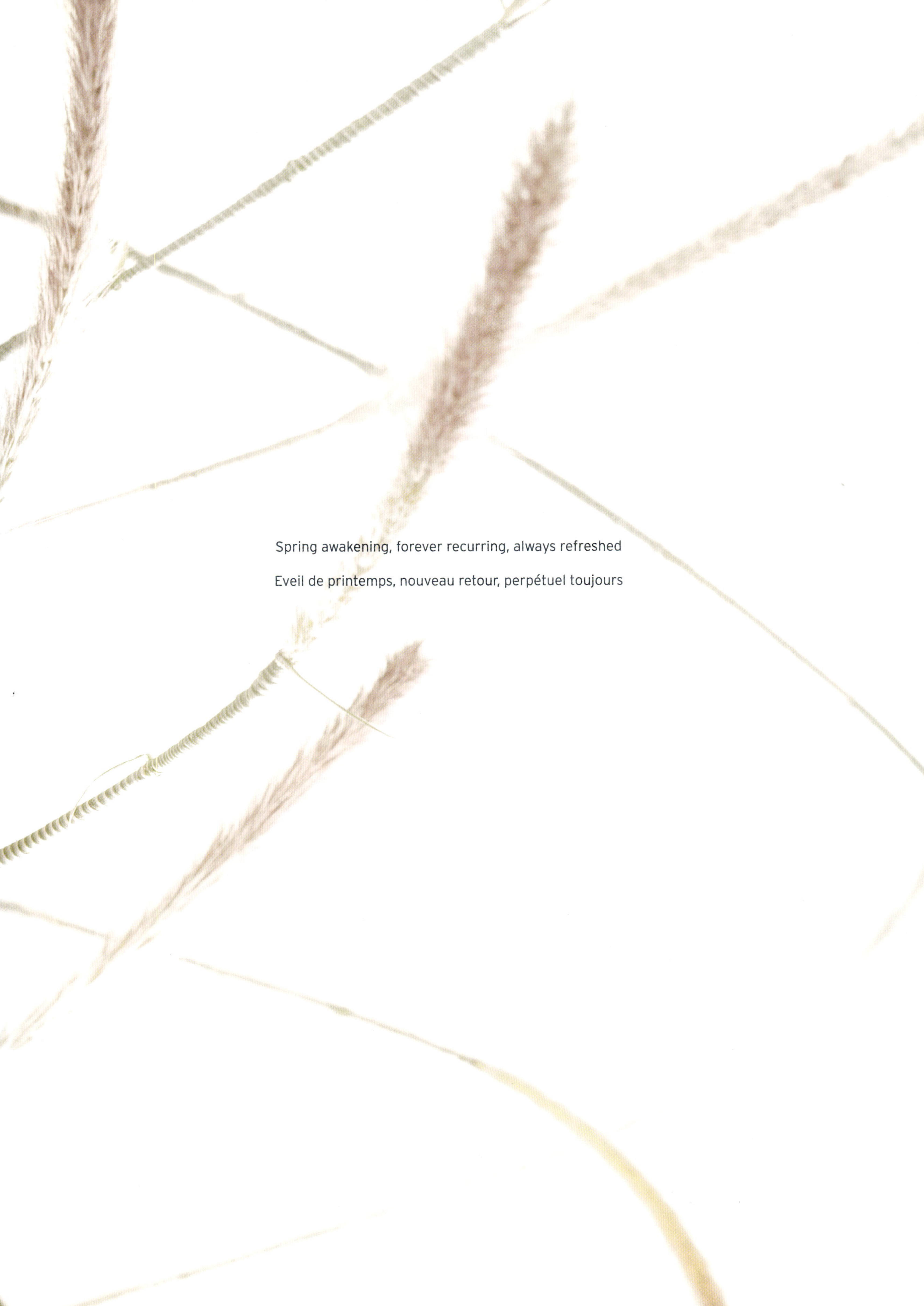

Spring awakening, forever recurring, always refreshed
Eveil de printemps, nouveau retour, perpétuel toujours

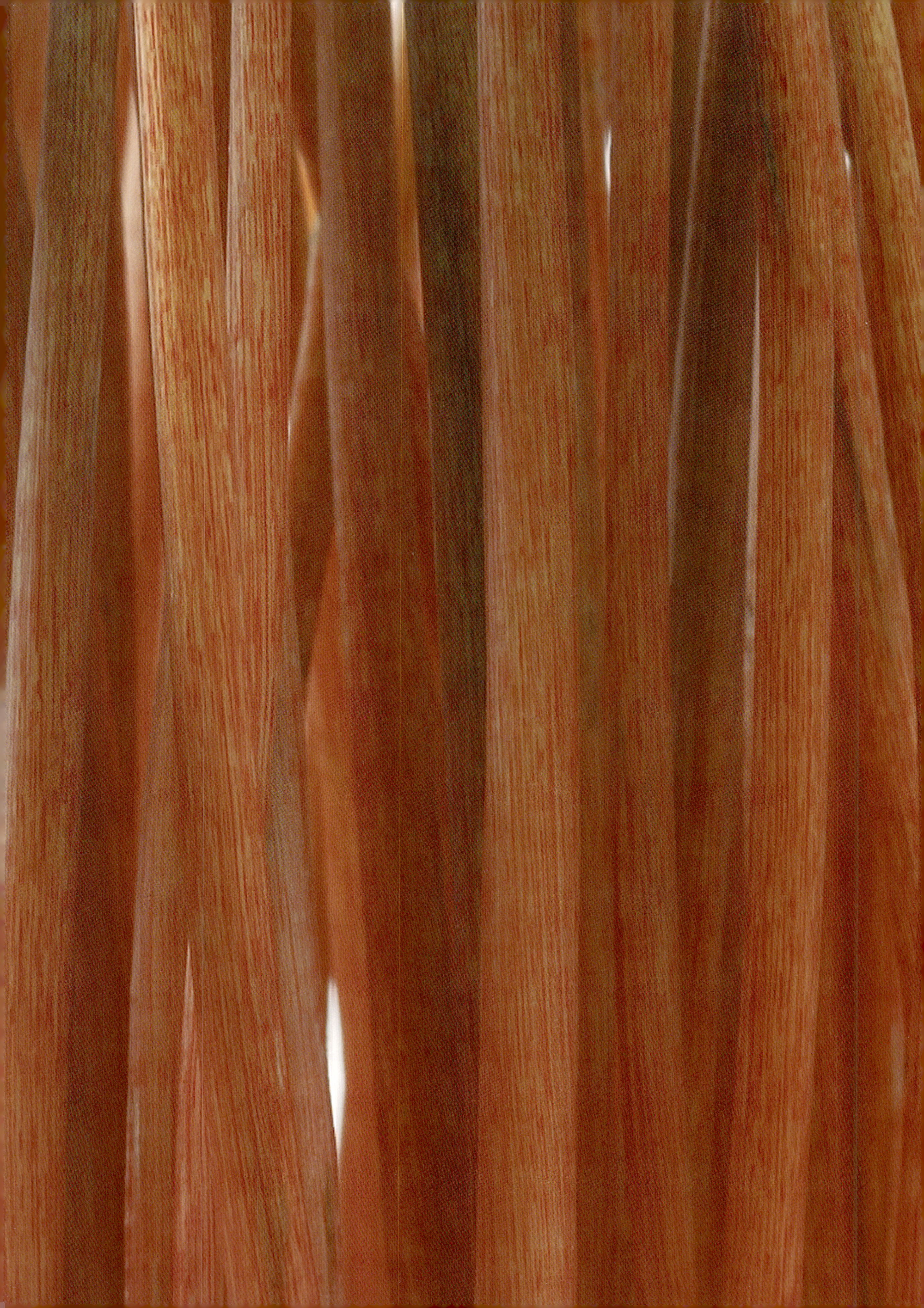

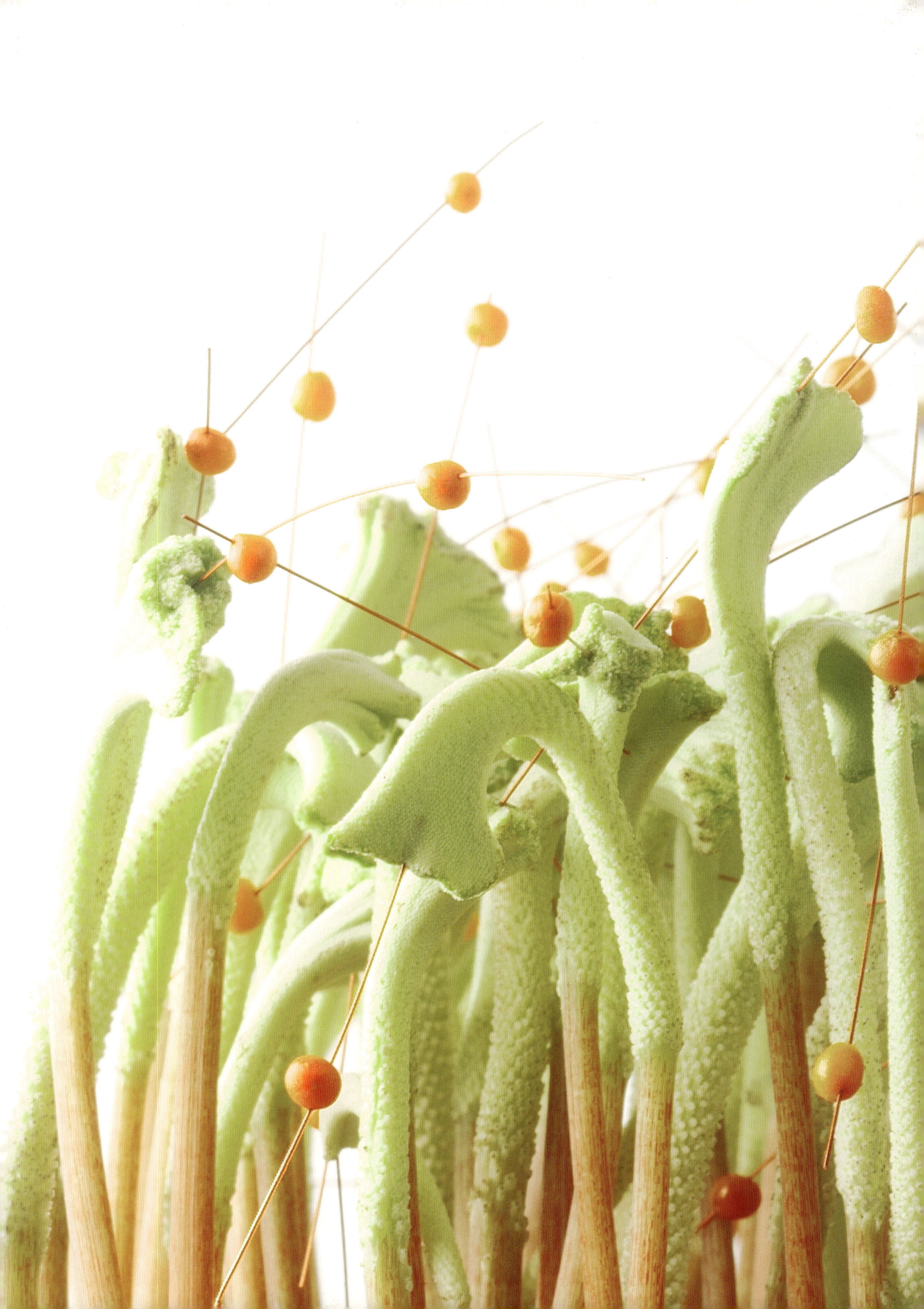

Imperishable seeds on an icy breeze, so warm now, harbour of solace

Vent glacé, semences impérissables, ardeur de paix

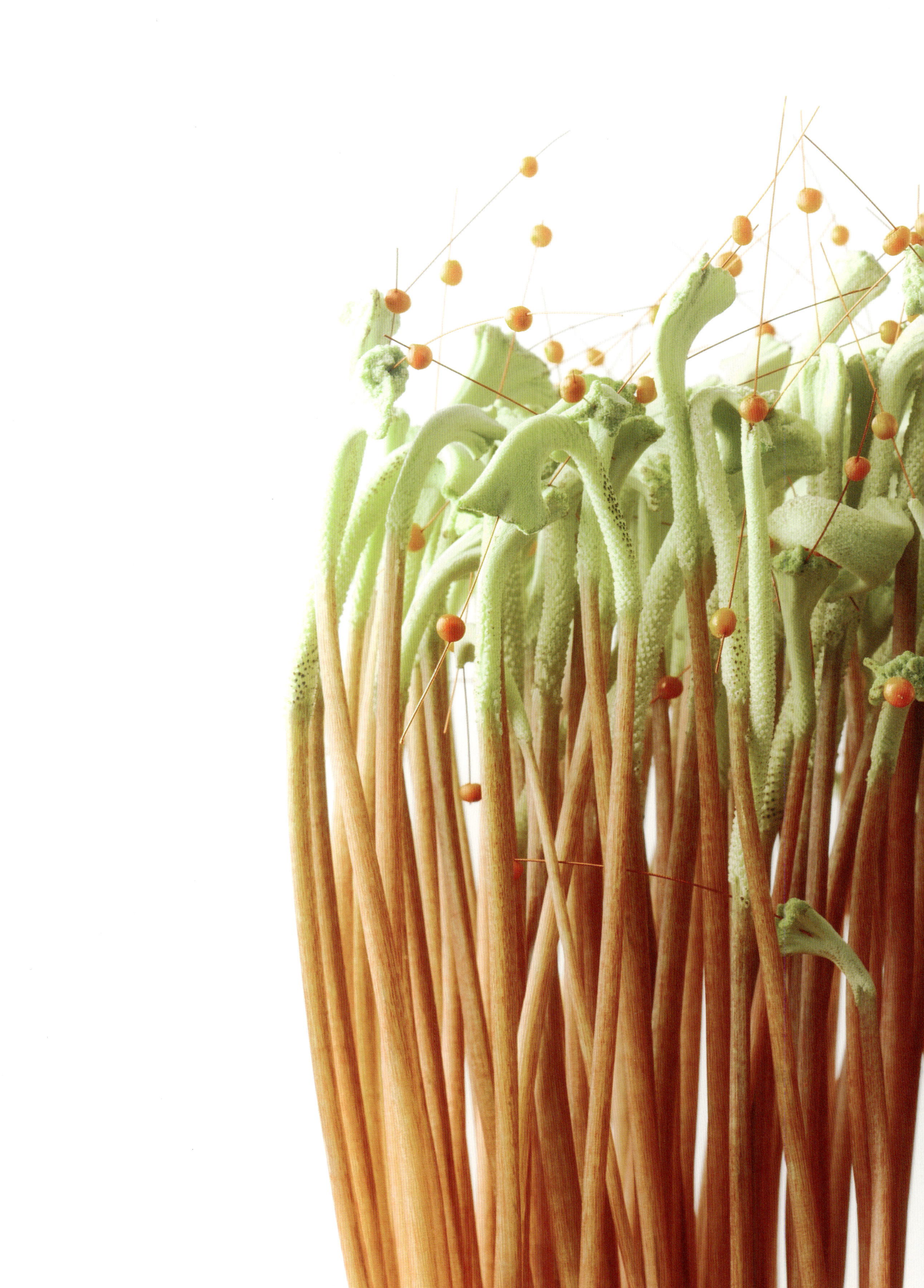

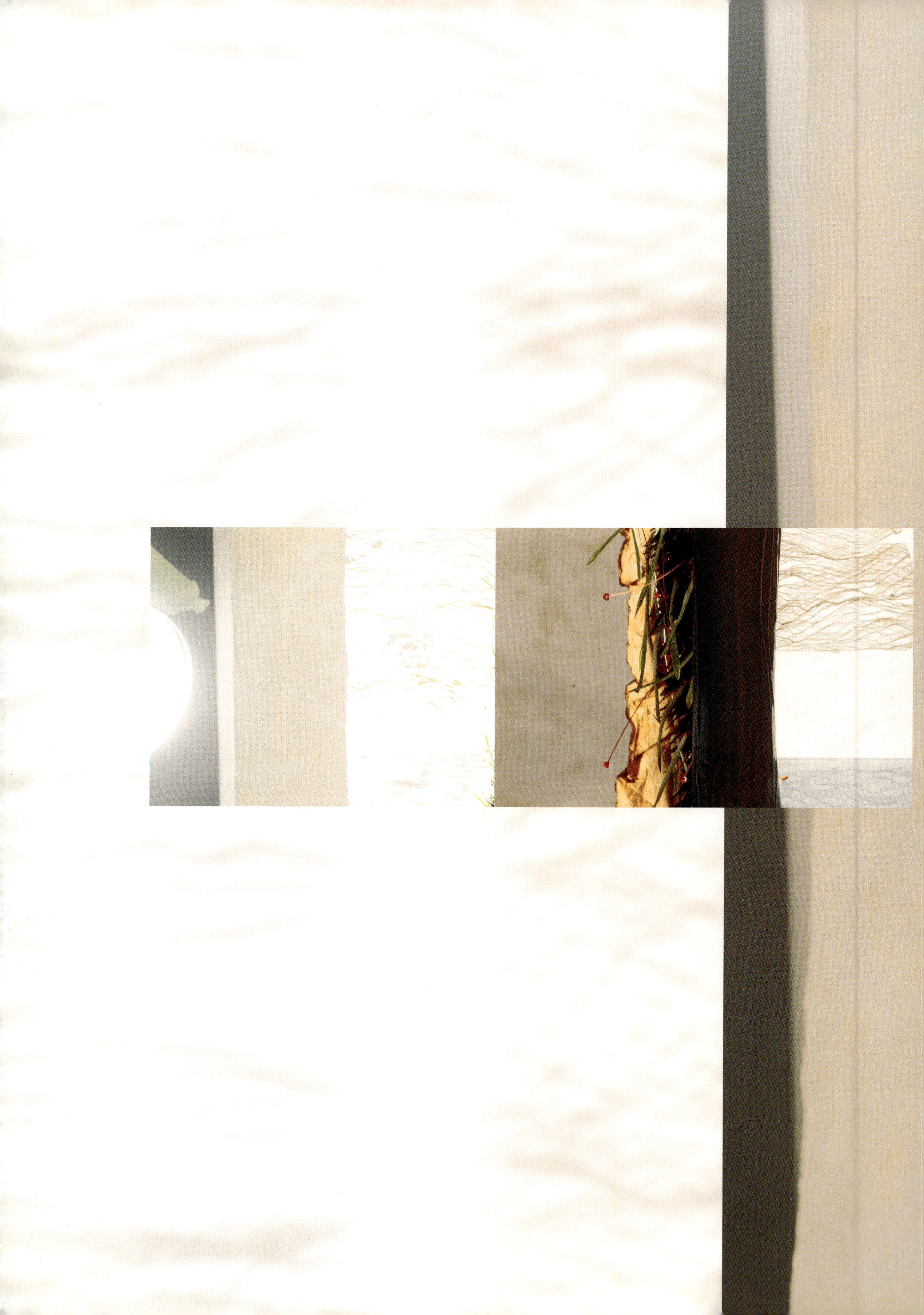

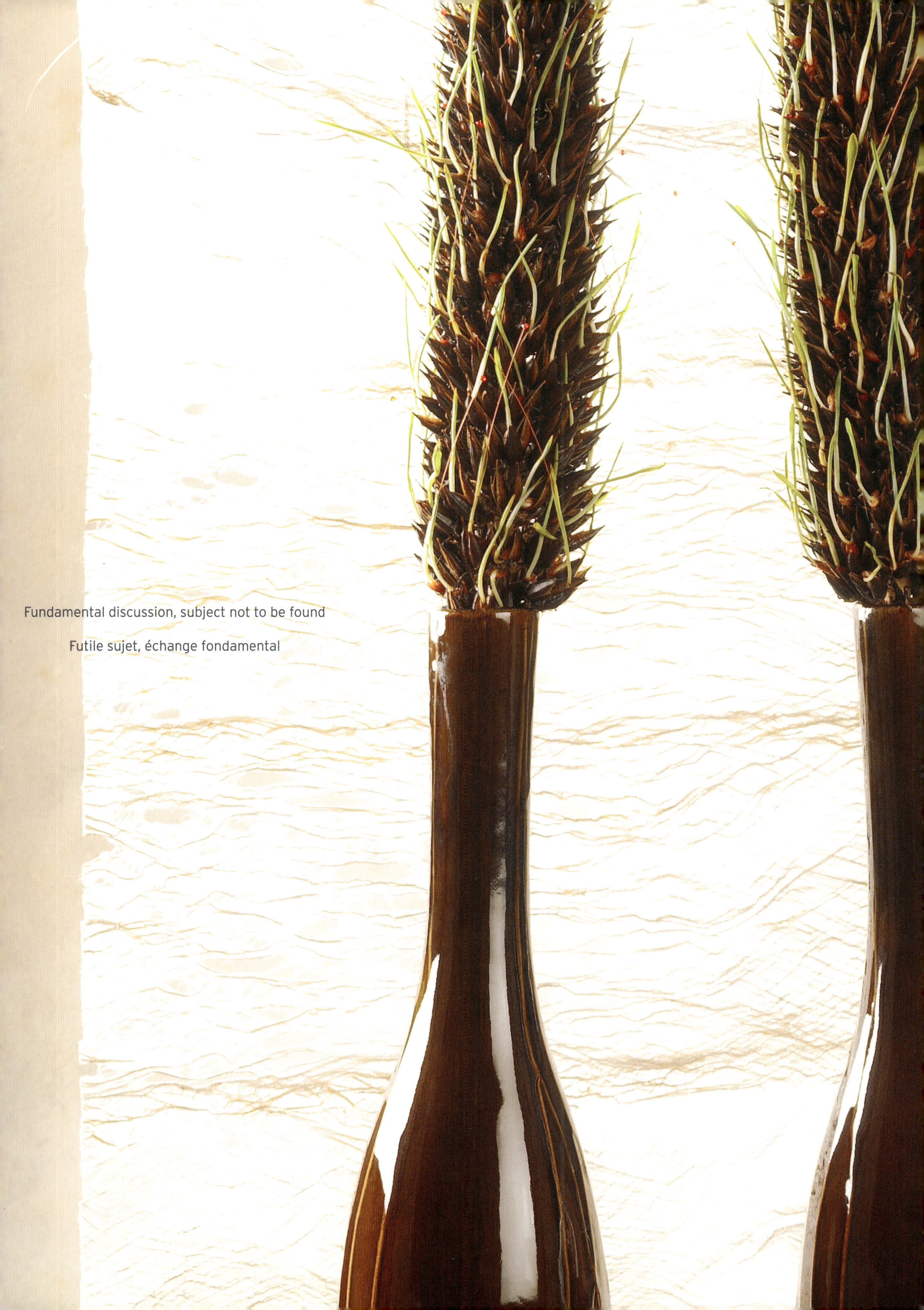

Fundamental discussion, subject not to be found

Futile sujet, échange fondamental

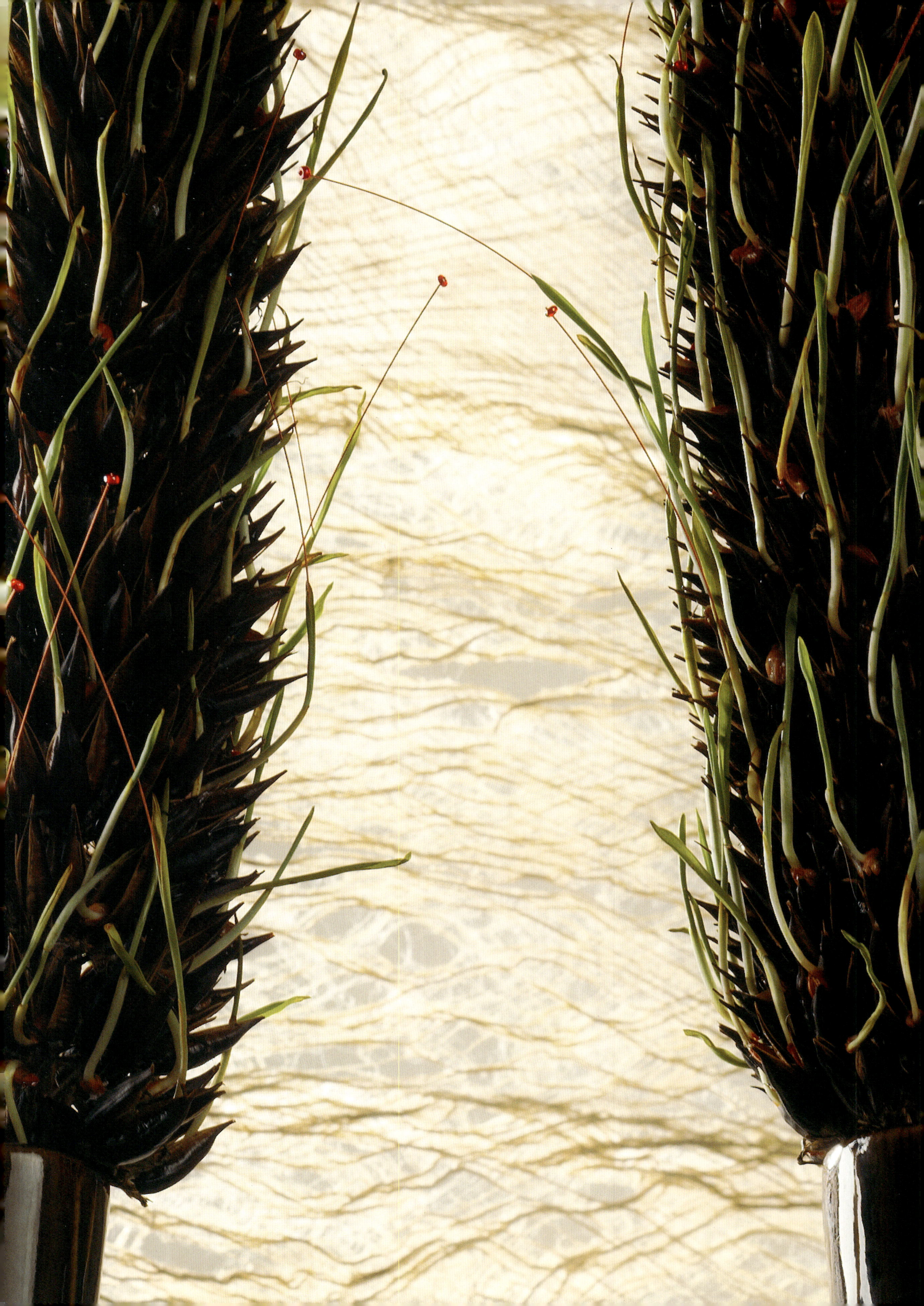

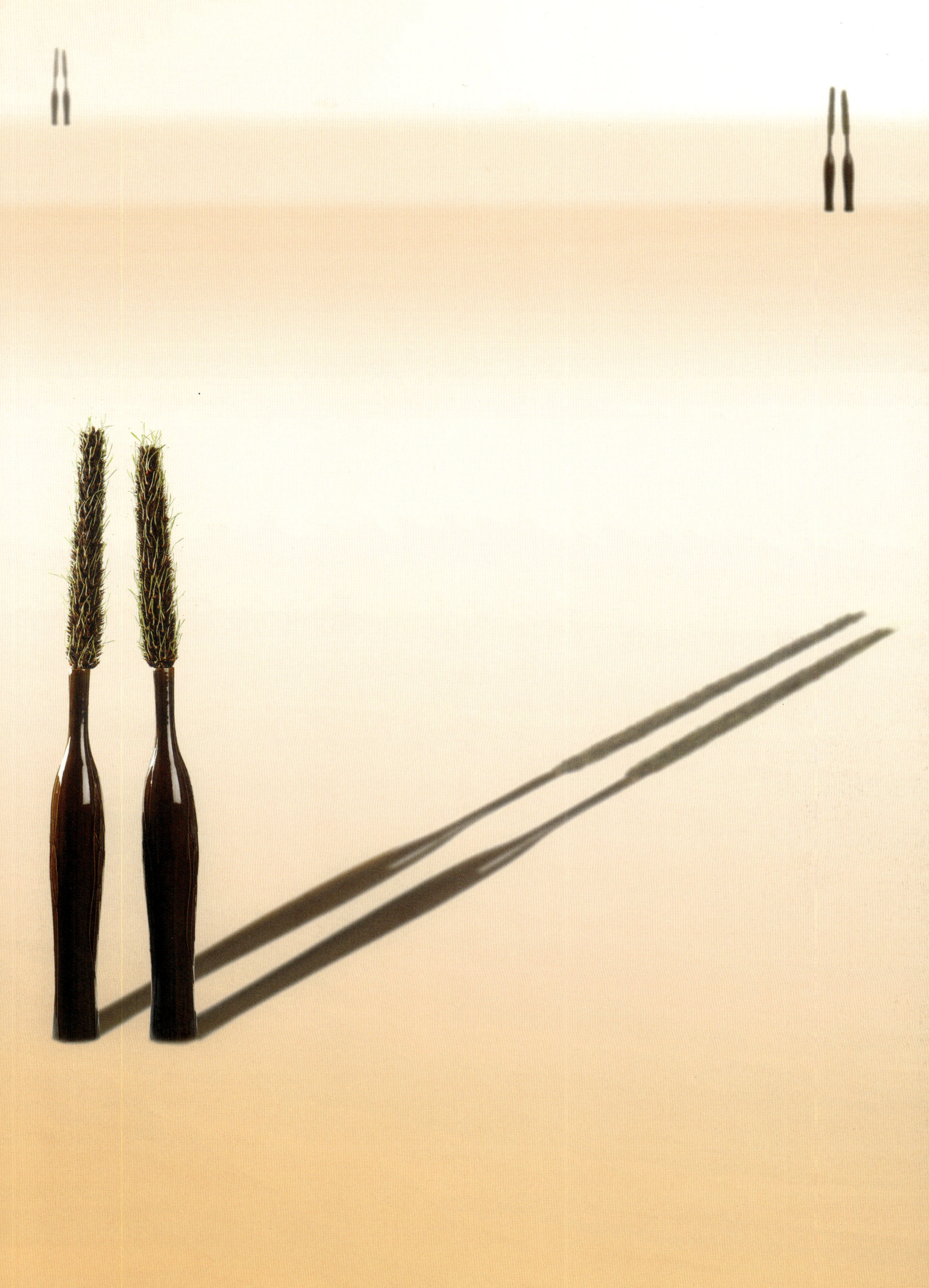

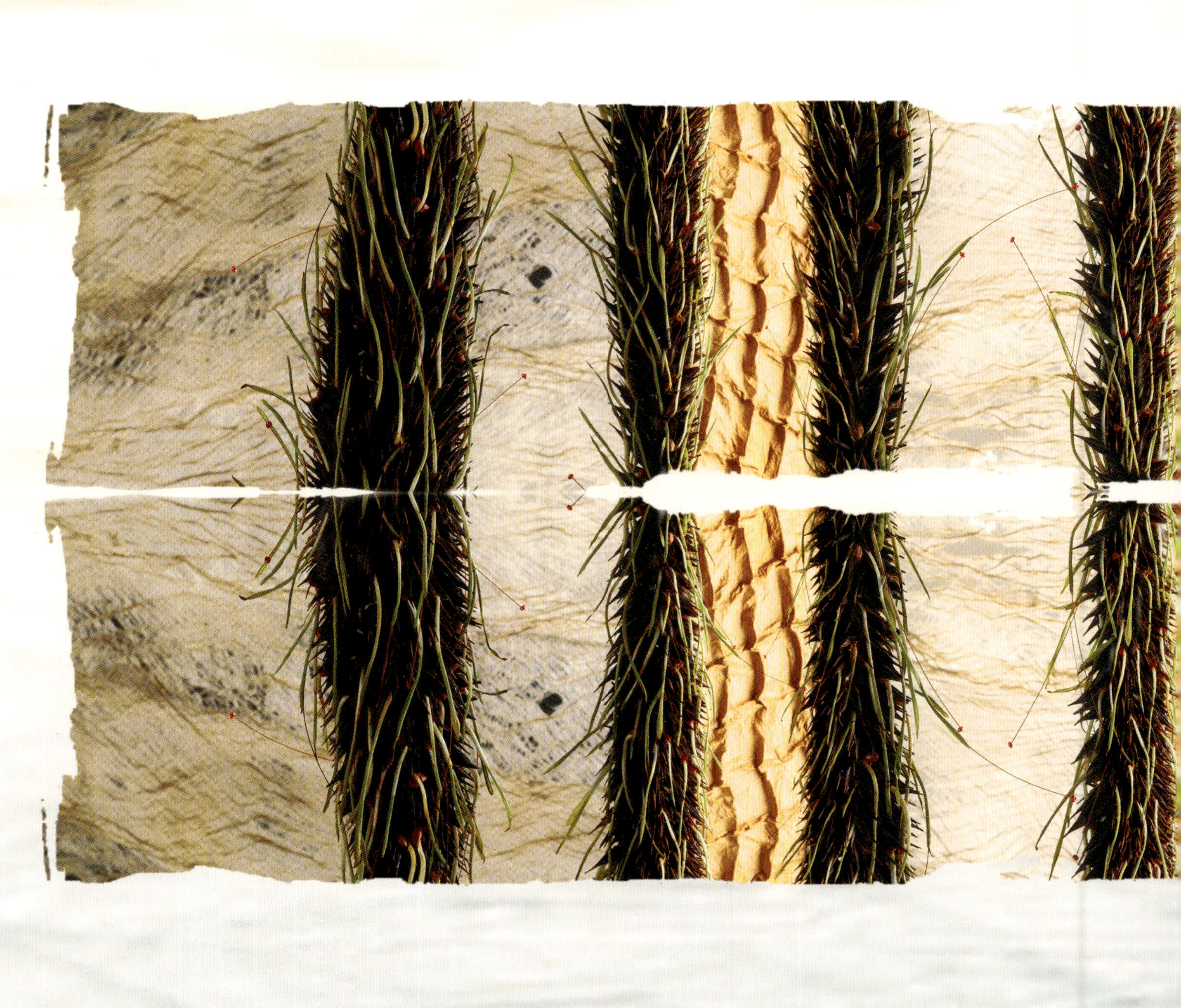

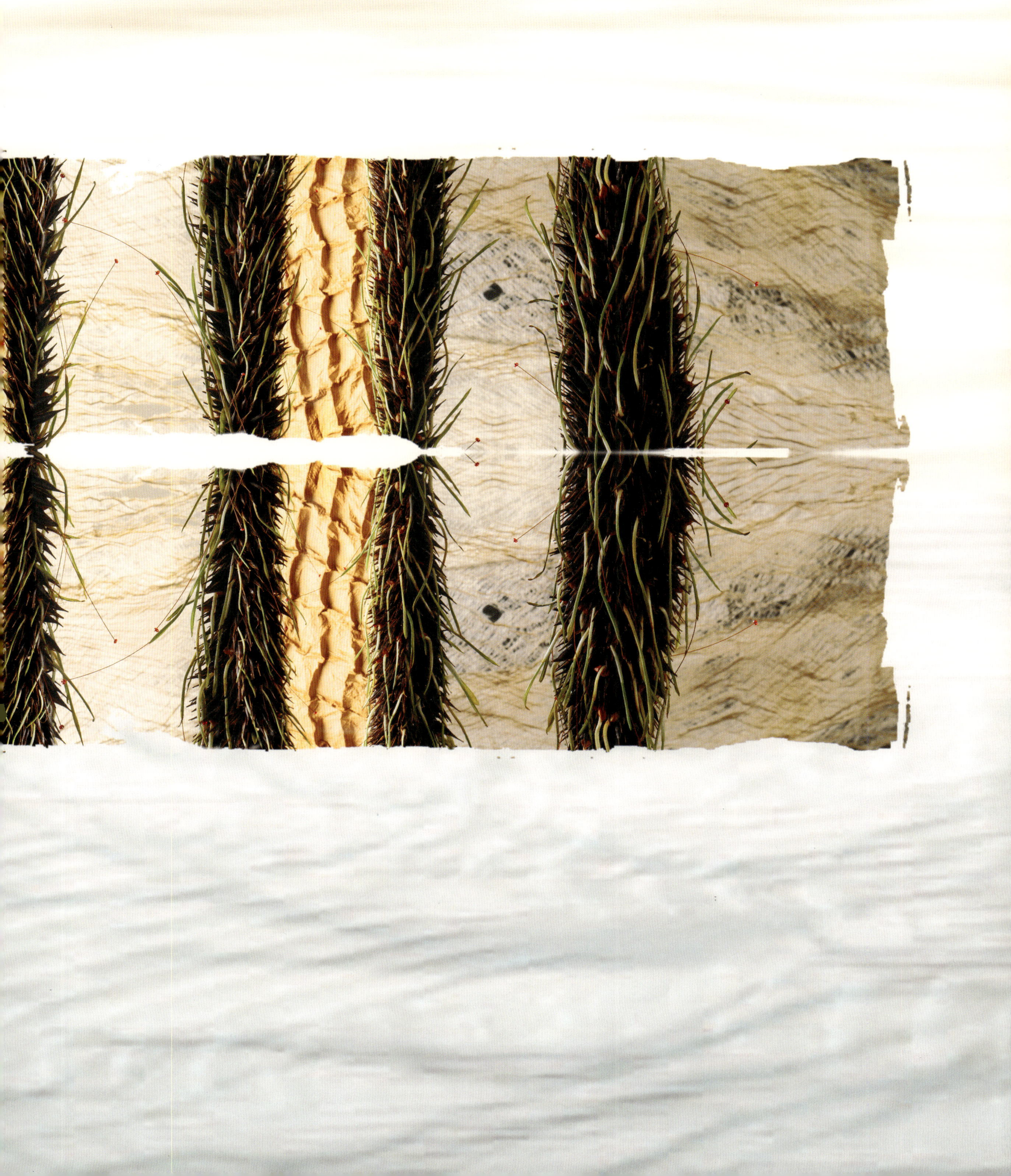

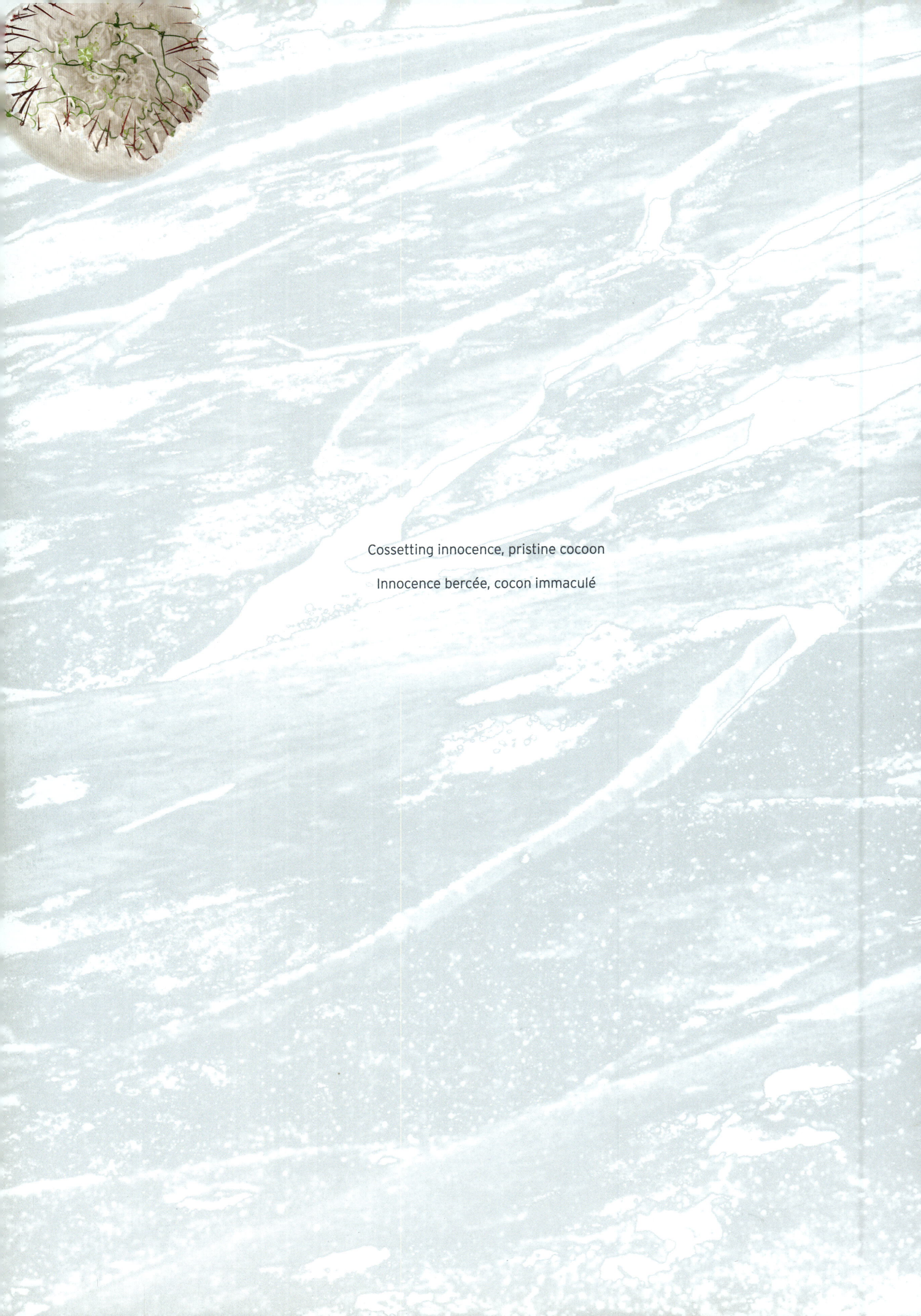

Cossetting innocence, pristine cocoon

Innocence bercée, cocon immaculé

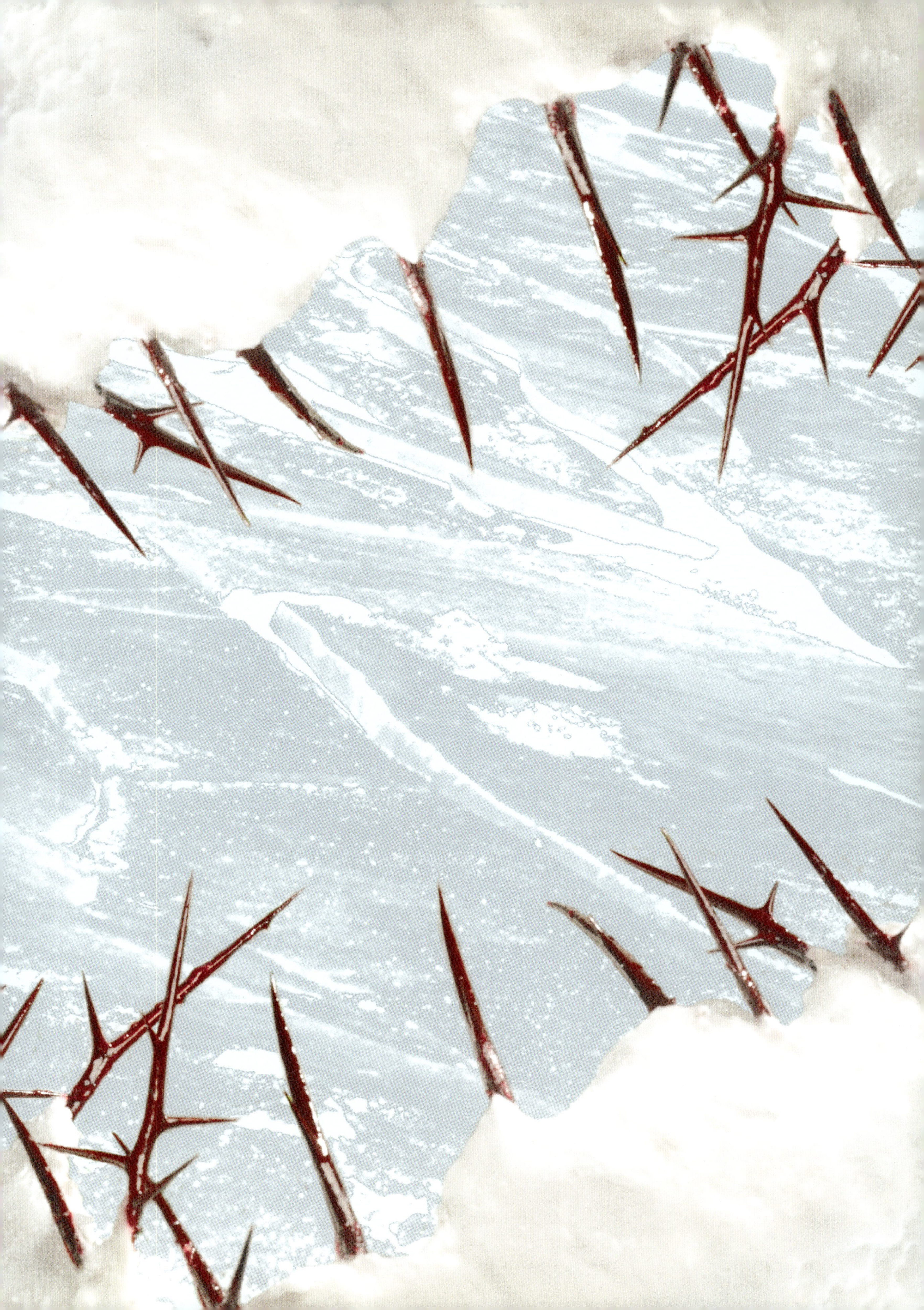

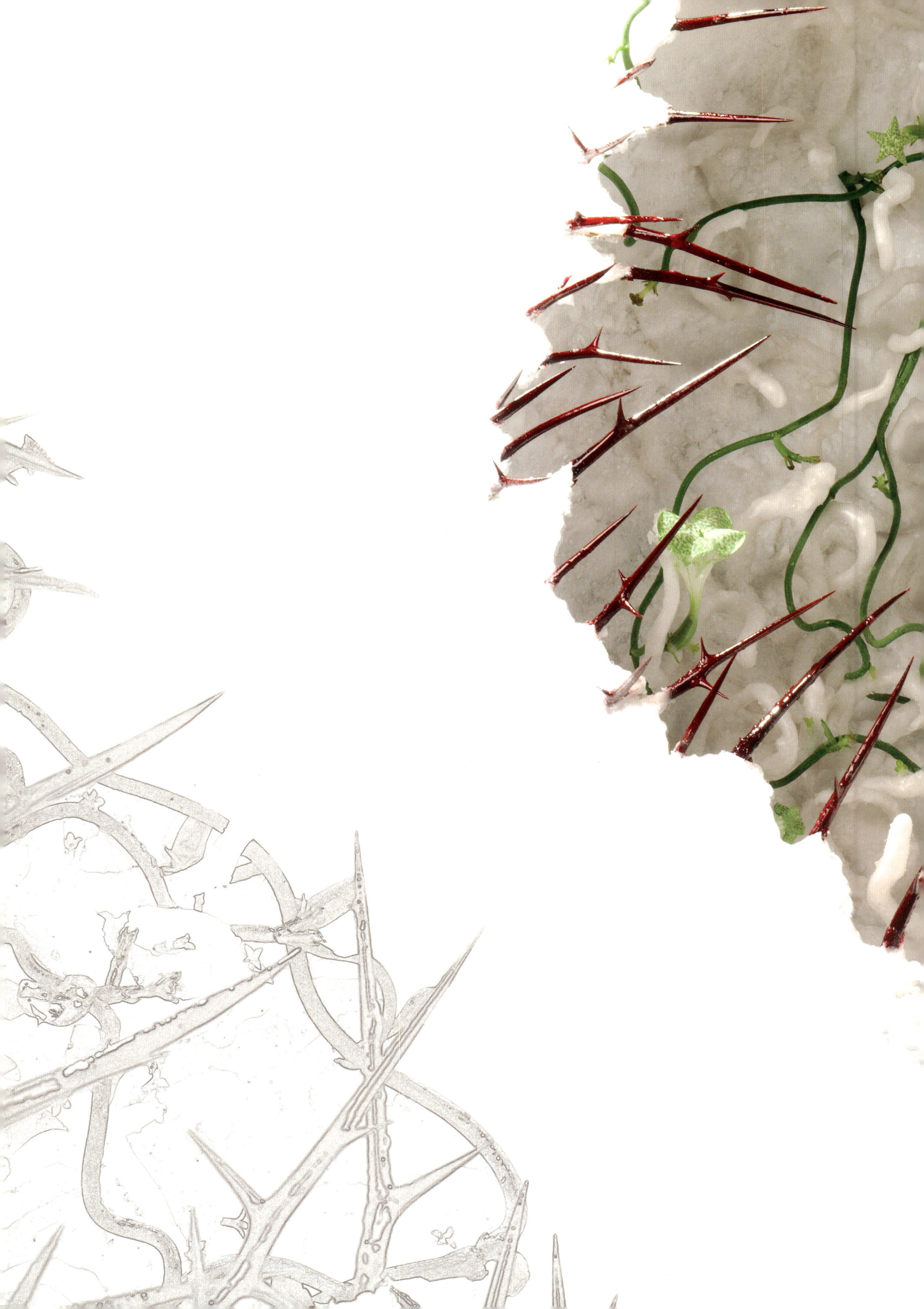

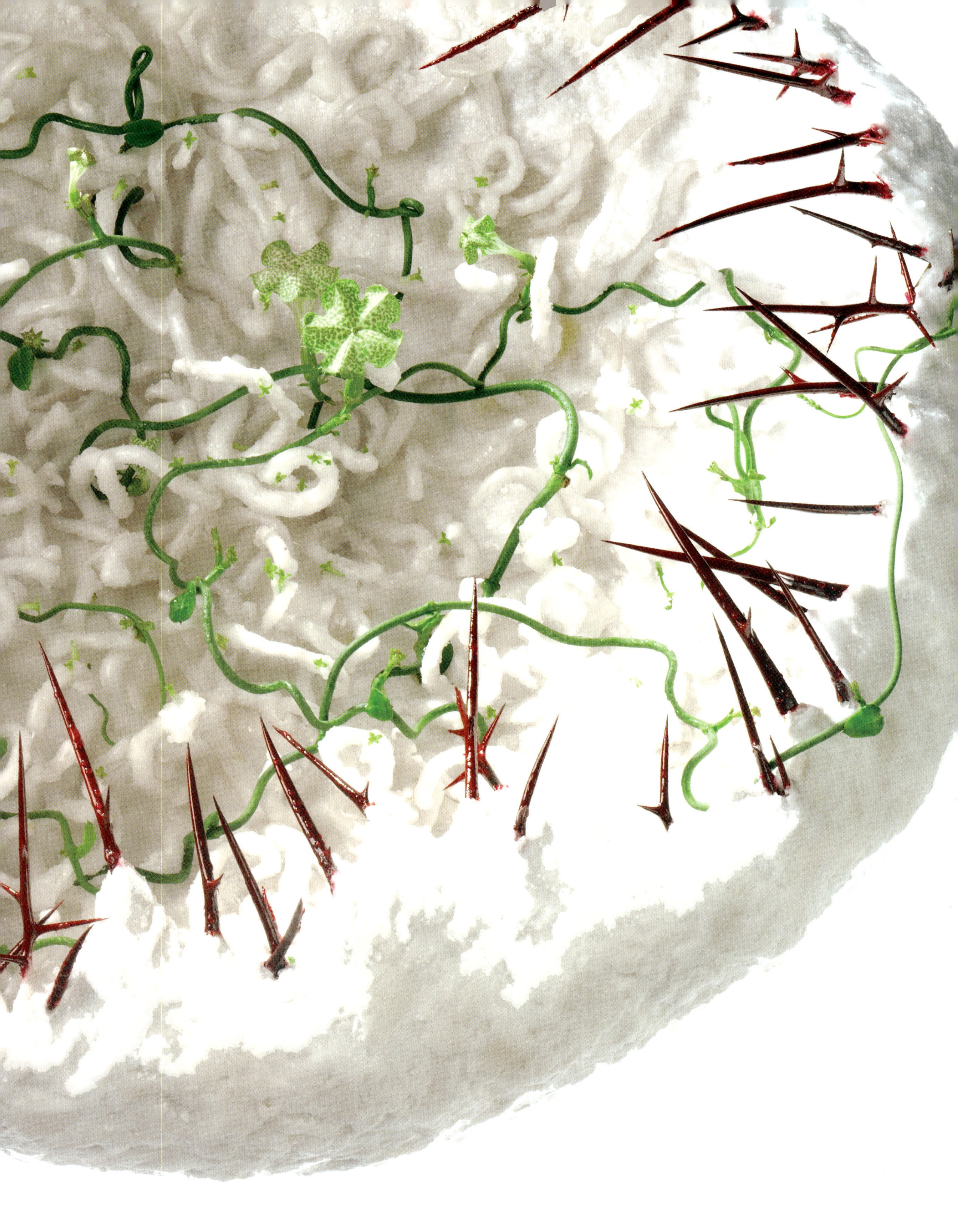

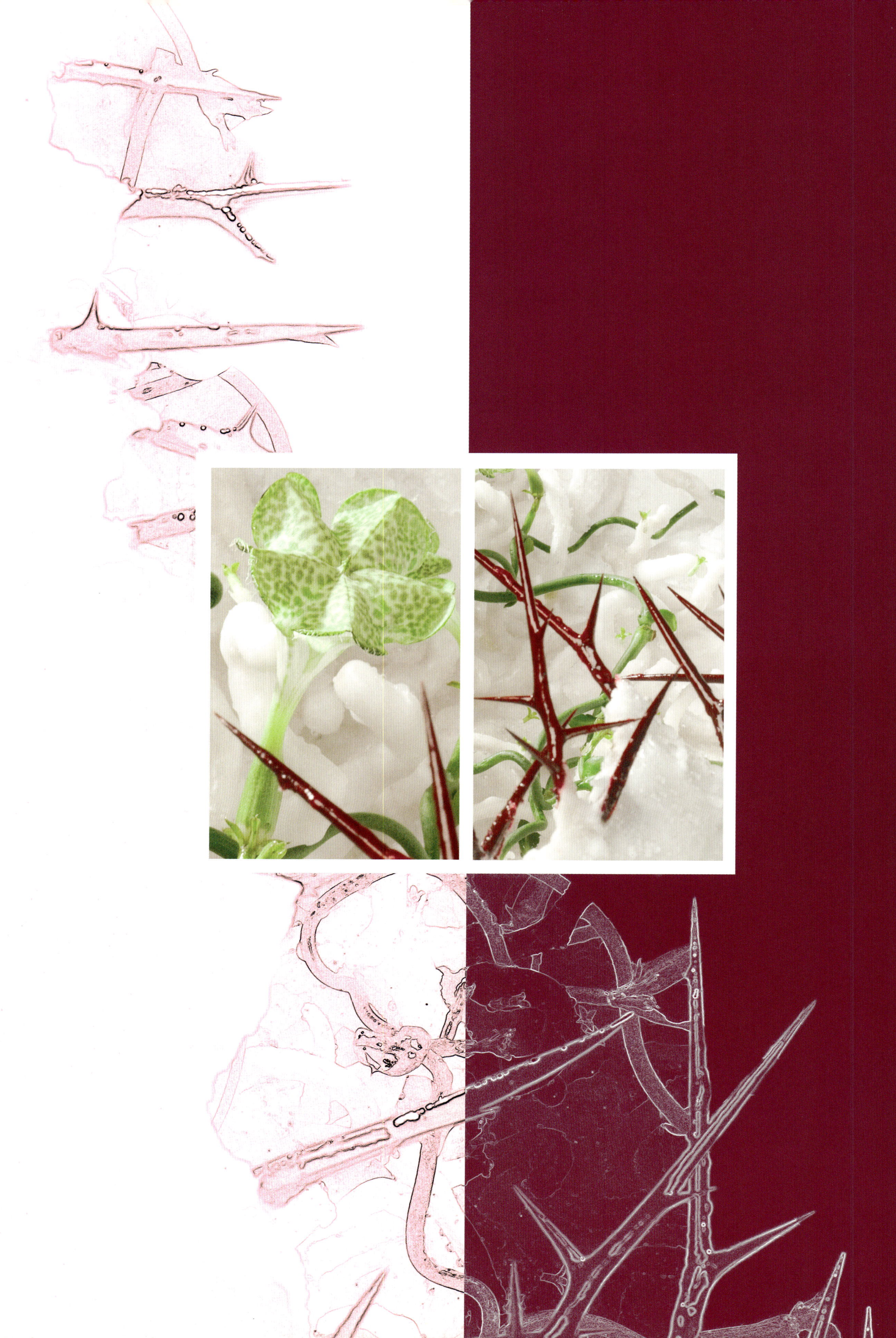

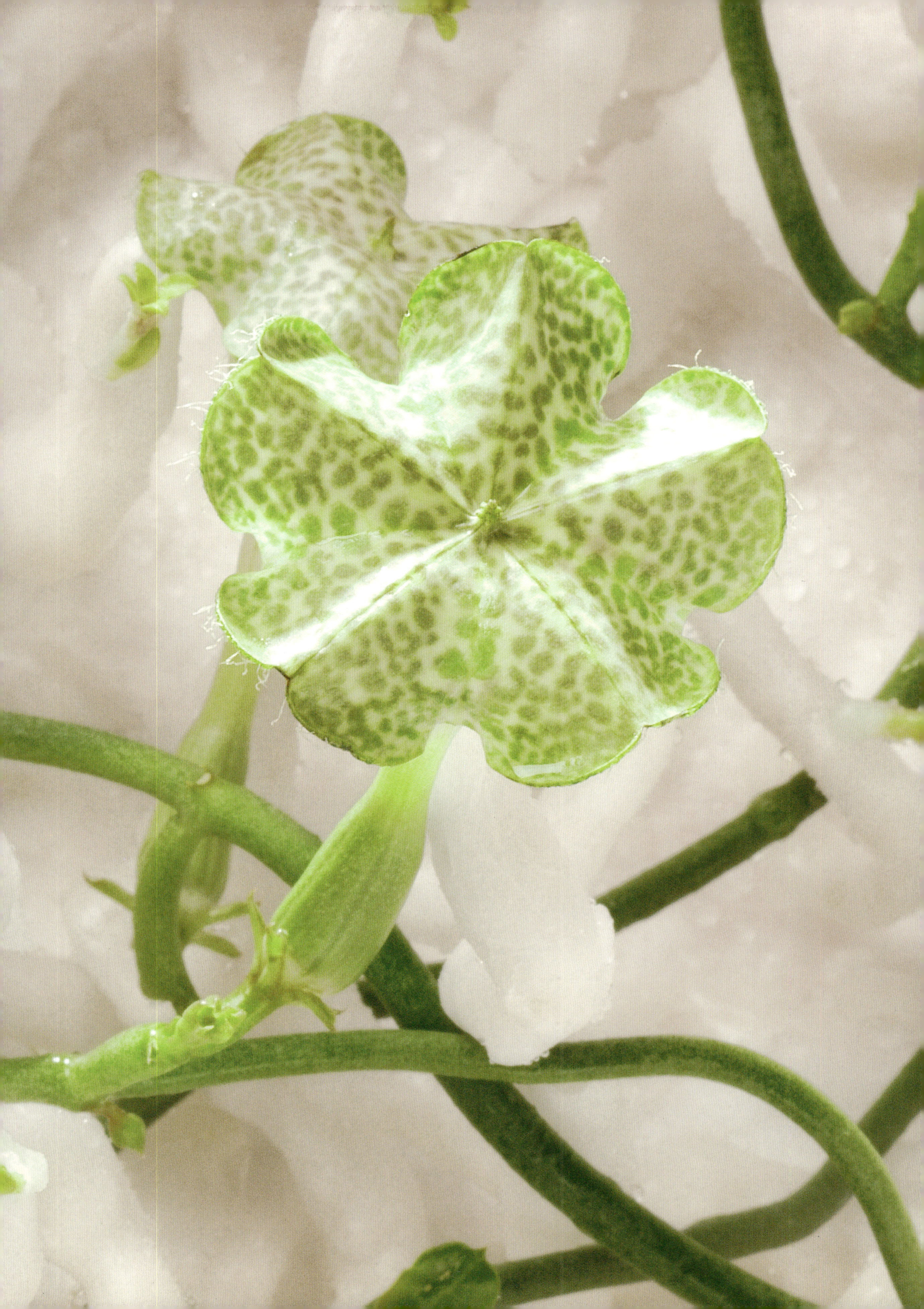

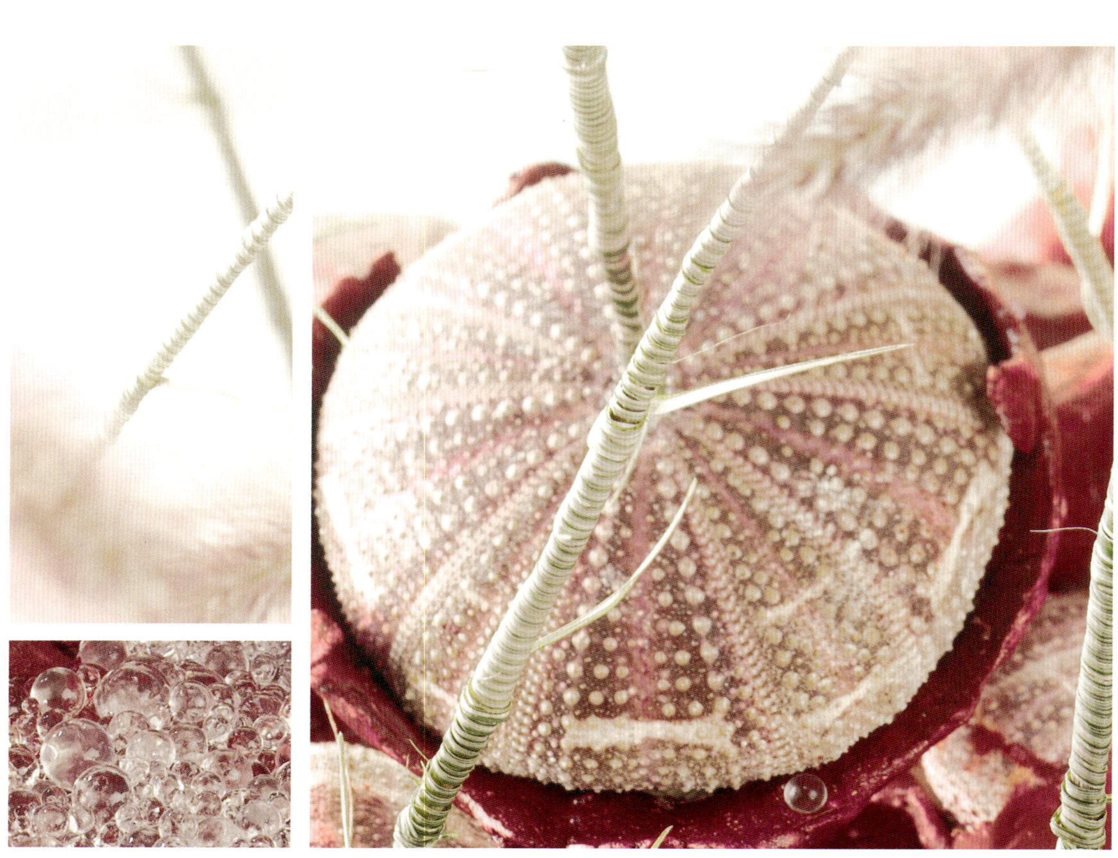

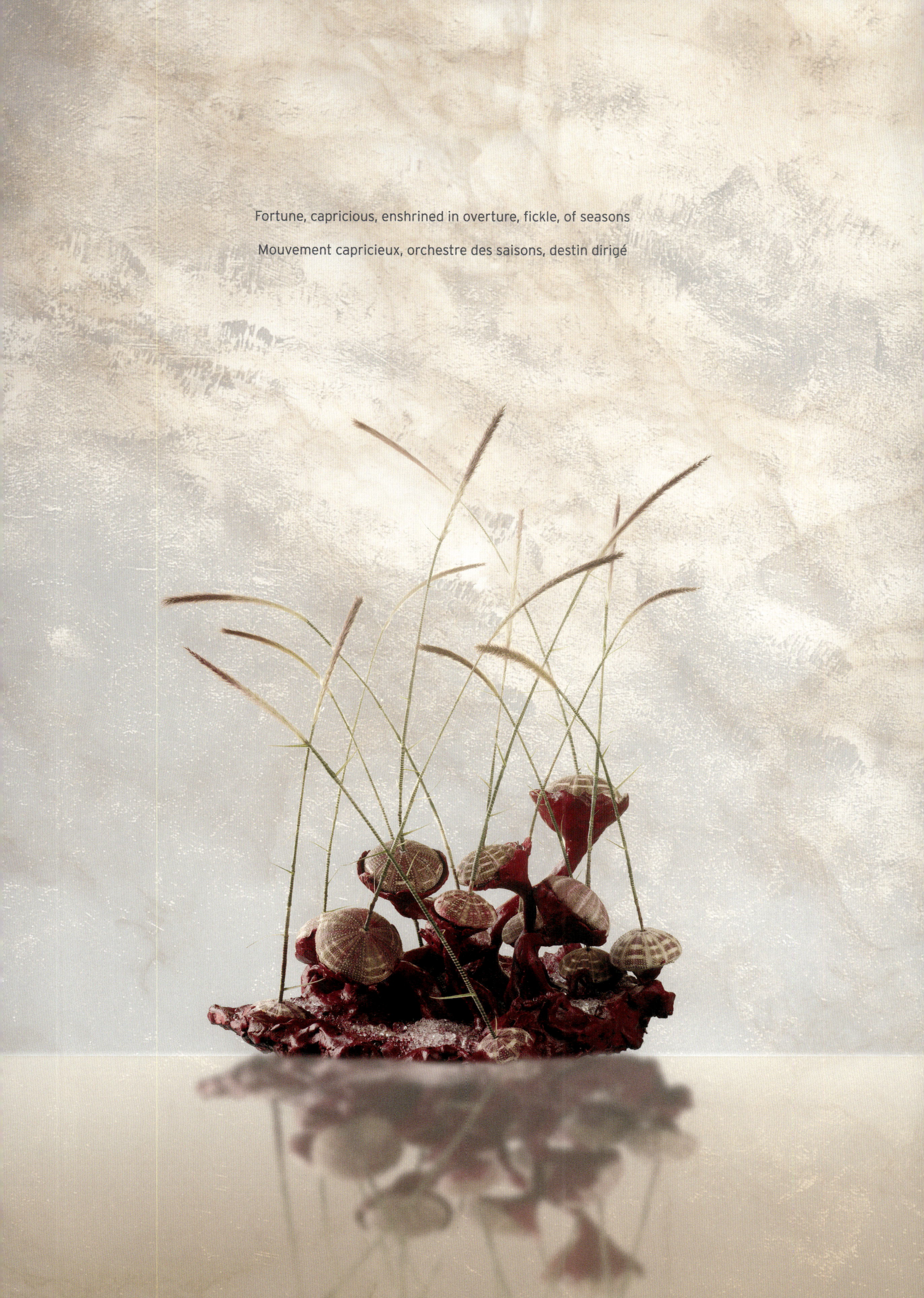

Fortune, capricious, enshrined in overture, fickle, of seasons
Mouvement capricieux, orchestre des saisons, destin dirigé

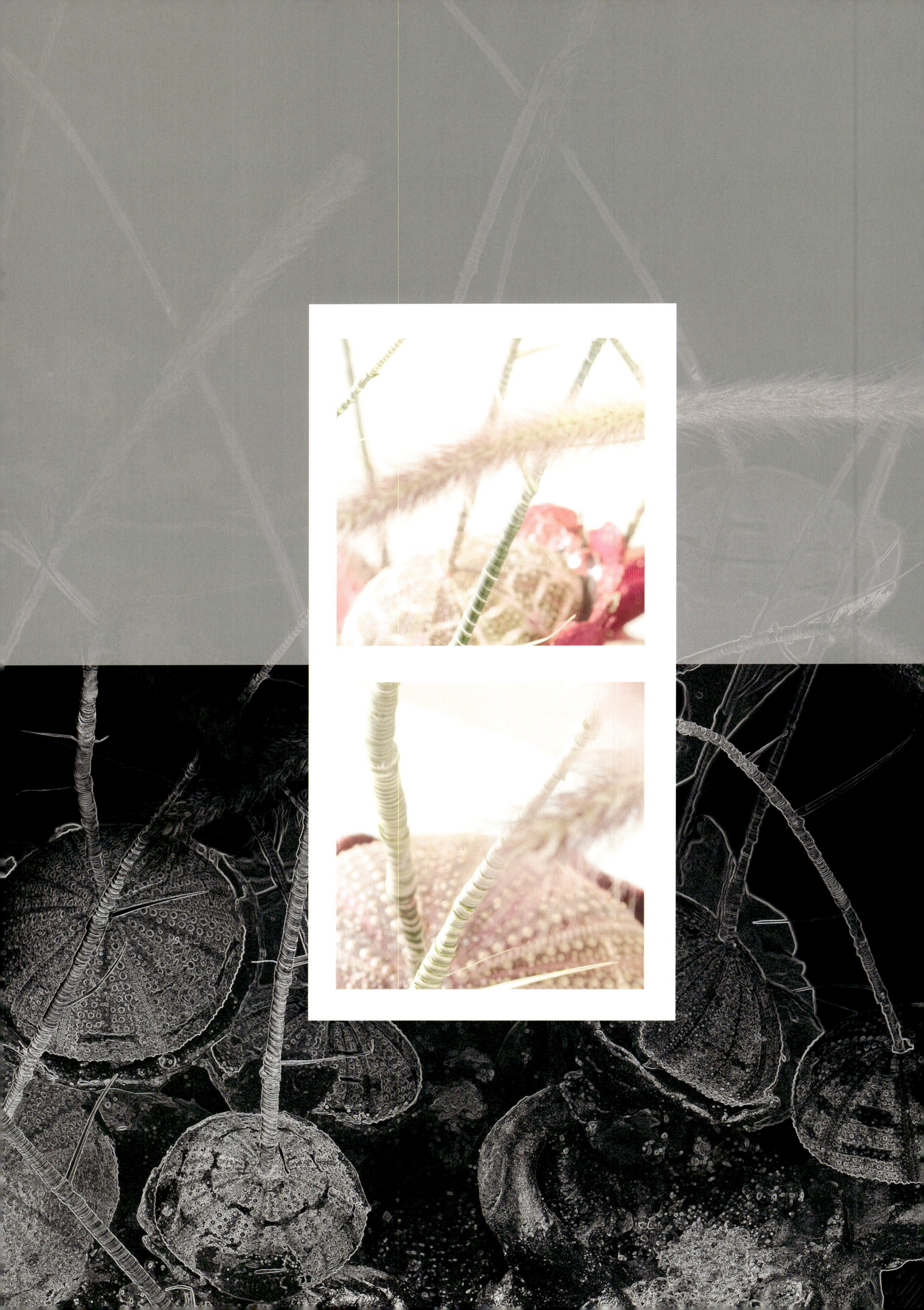

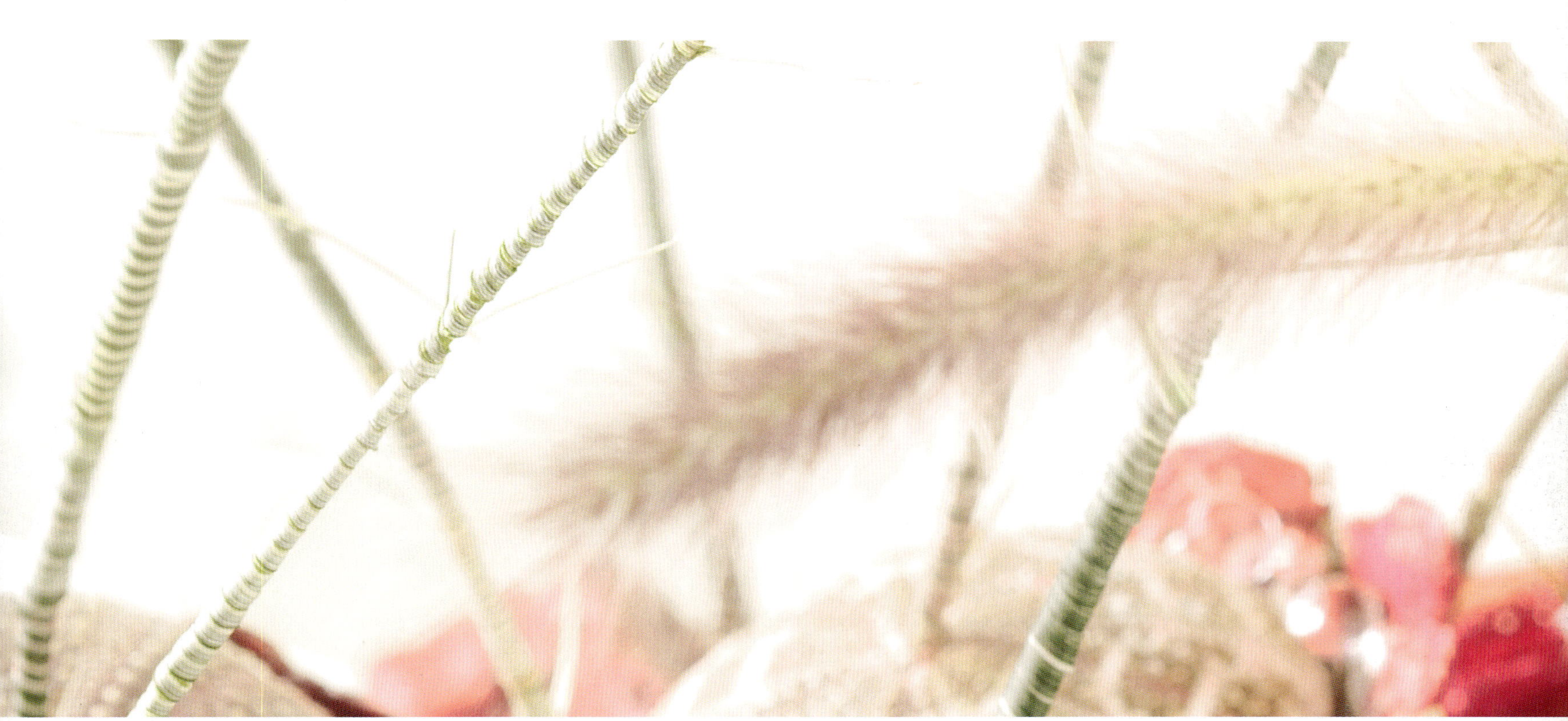

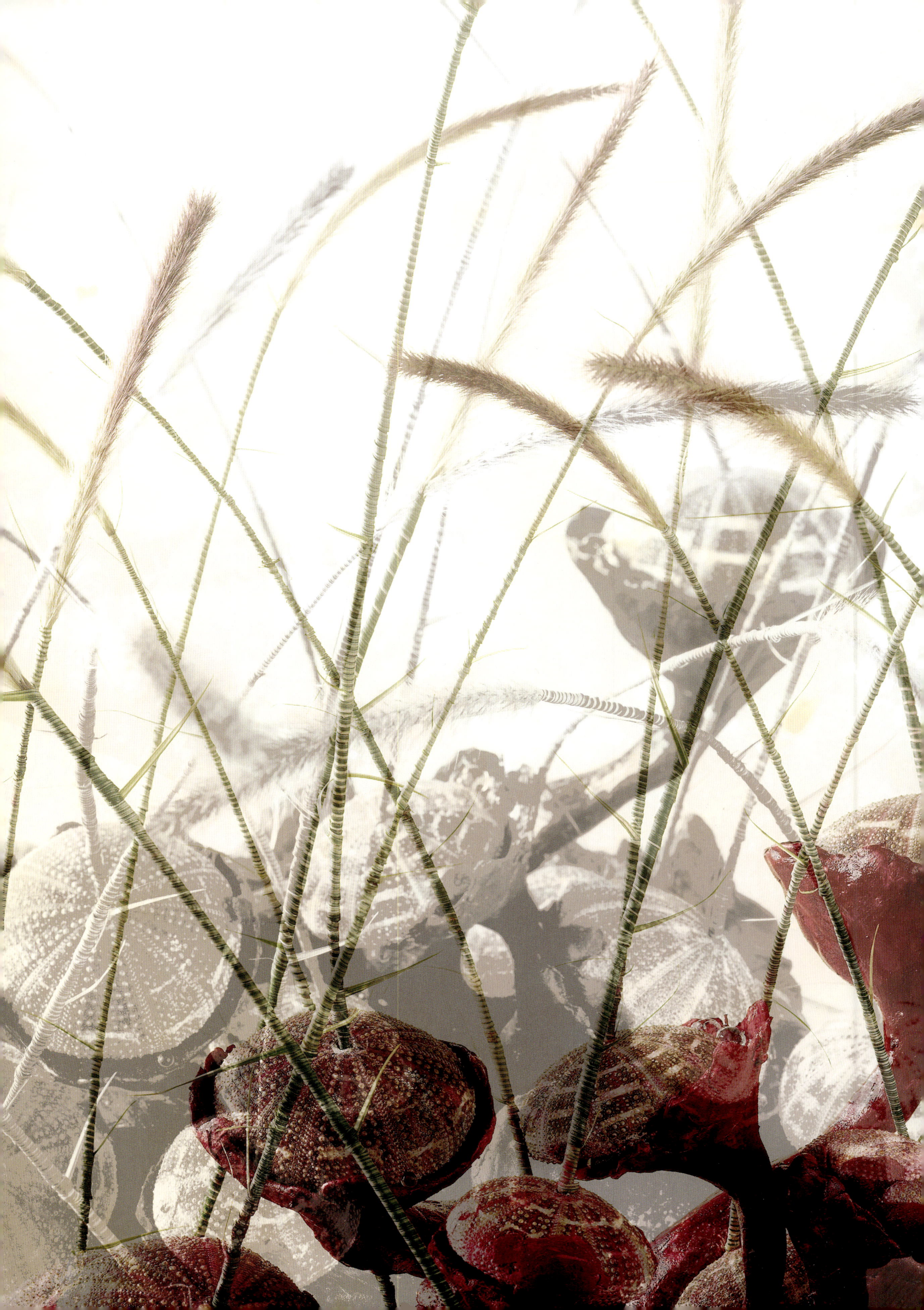

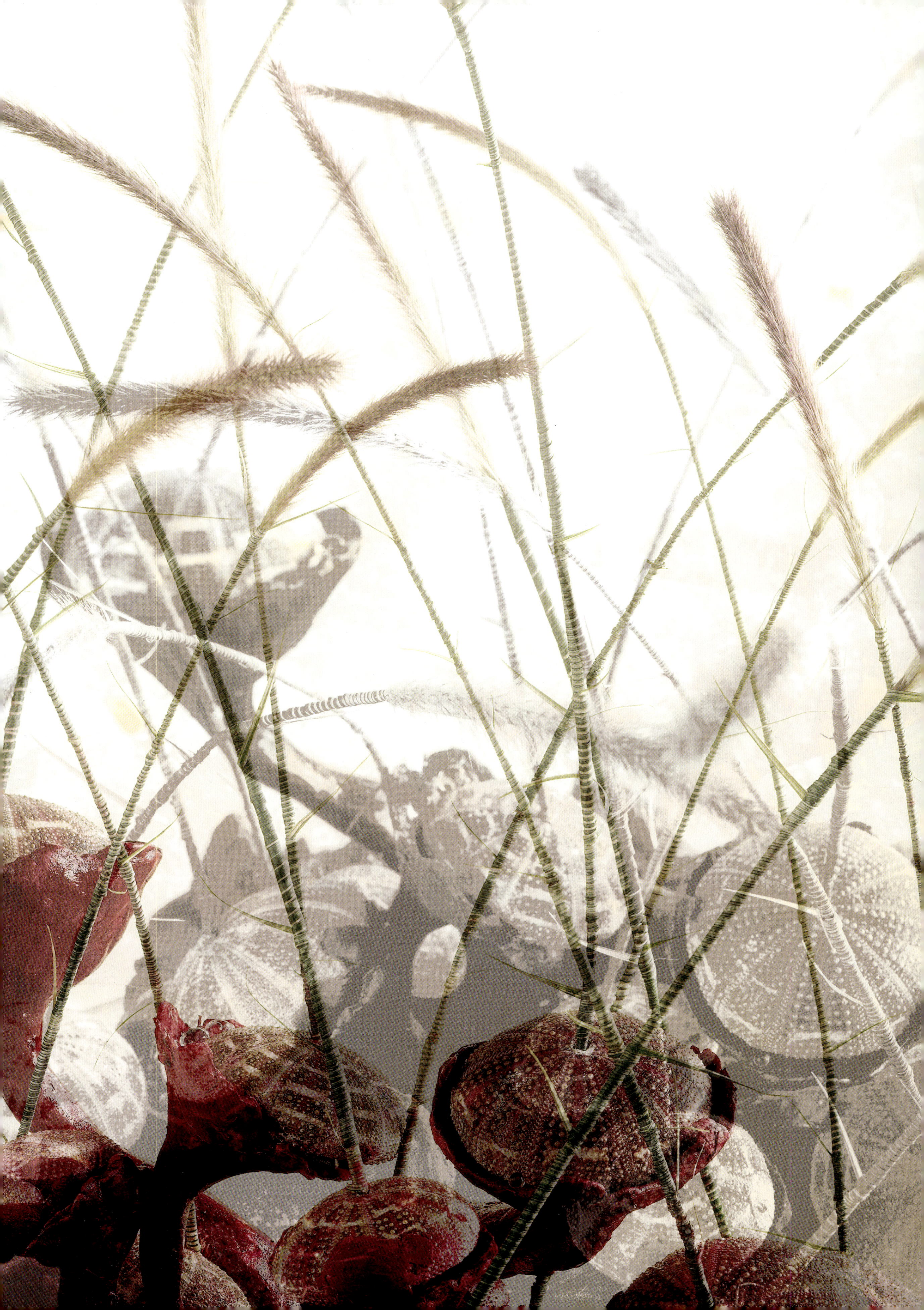

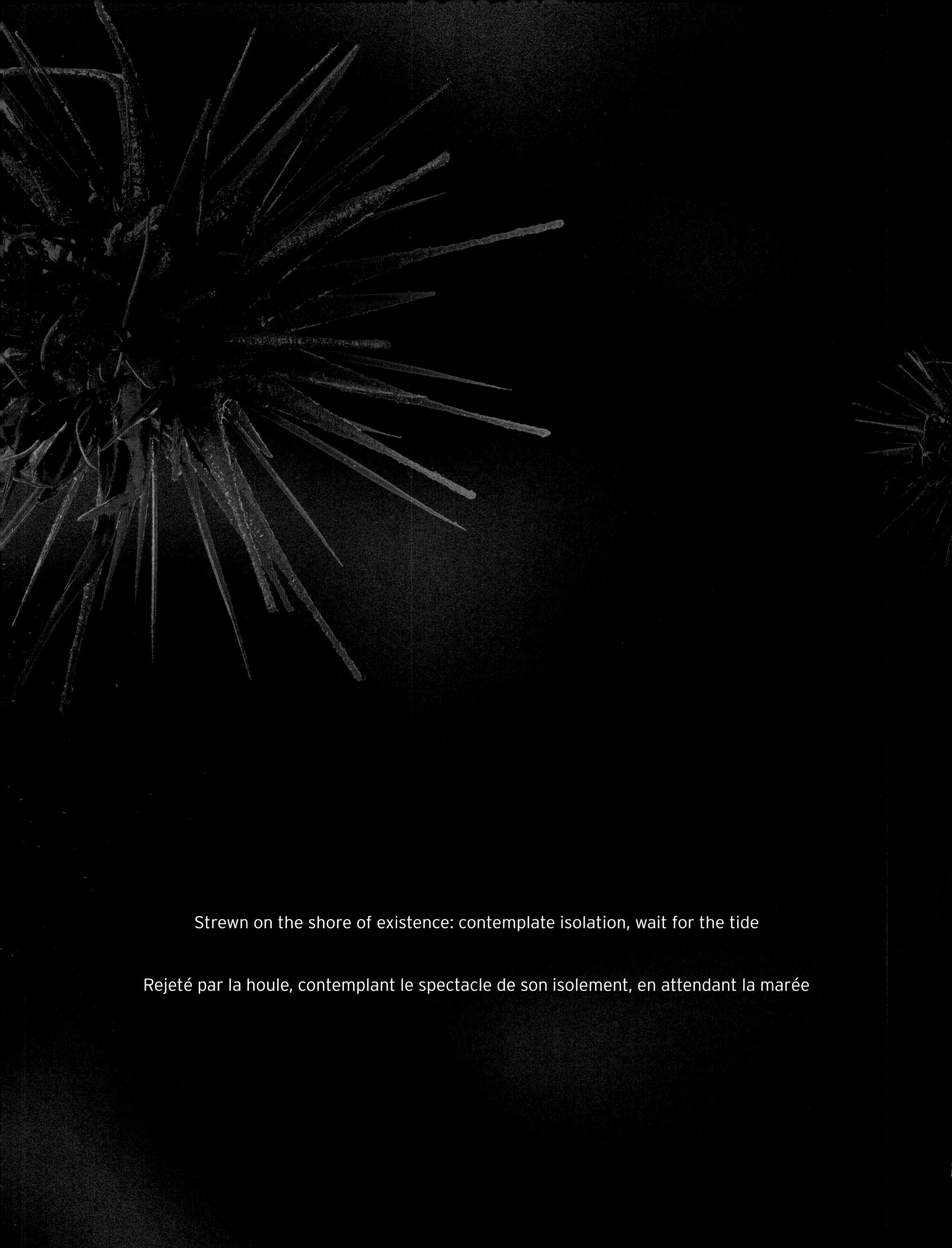

Strewn on the shore of existence: contemplate isolation, wait for the tide

Rejeté par la houle, contemplant le spectacle de son isolement, en attendant la marée

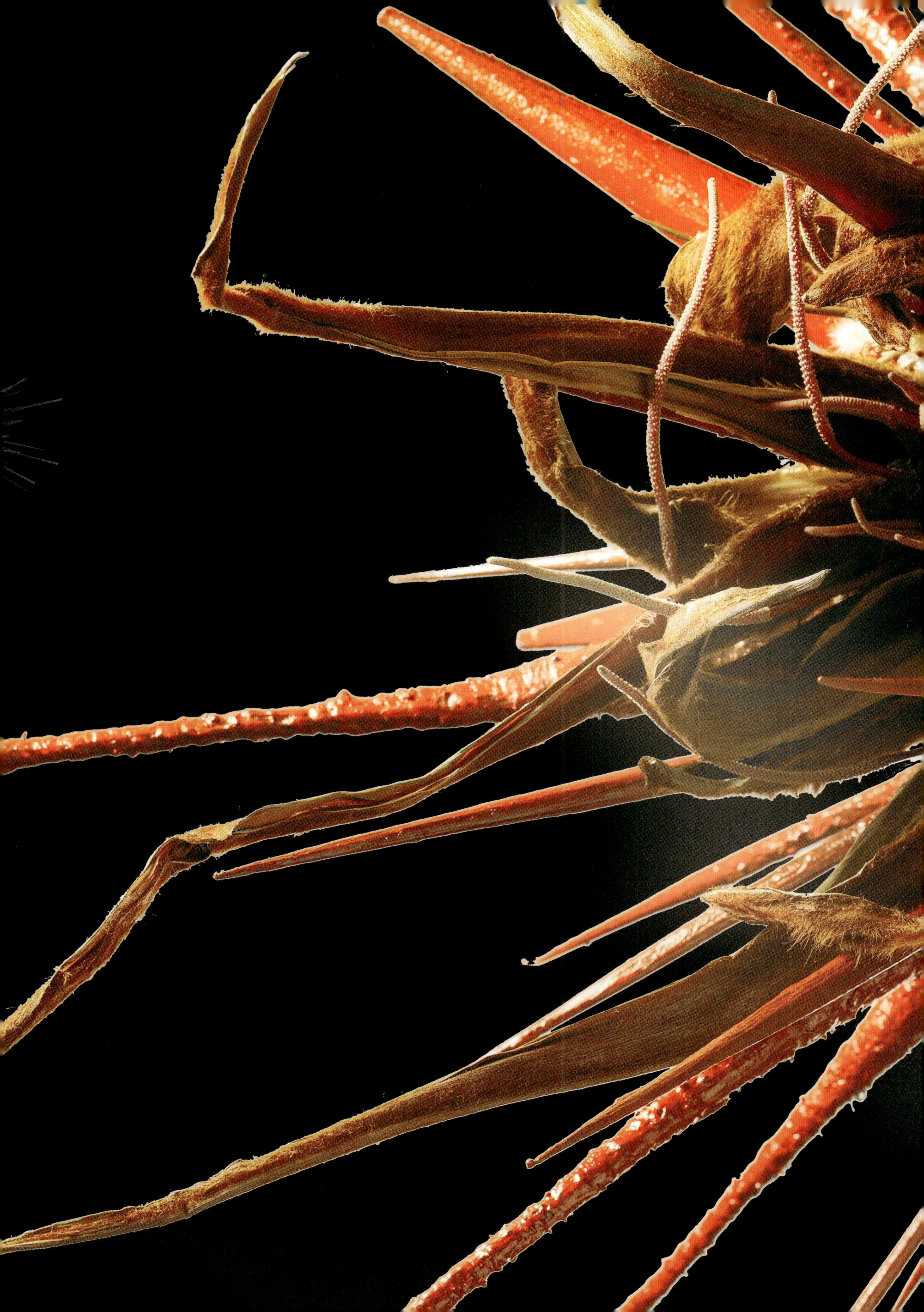

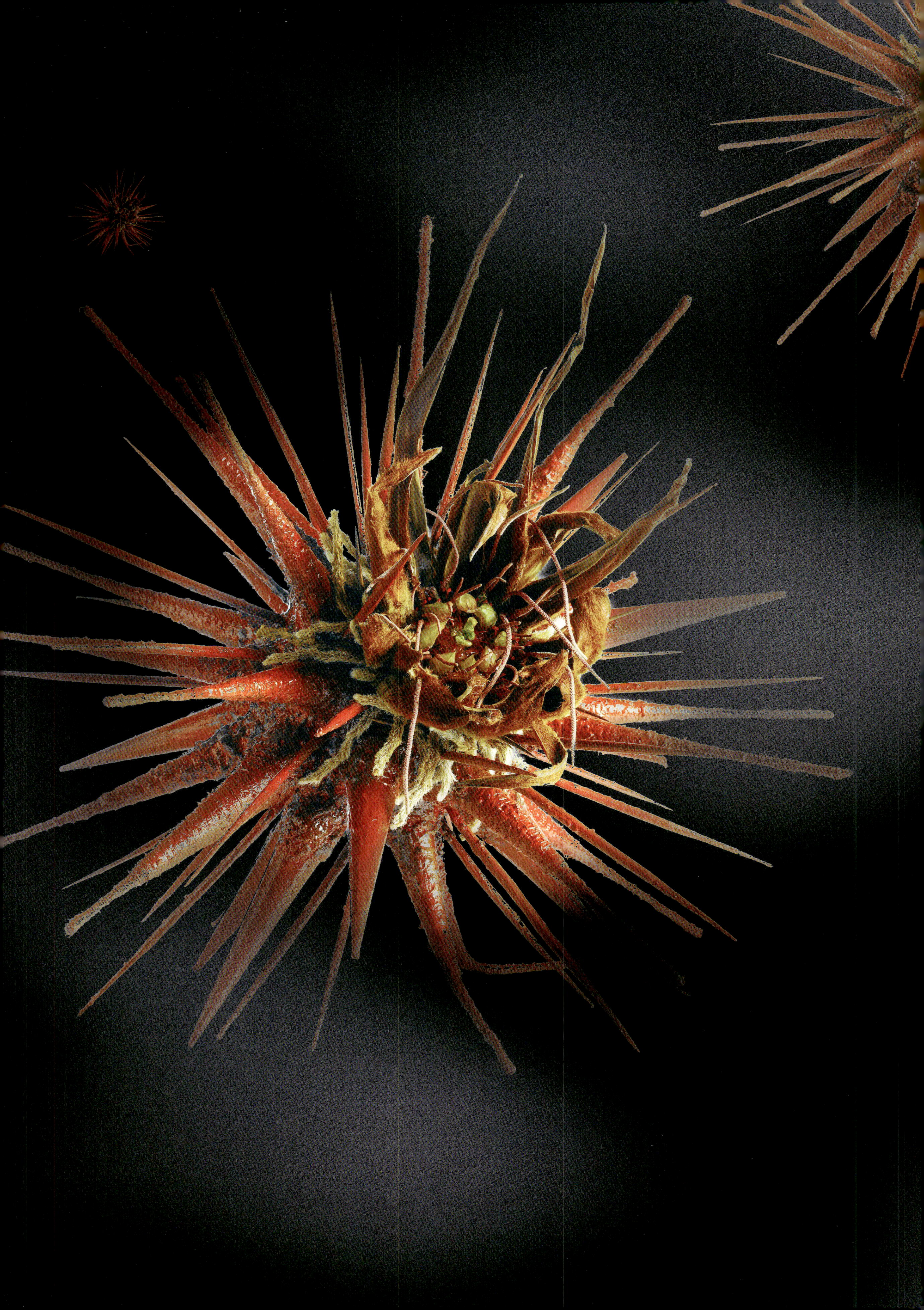

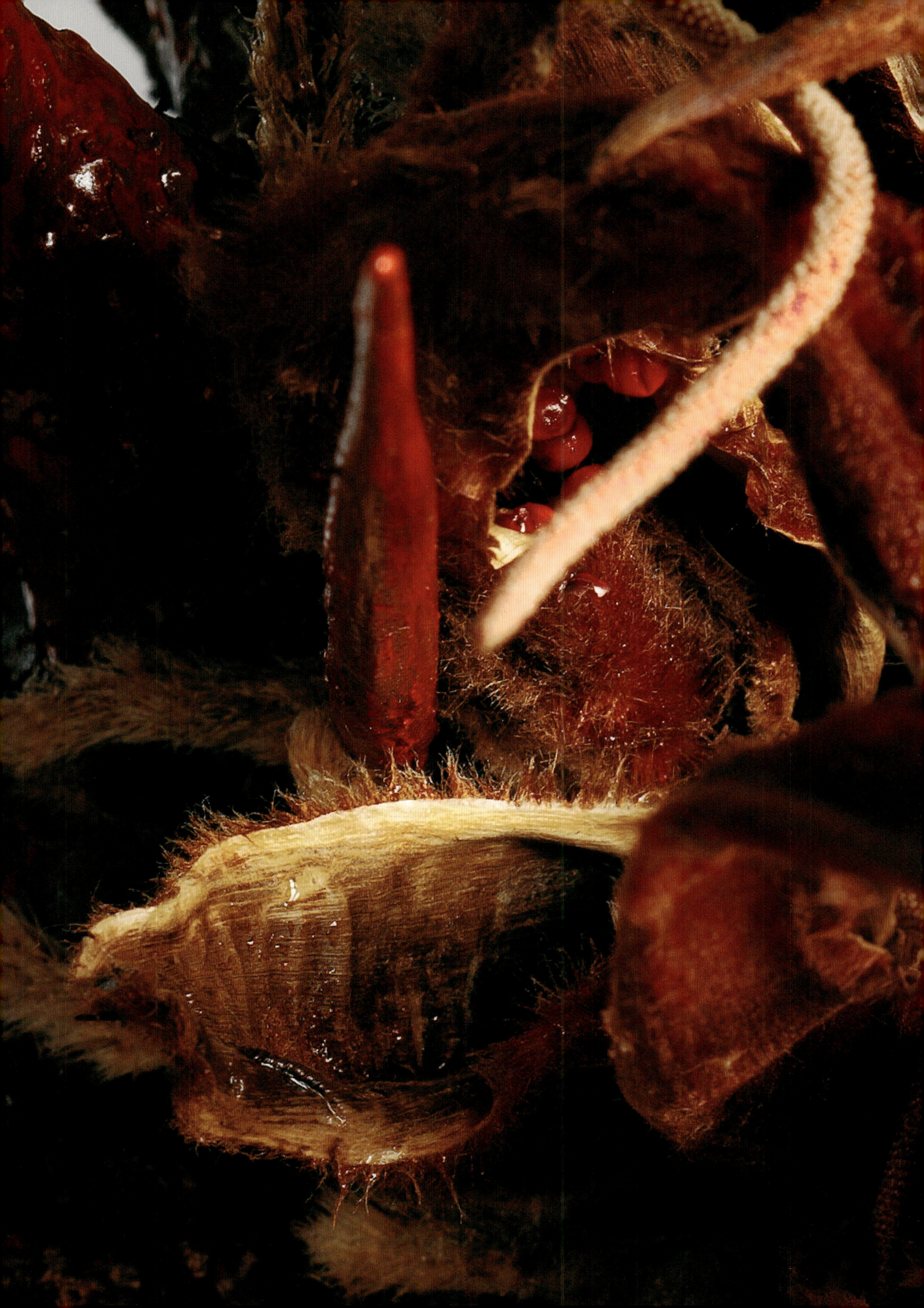

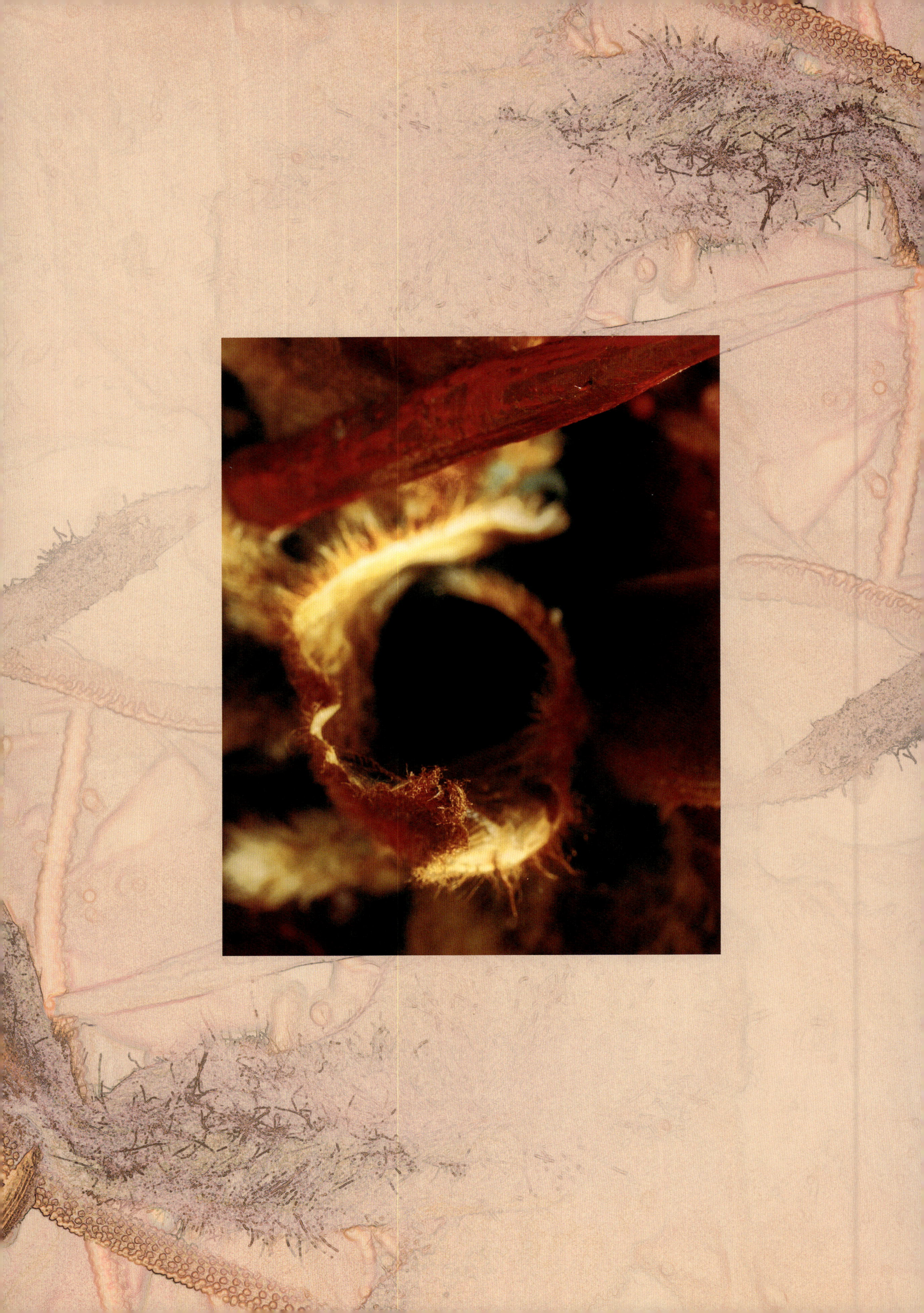

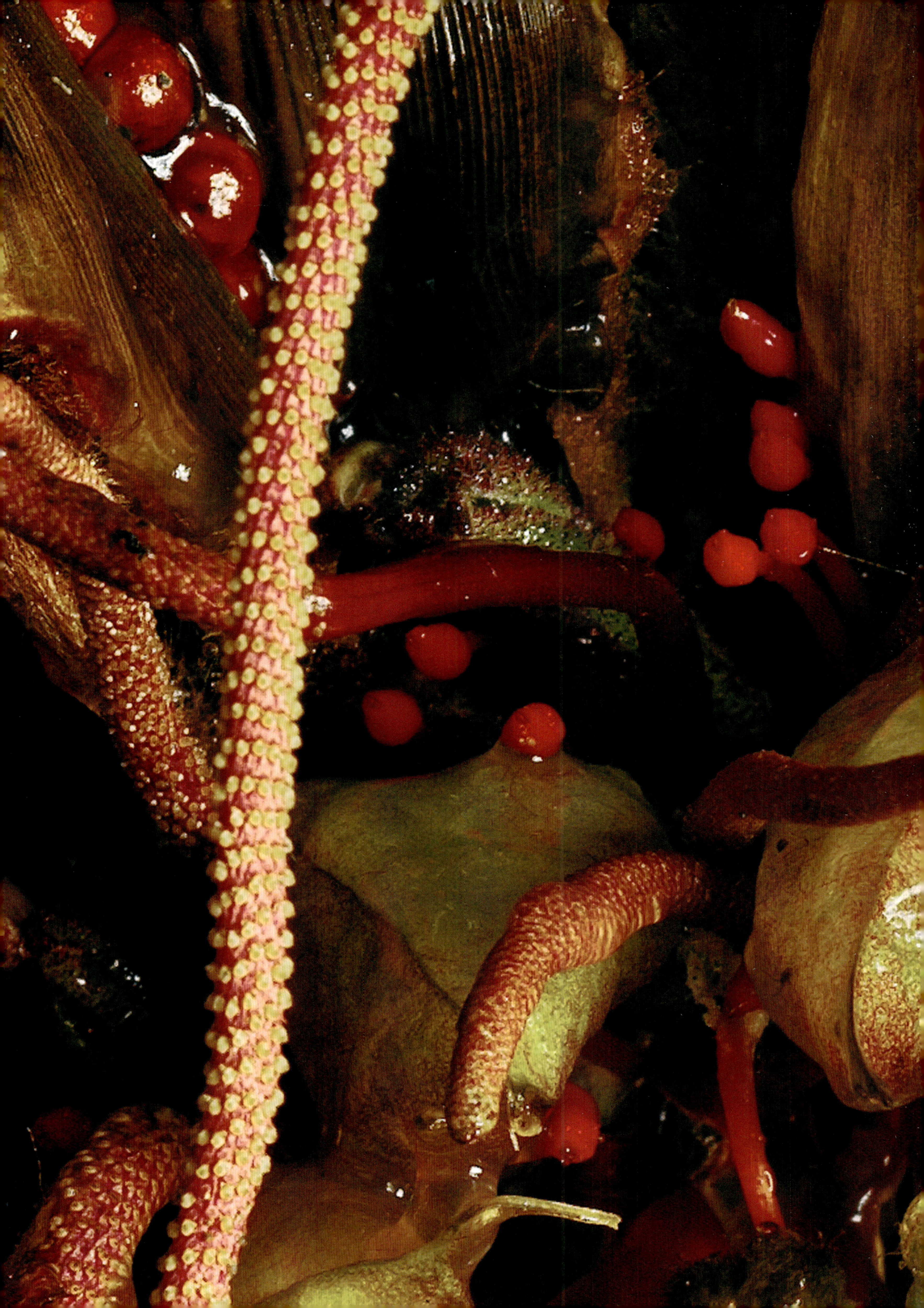

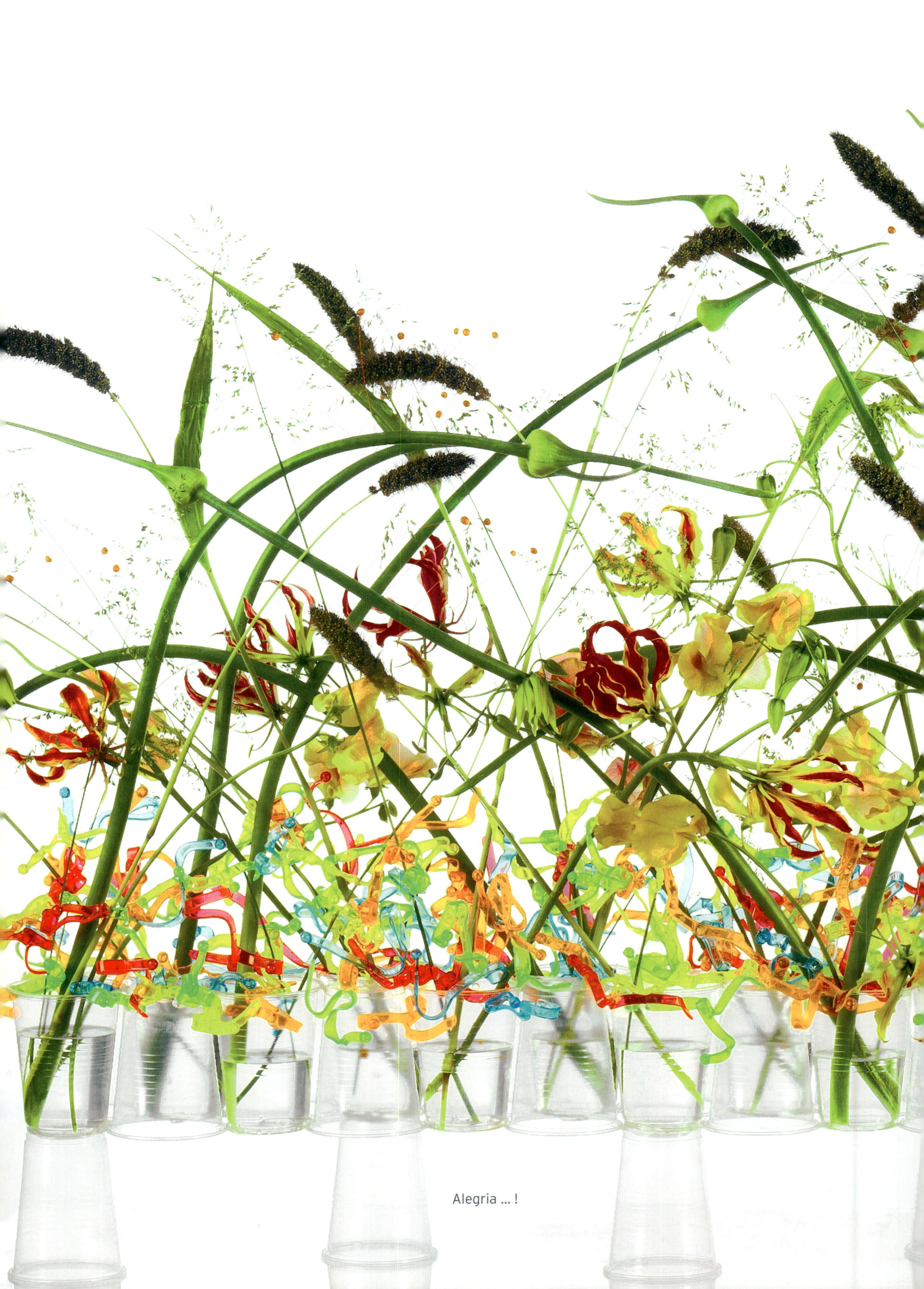

Alegria ... !

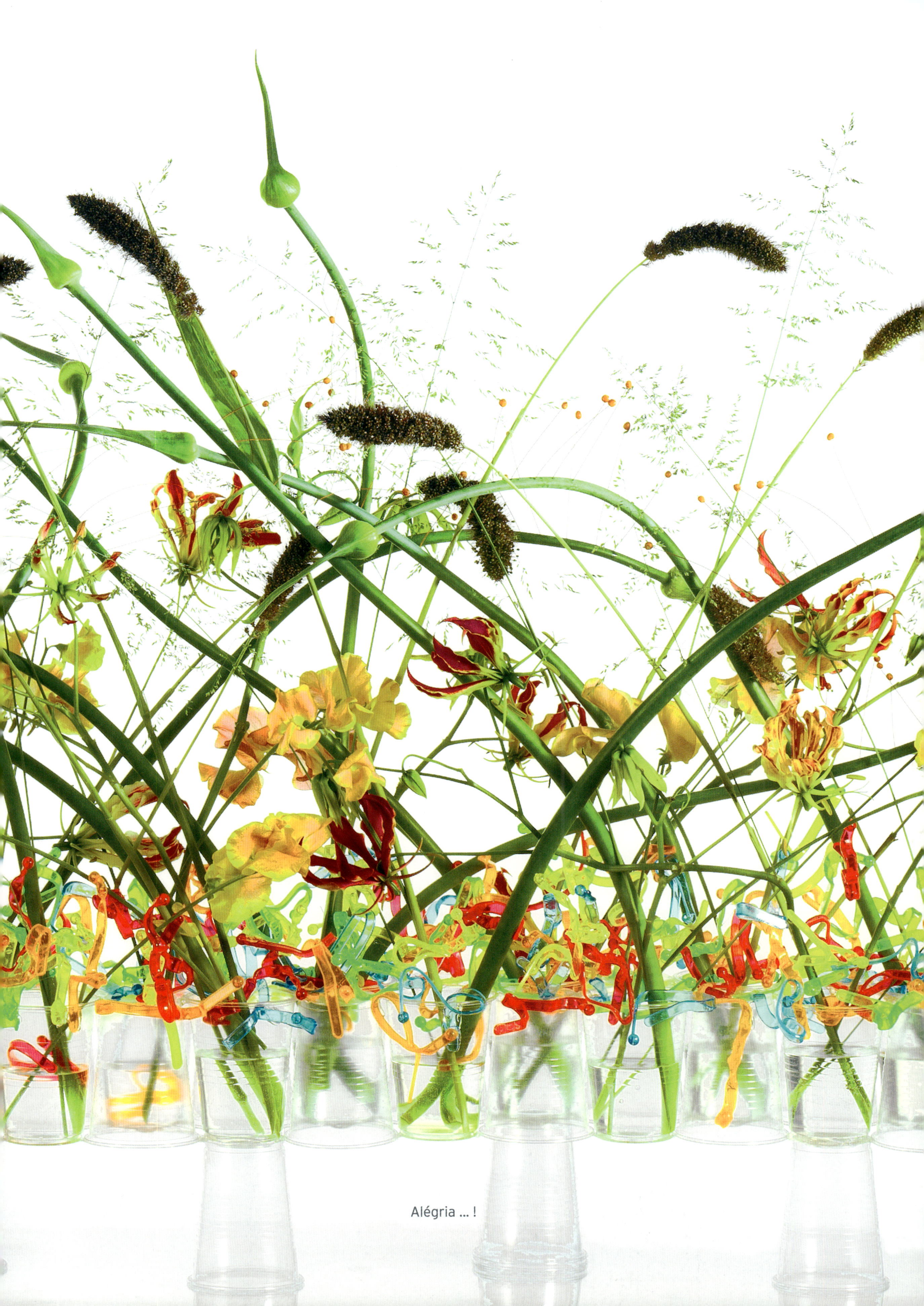

Alégria ... !

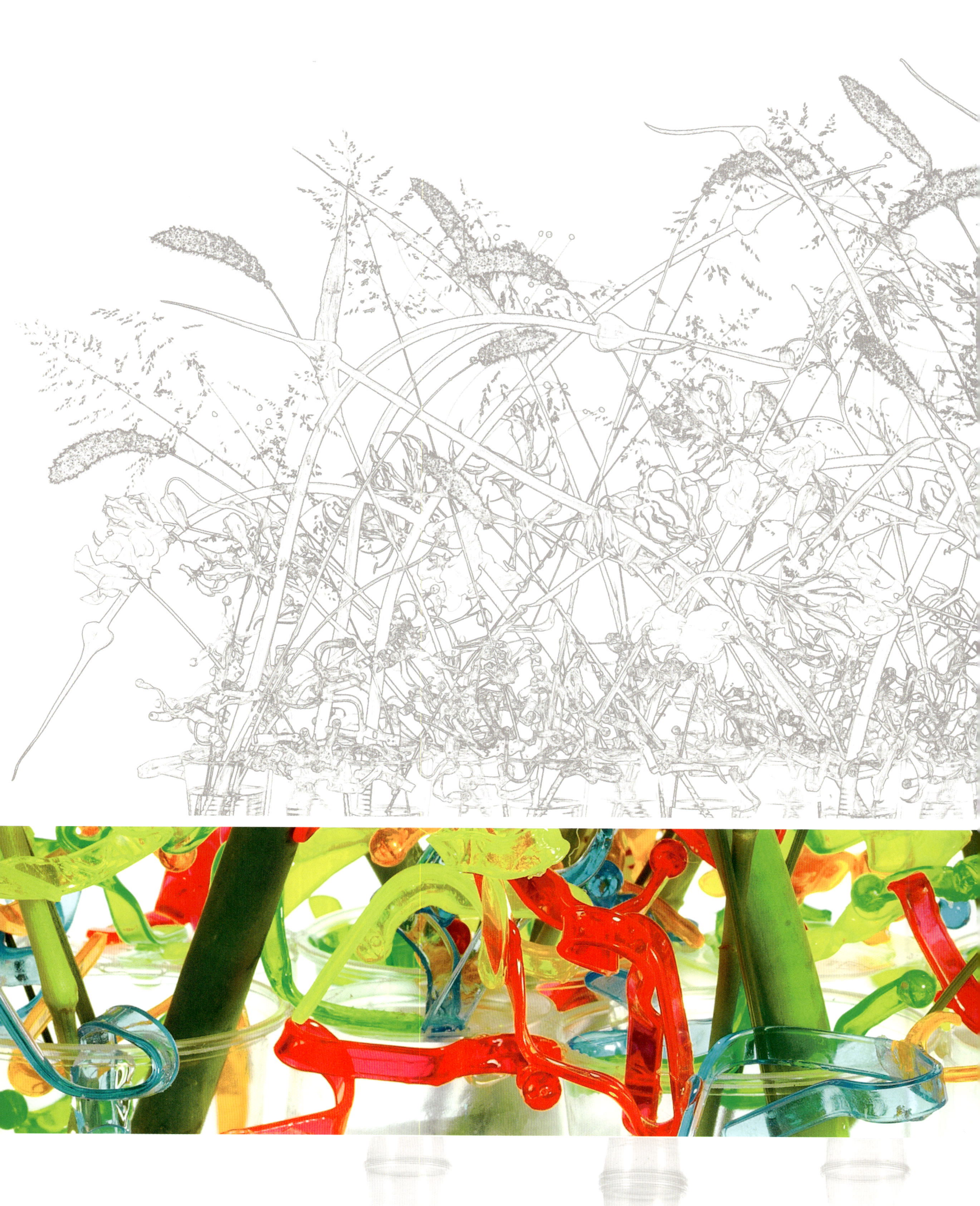

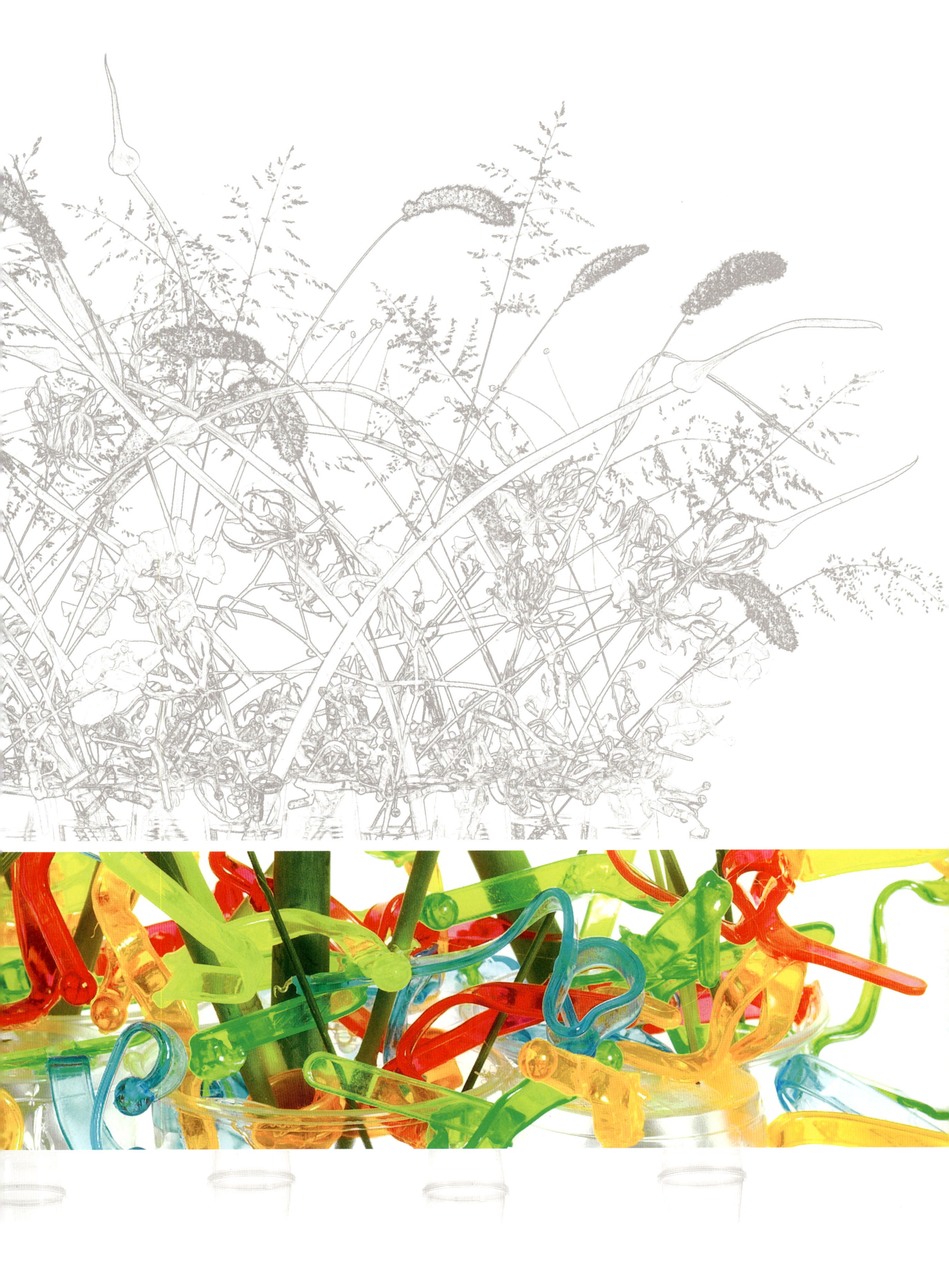

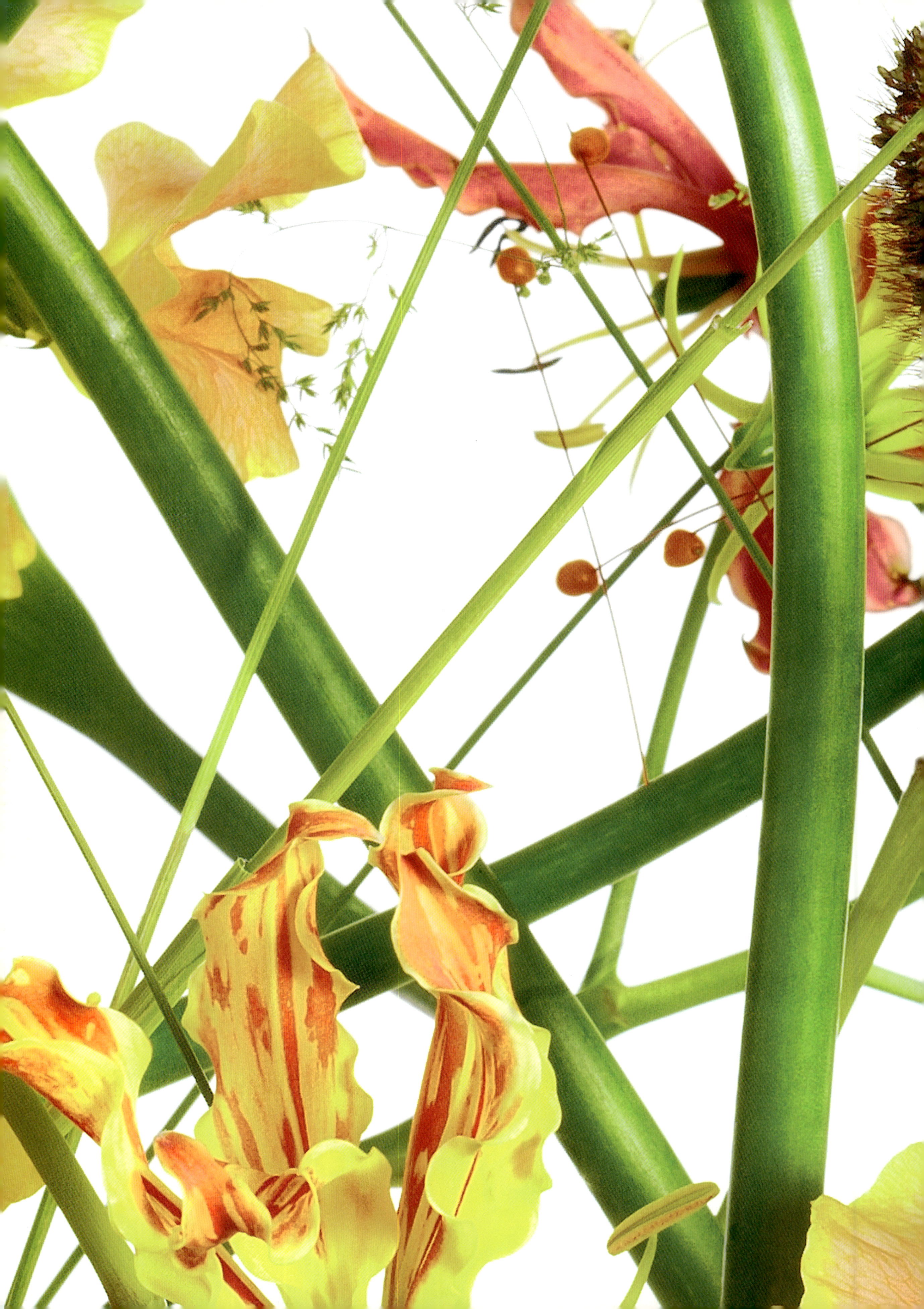

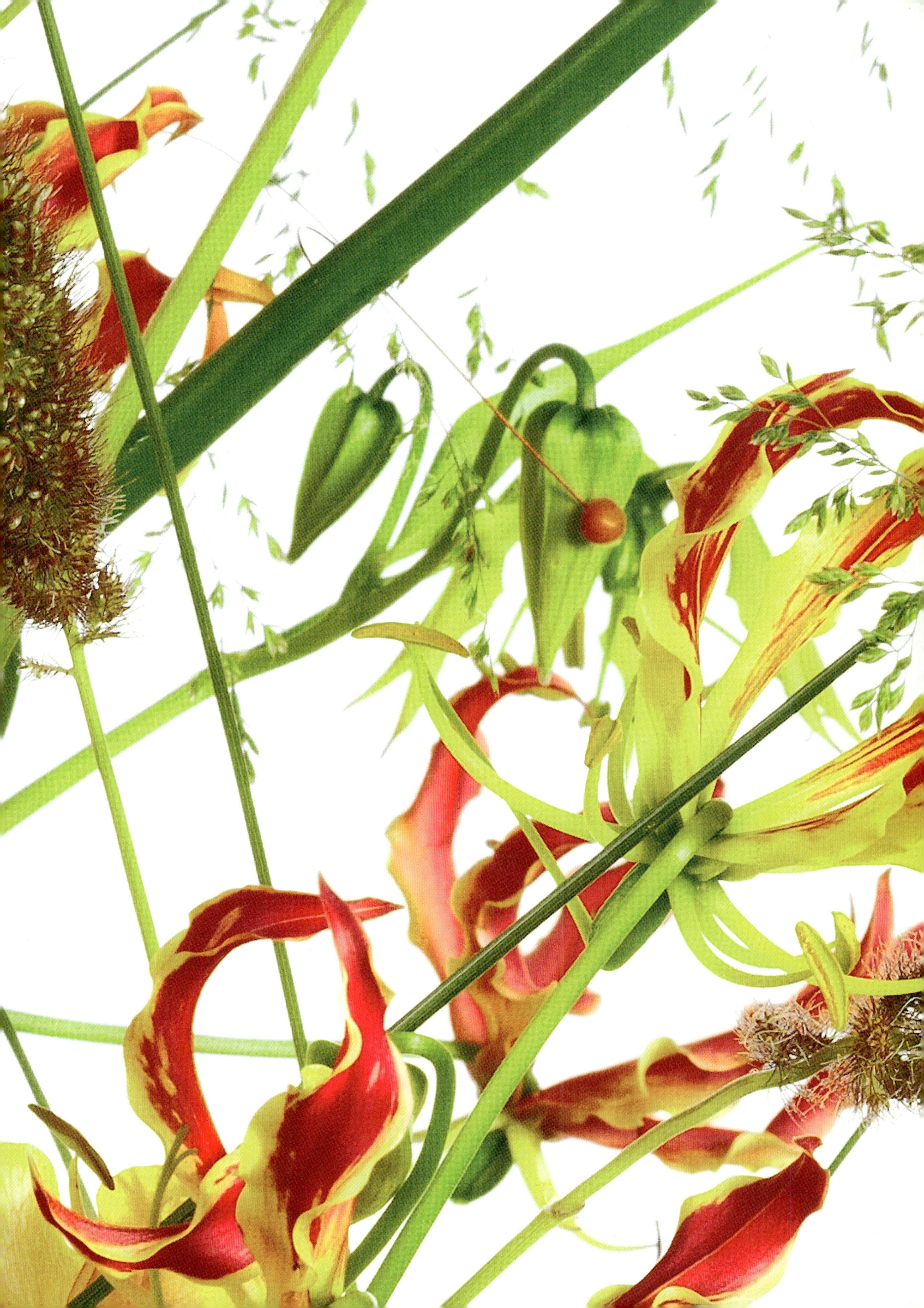

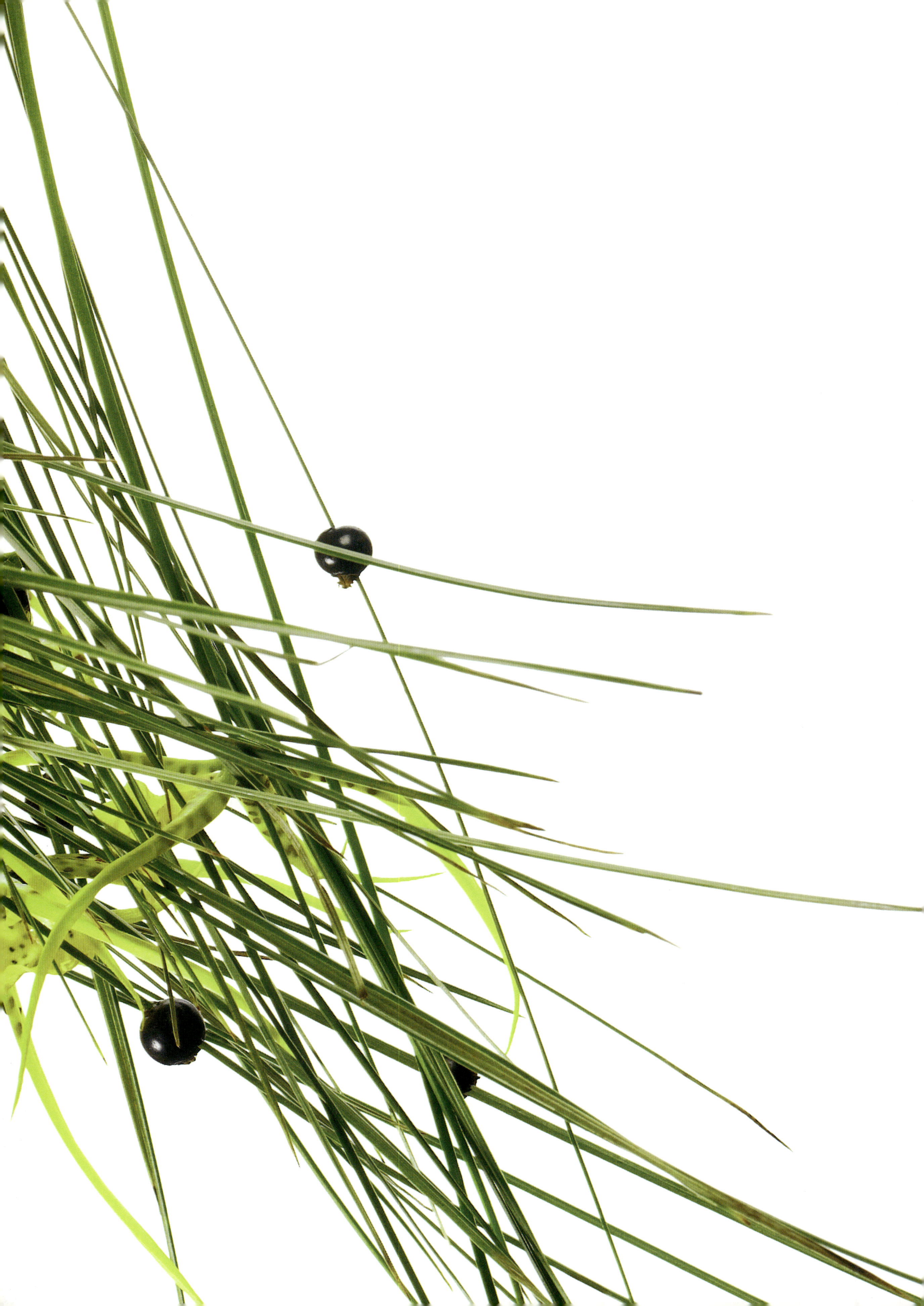

Symphonic wind painting

Symphonie brossée par le vent

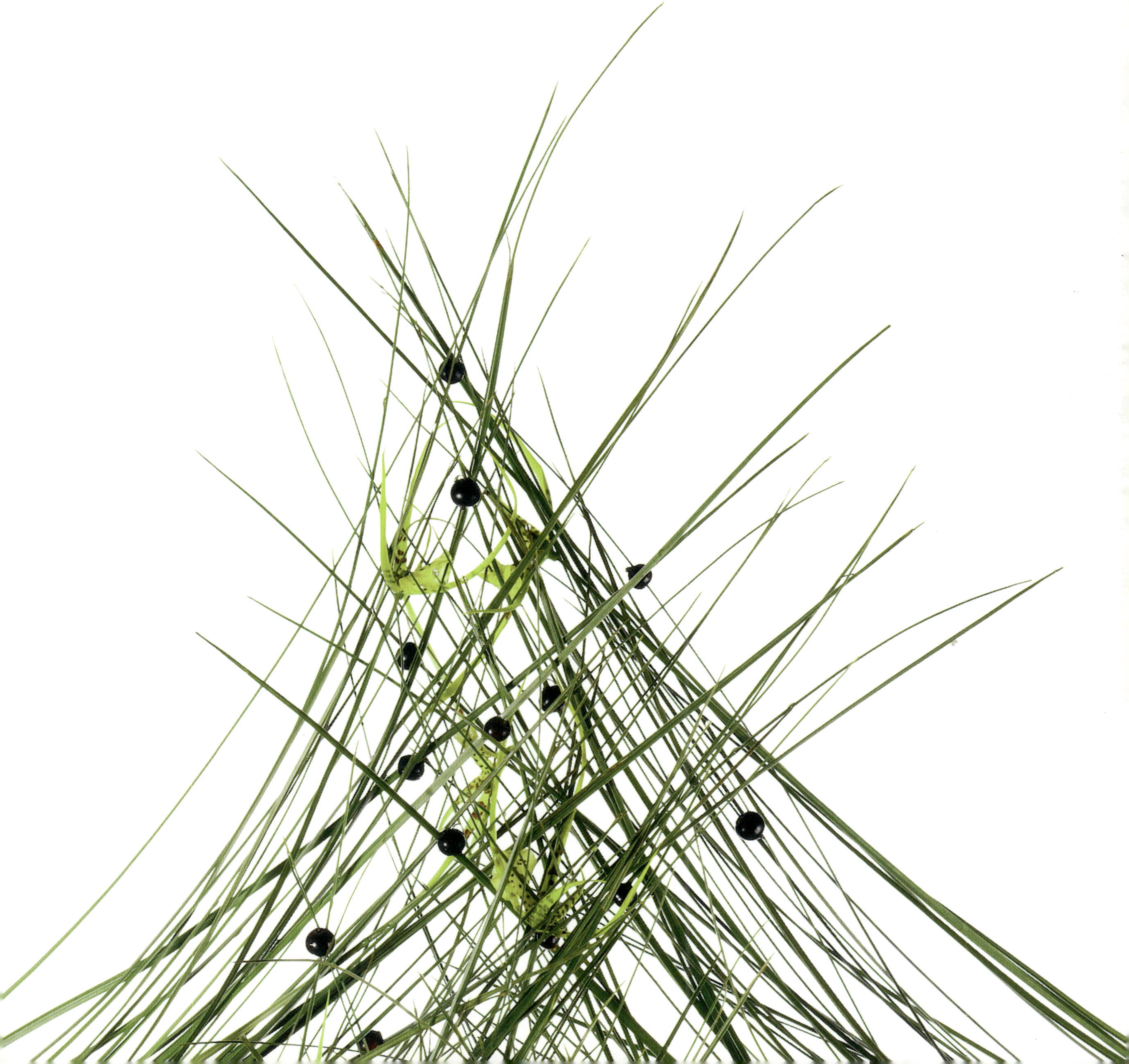

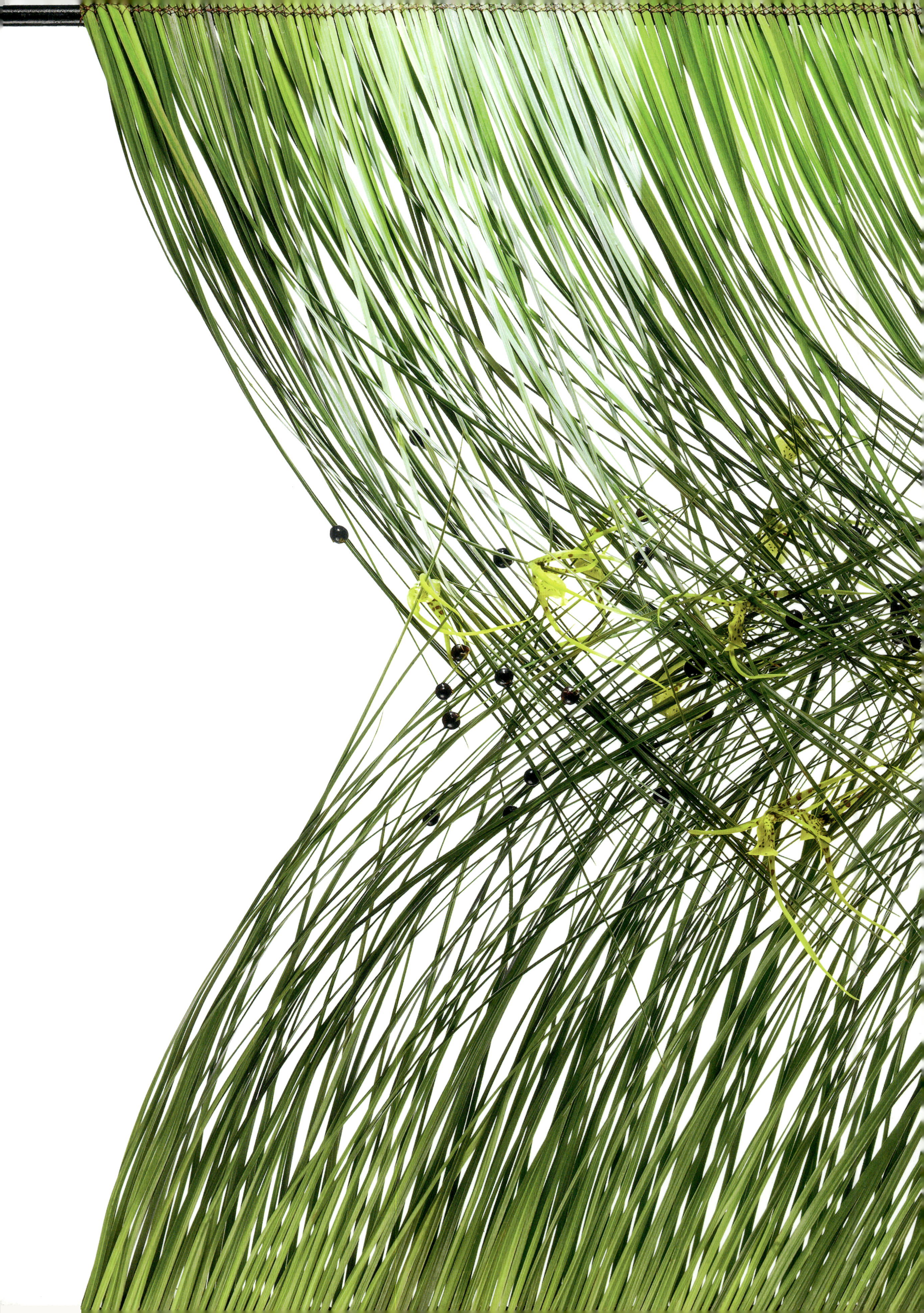

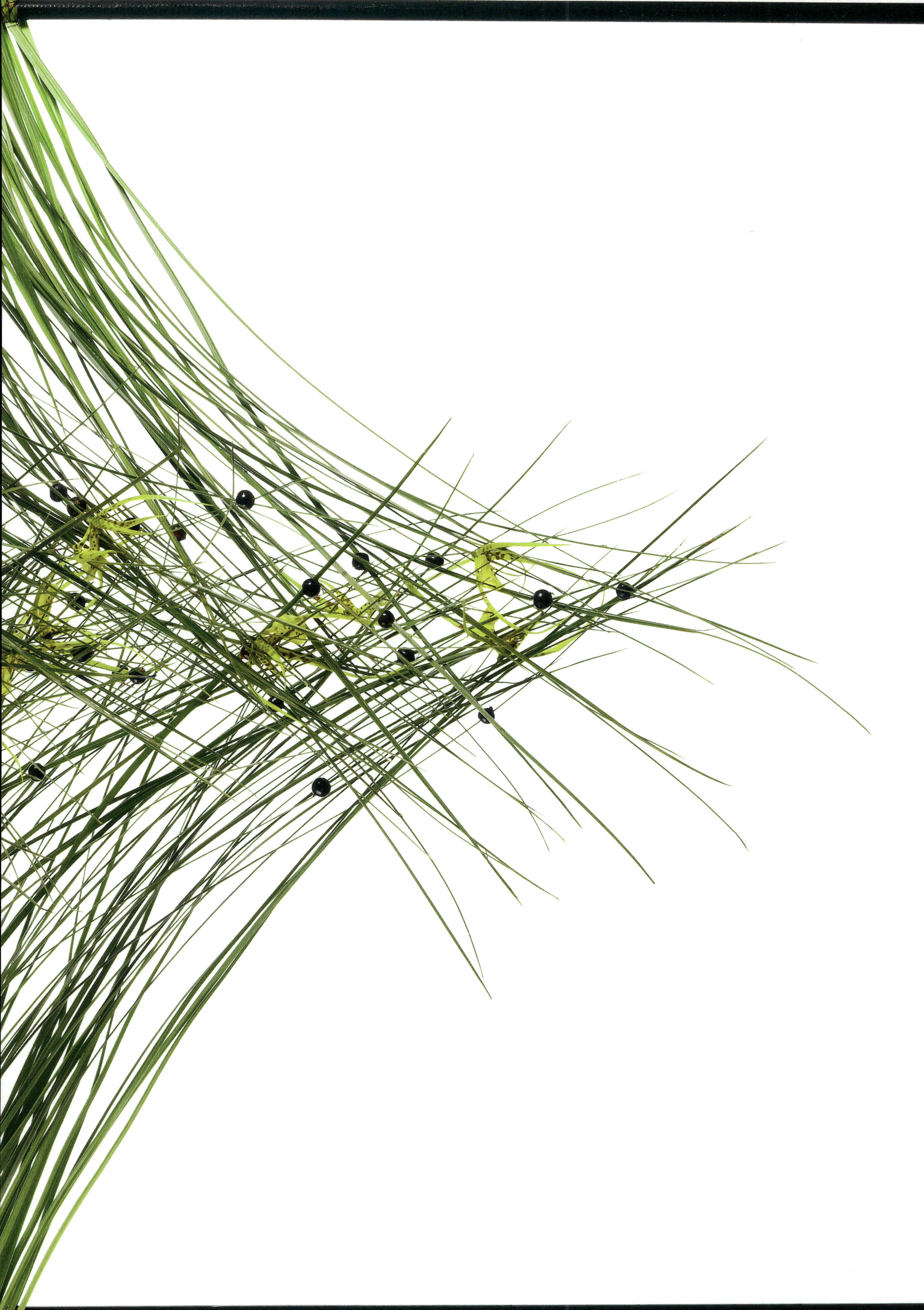

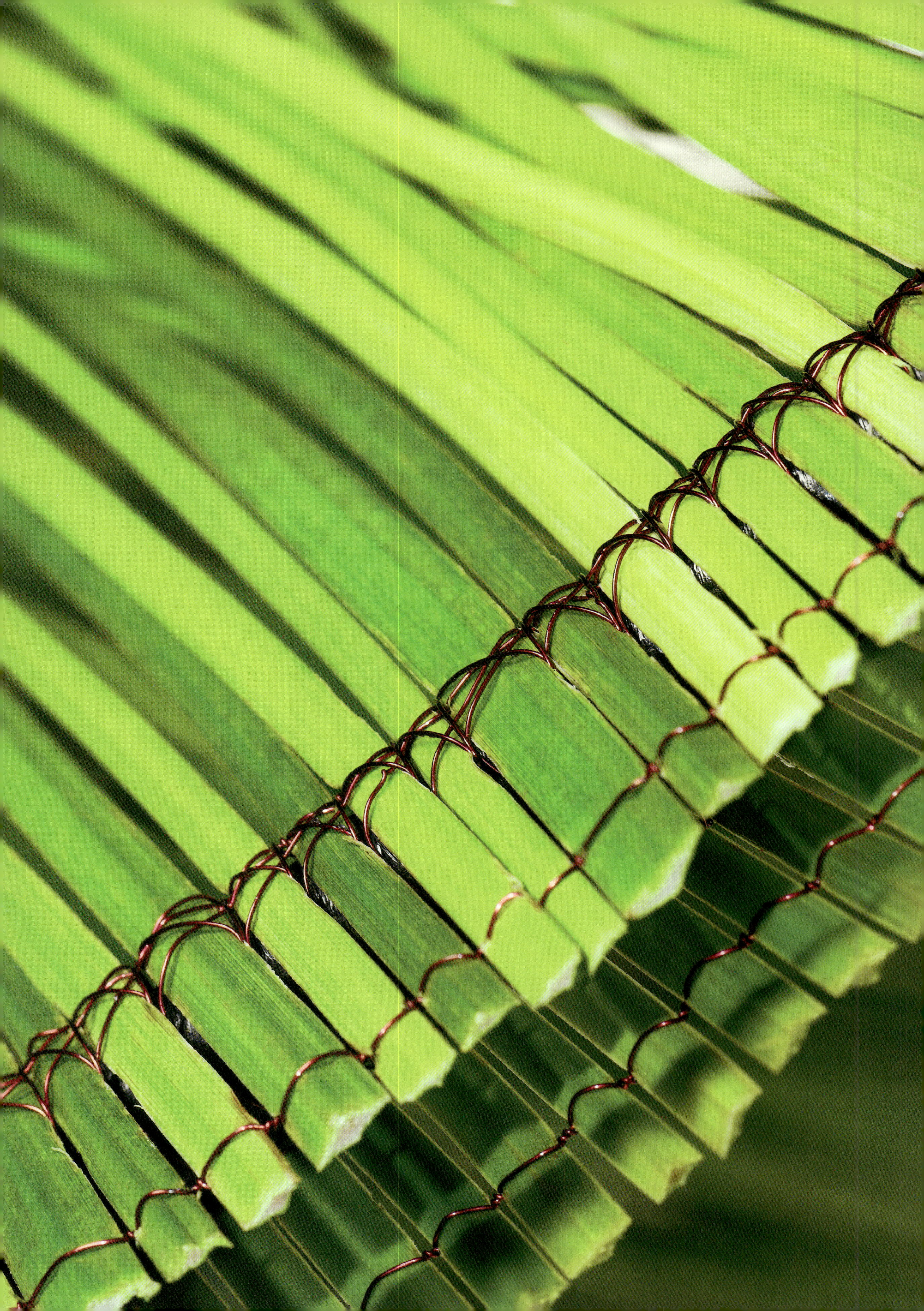

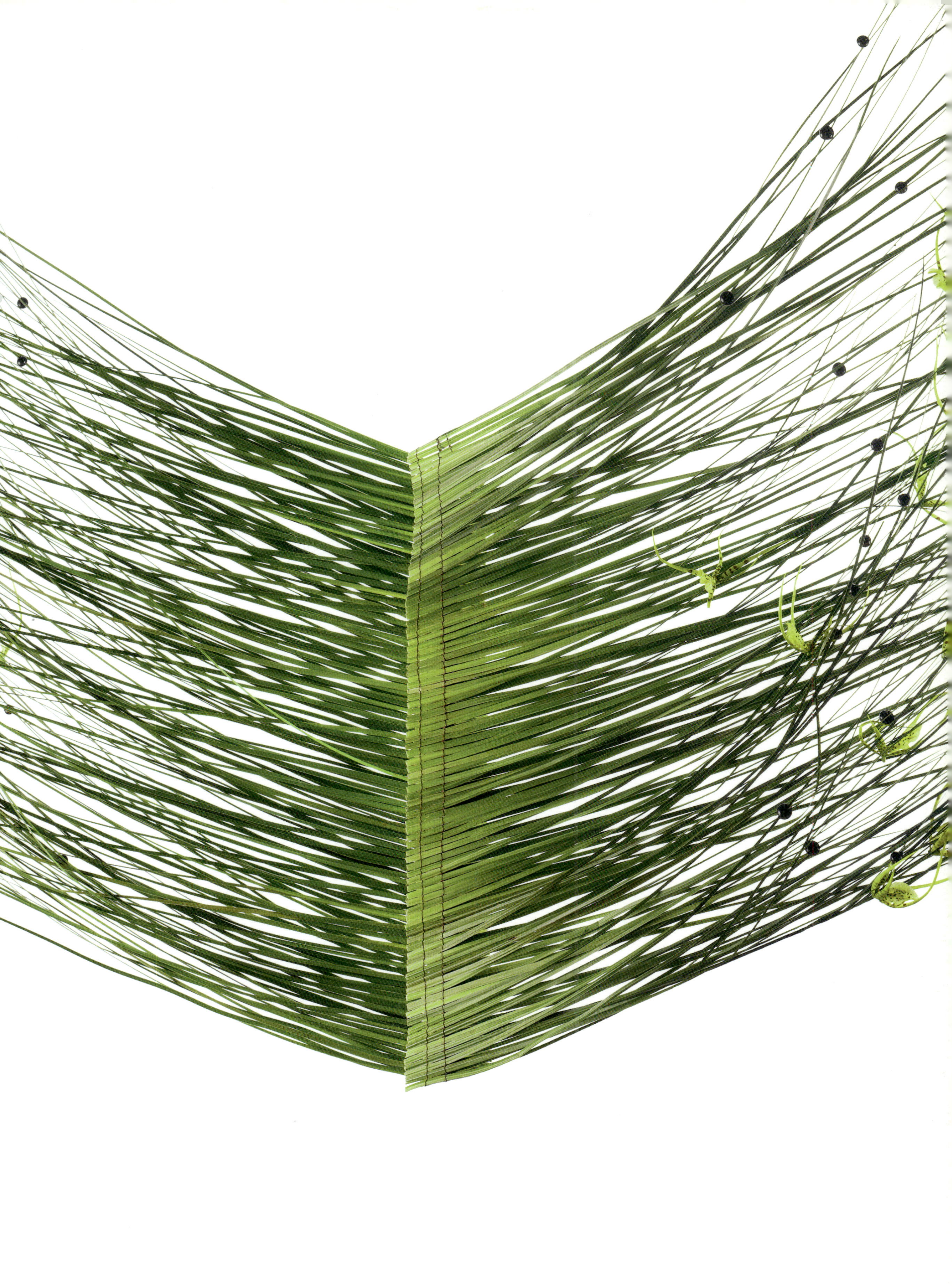

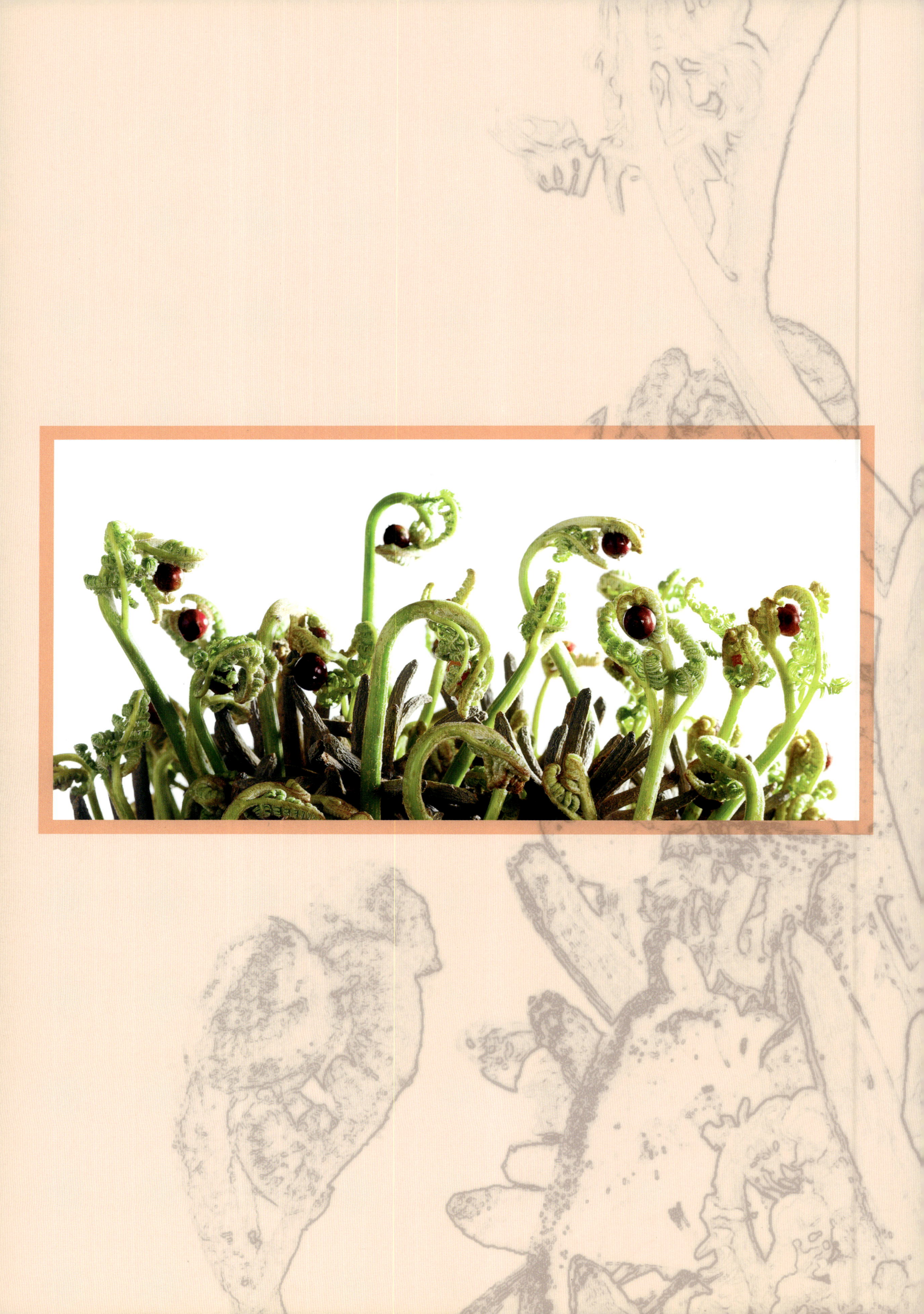

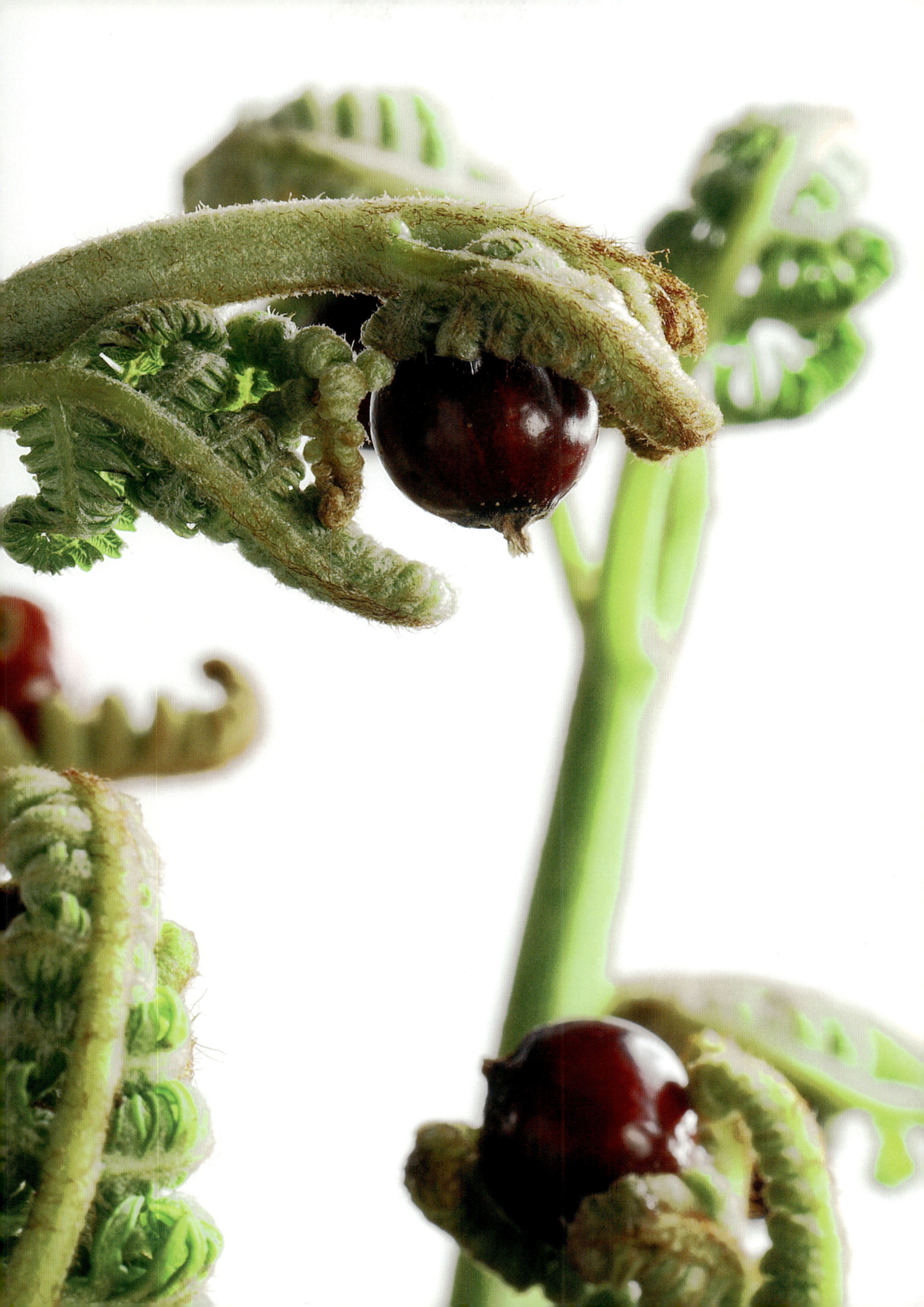

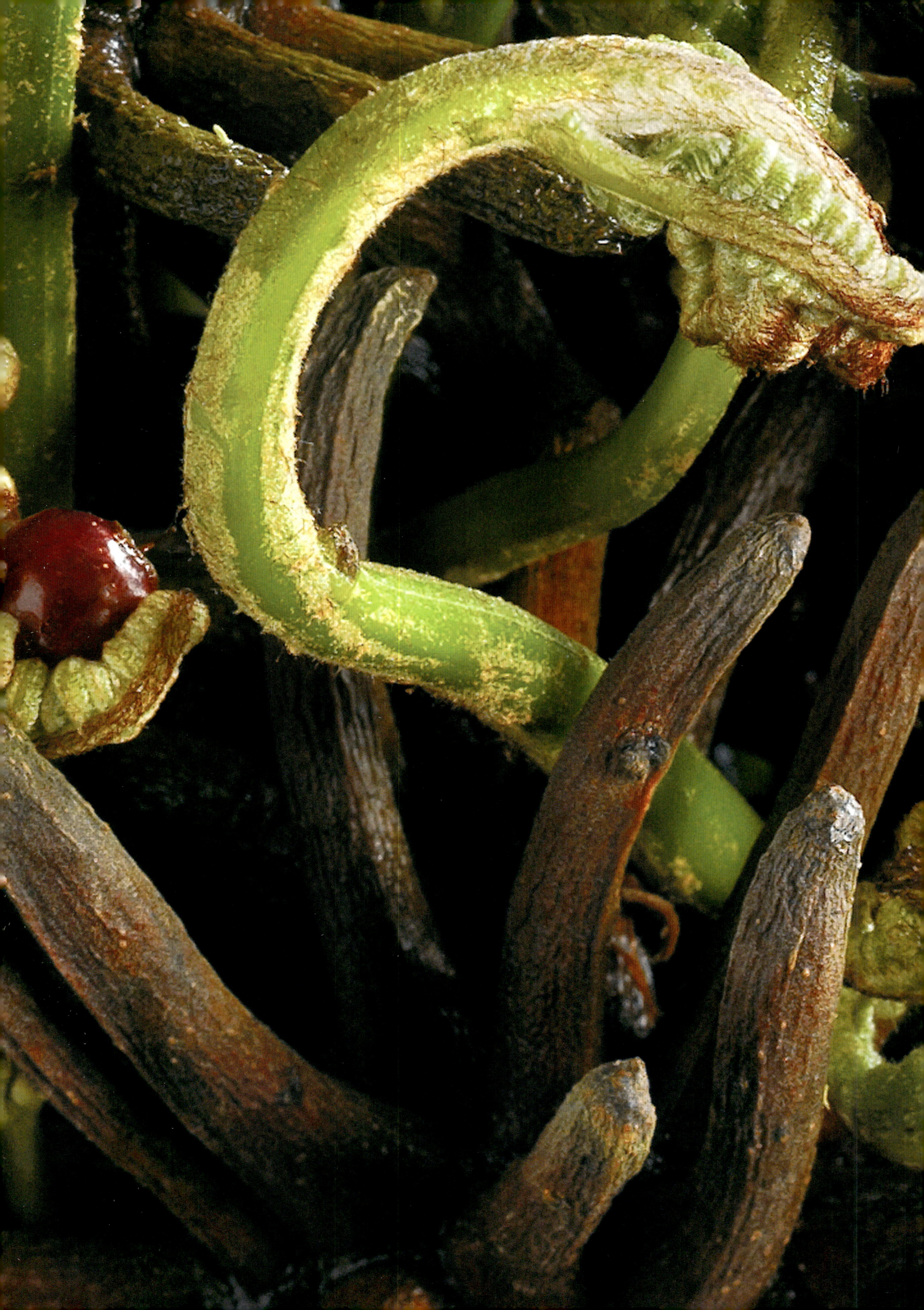

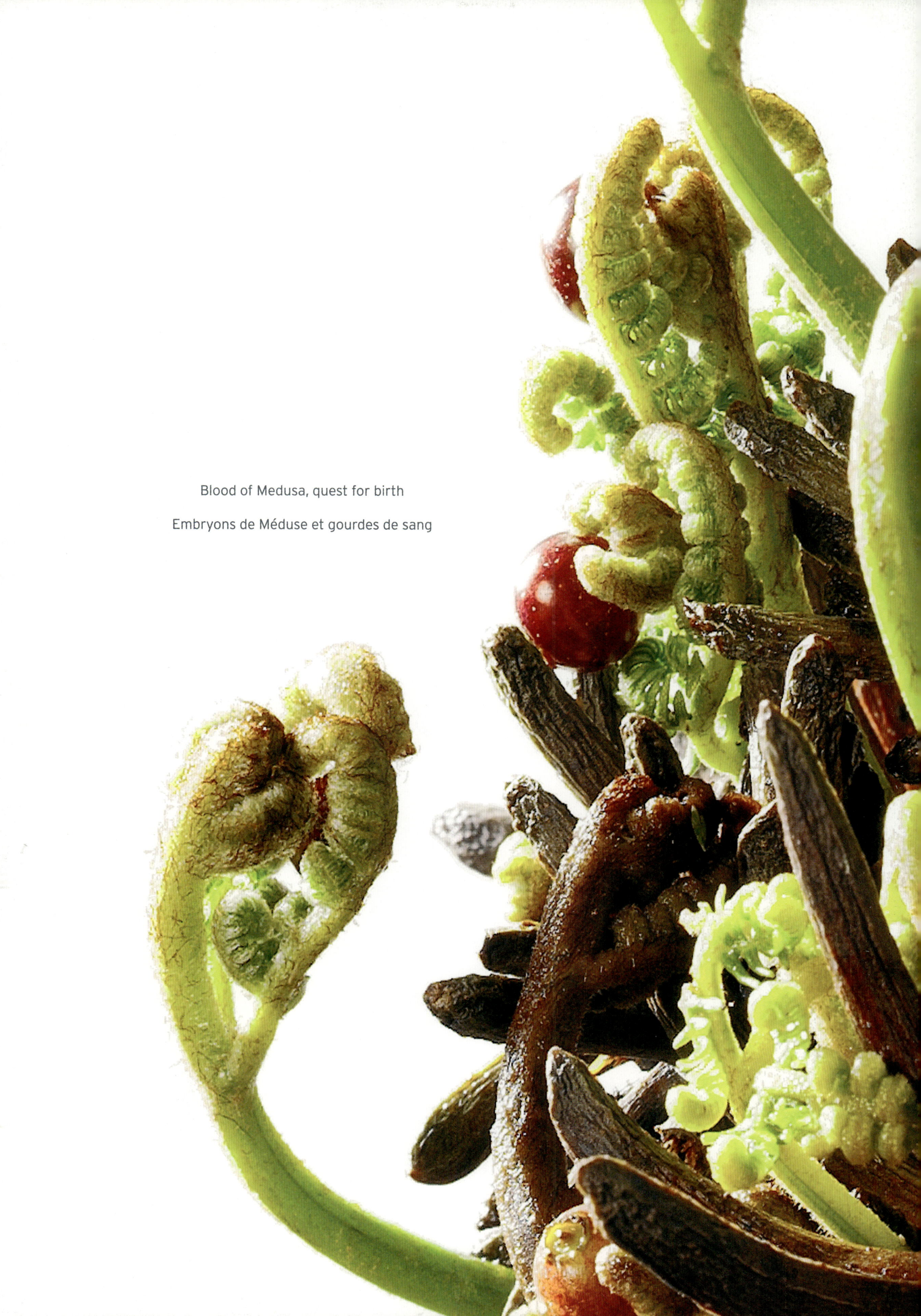

Blood of Medusa, quest for birth

Embryons de Méduse et gourdes de sang

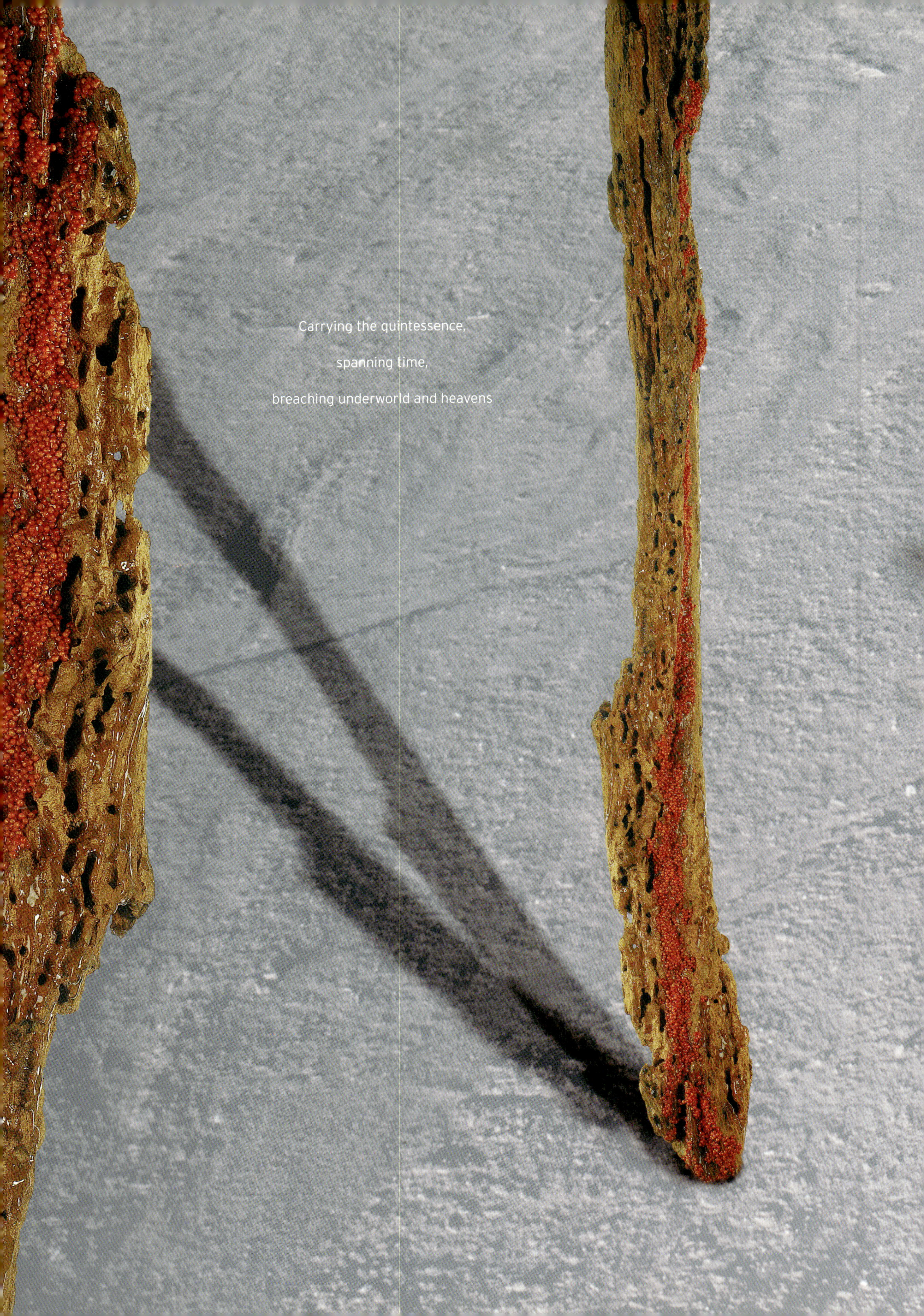

Carrying the quintessence,

spanning time,

breaching underworld and heavens

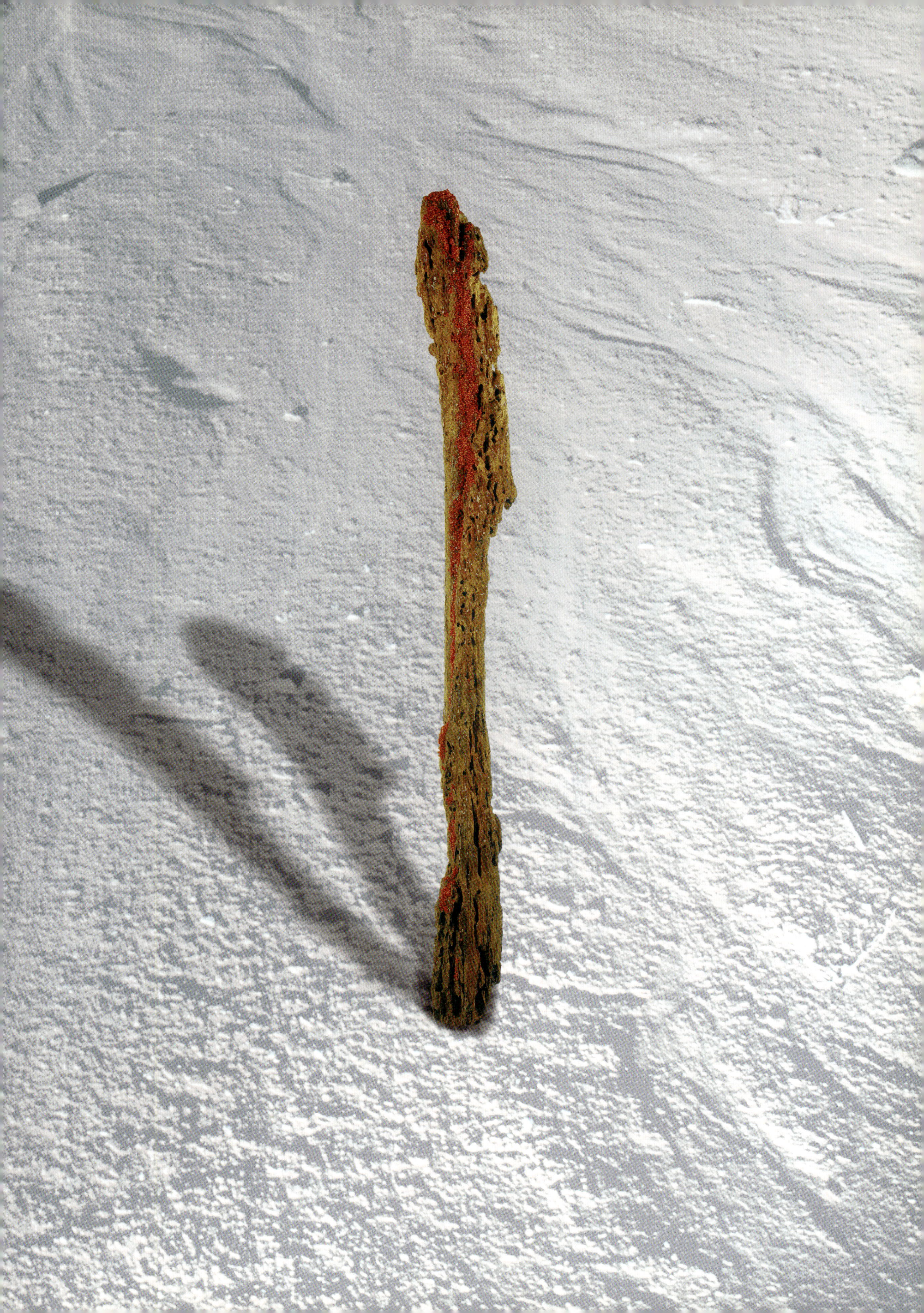

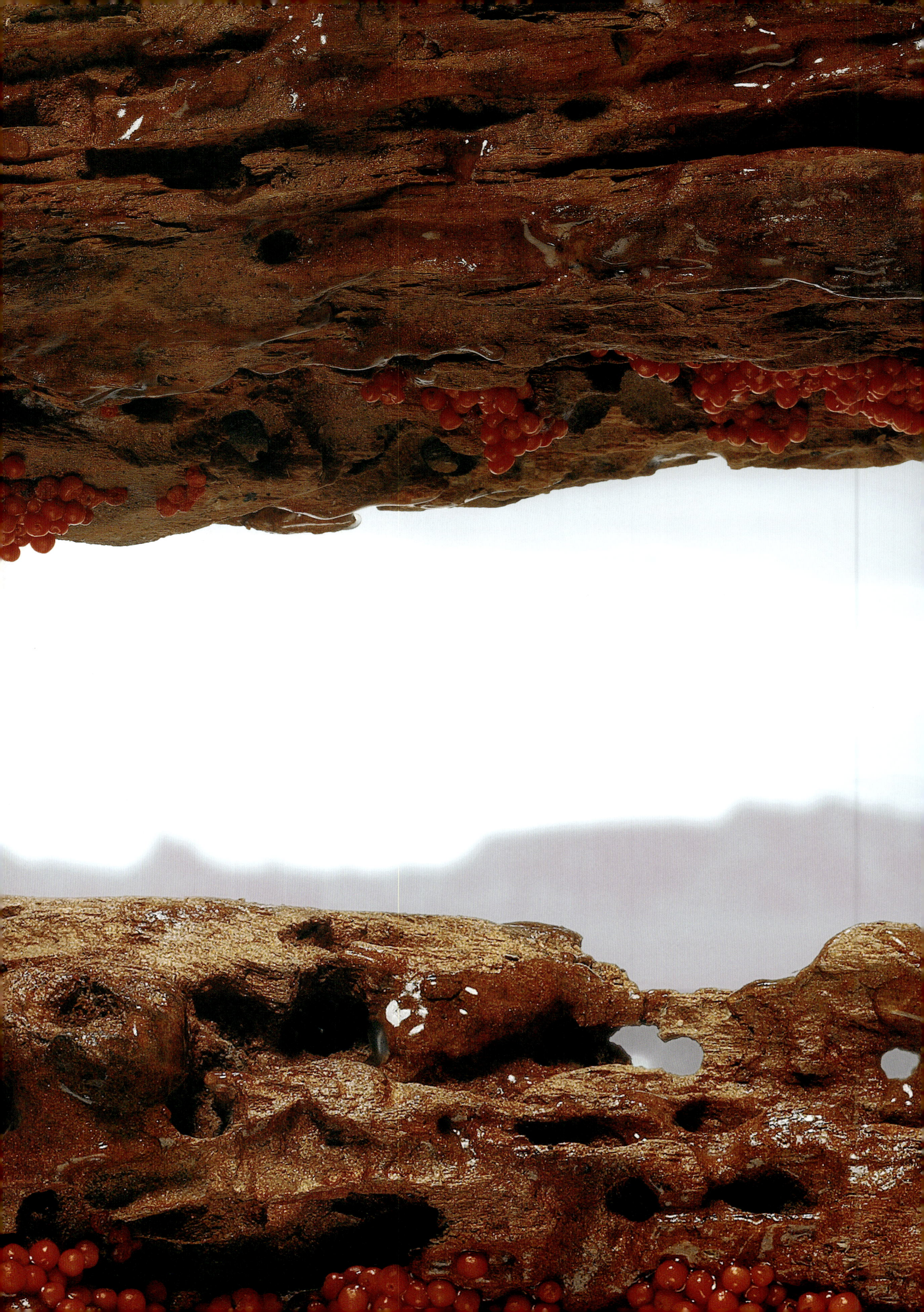

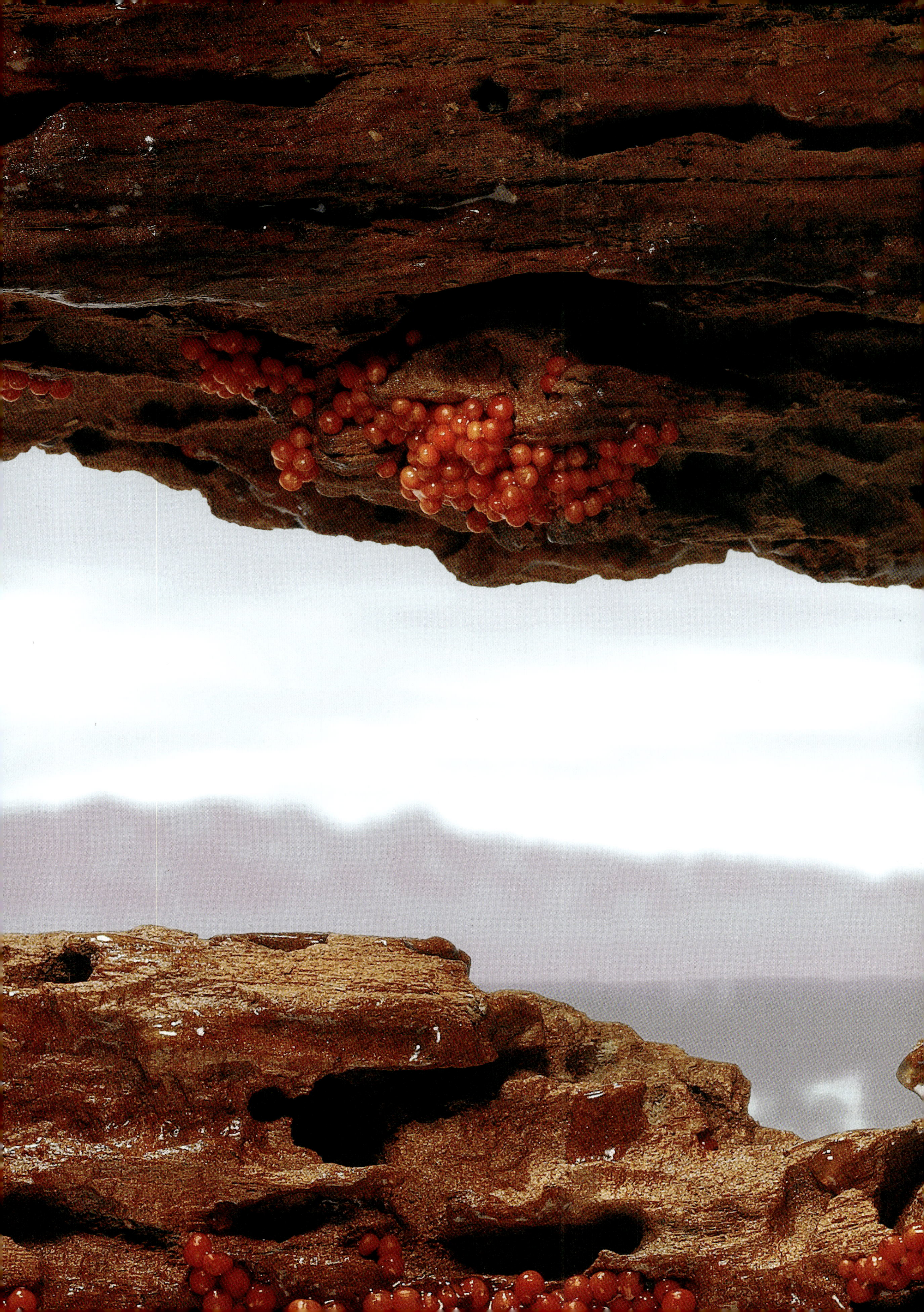

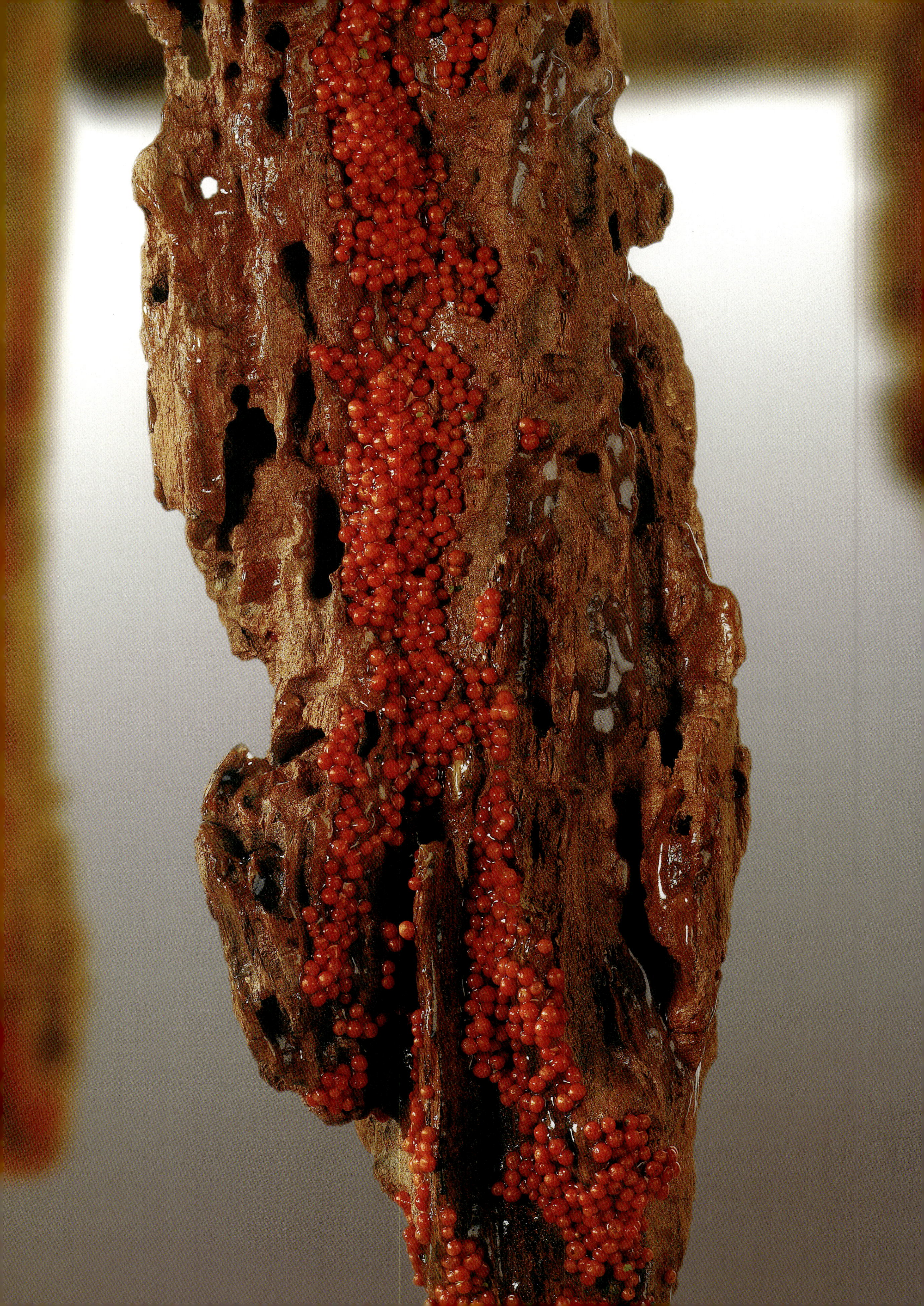

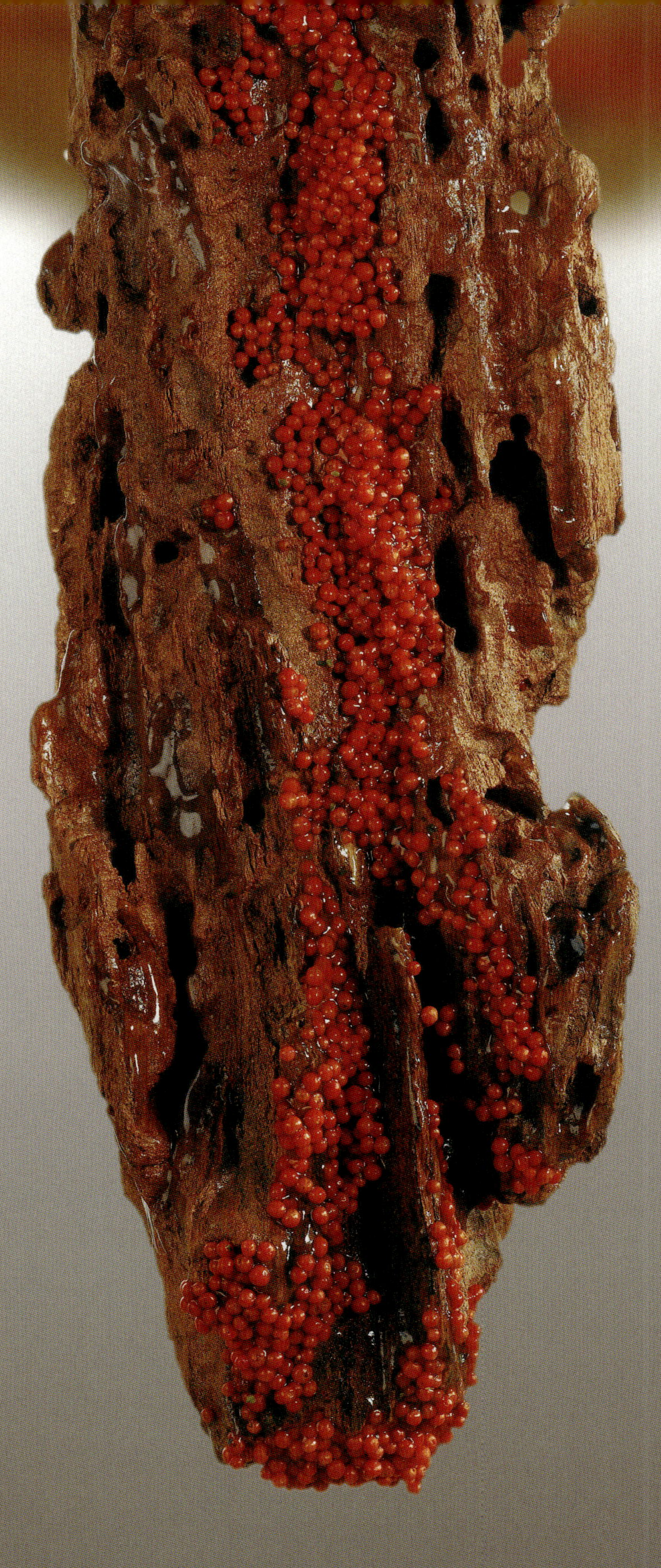

Procession suspendue au temps

Quintessence

Enfer ou paradis

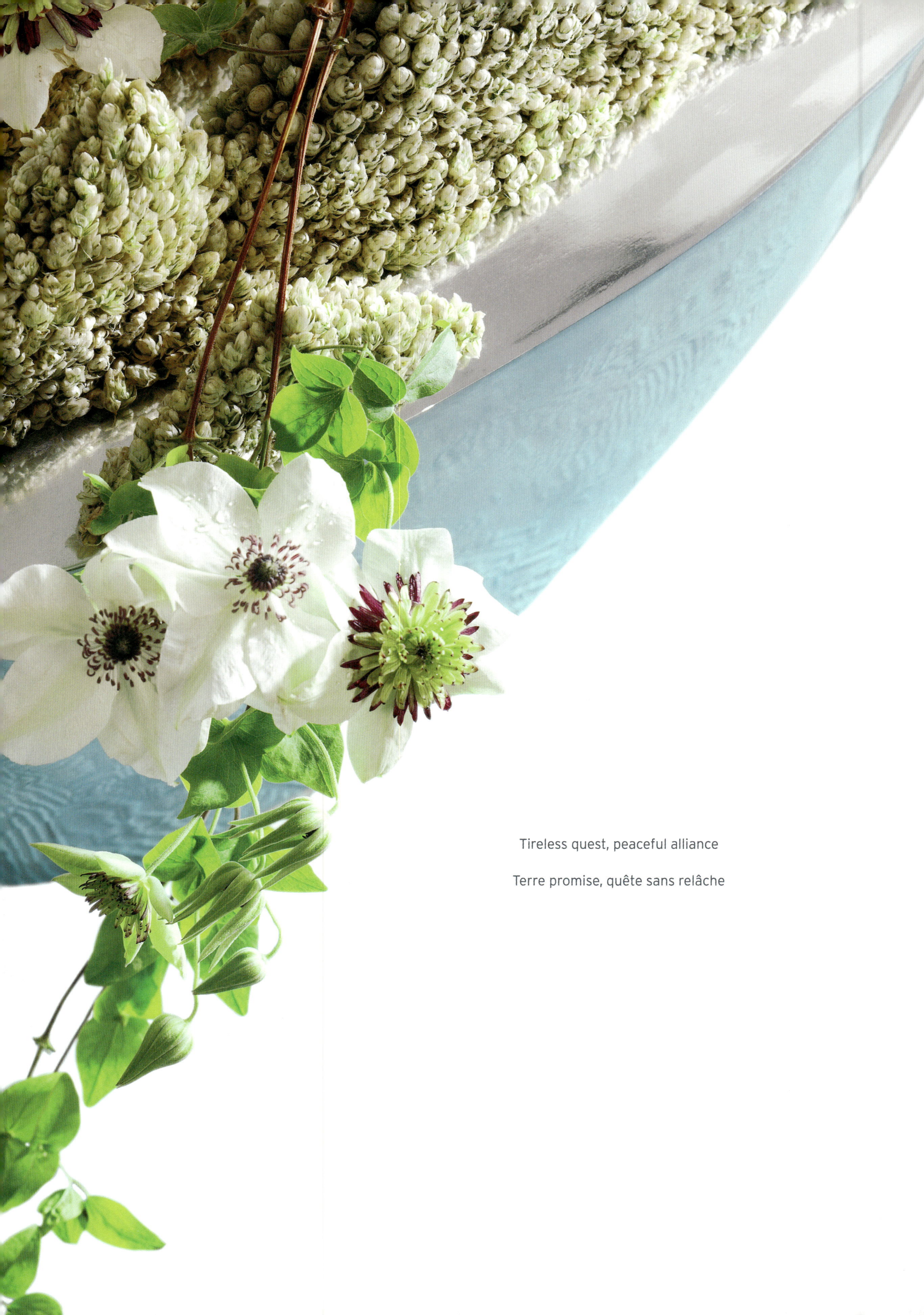

Tireless quest, peaceful alliance

Terre promise, quête sans relâche

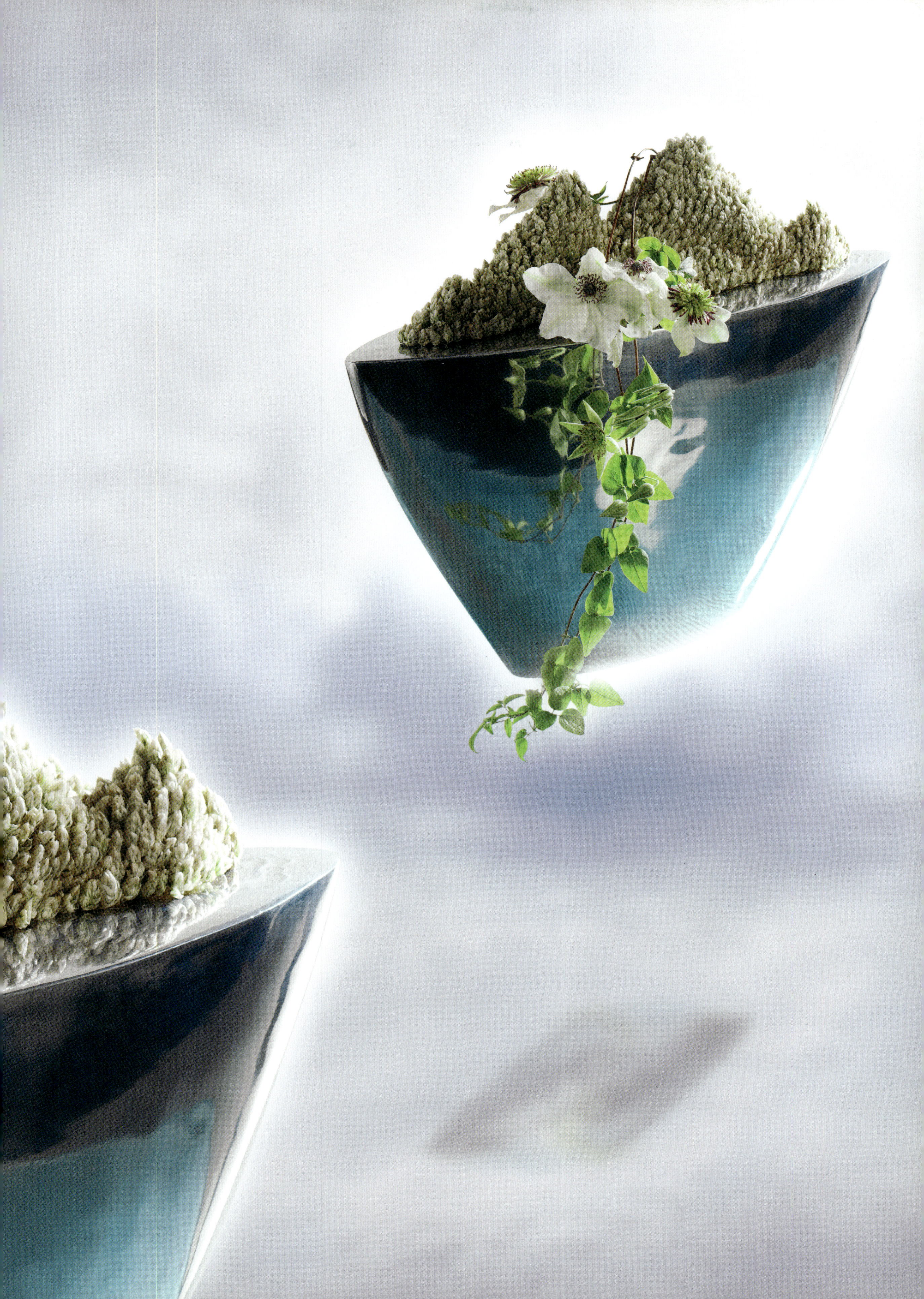

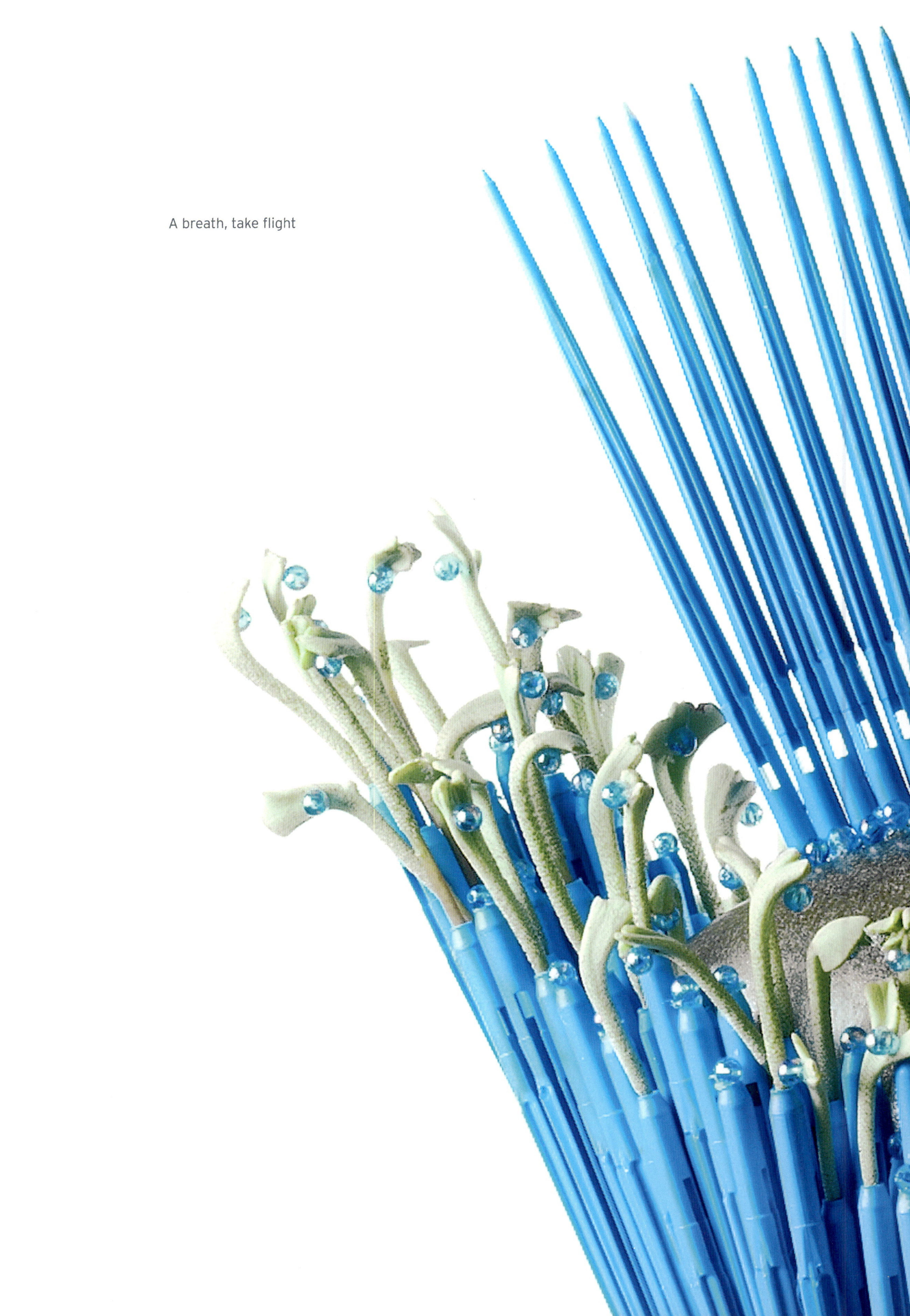

A breath, take flight

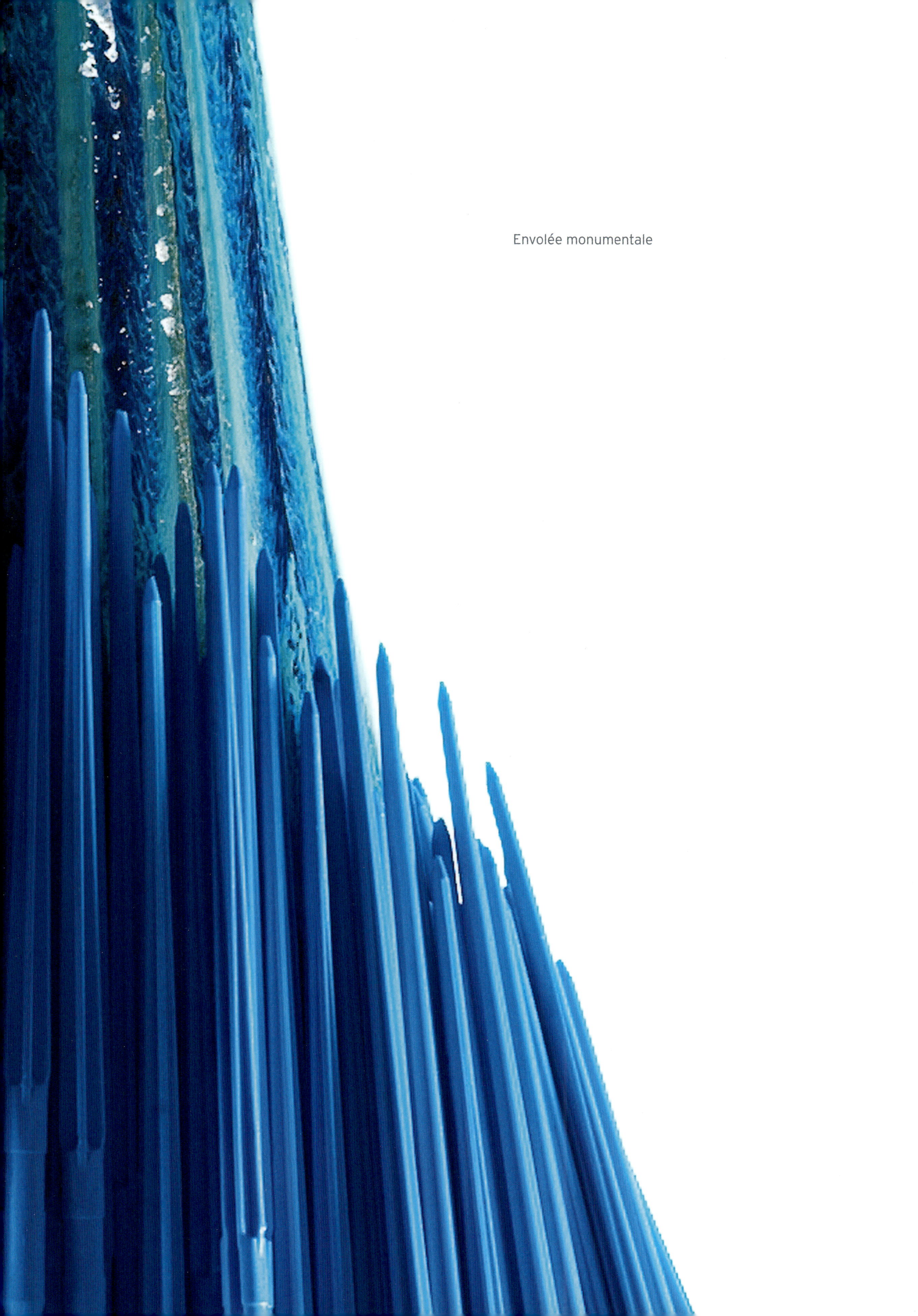

Envolée monumentale

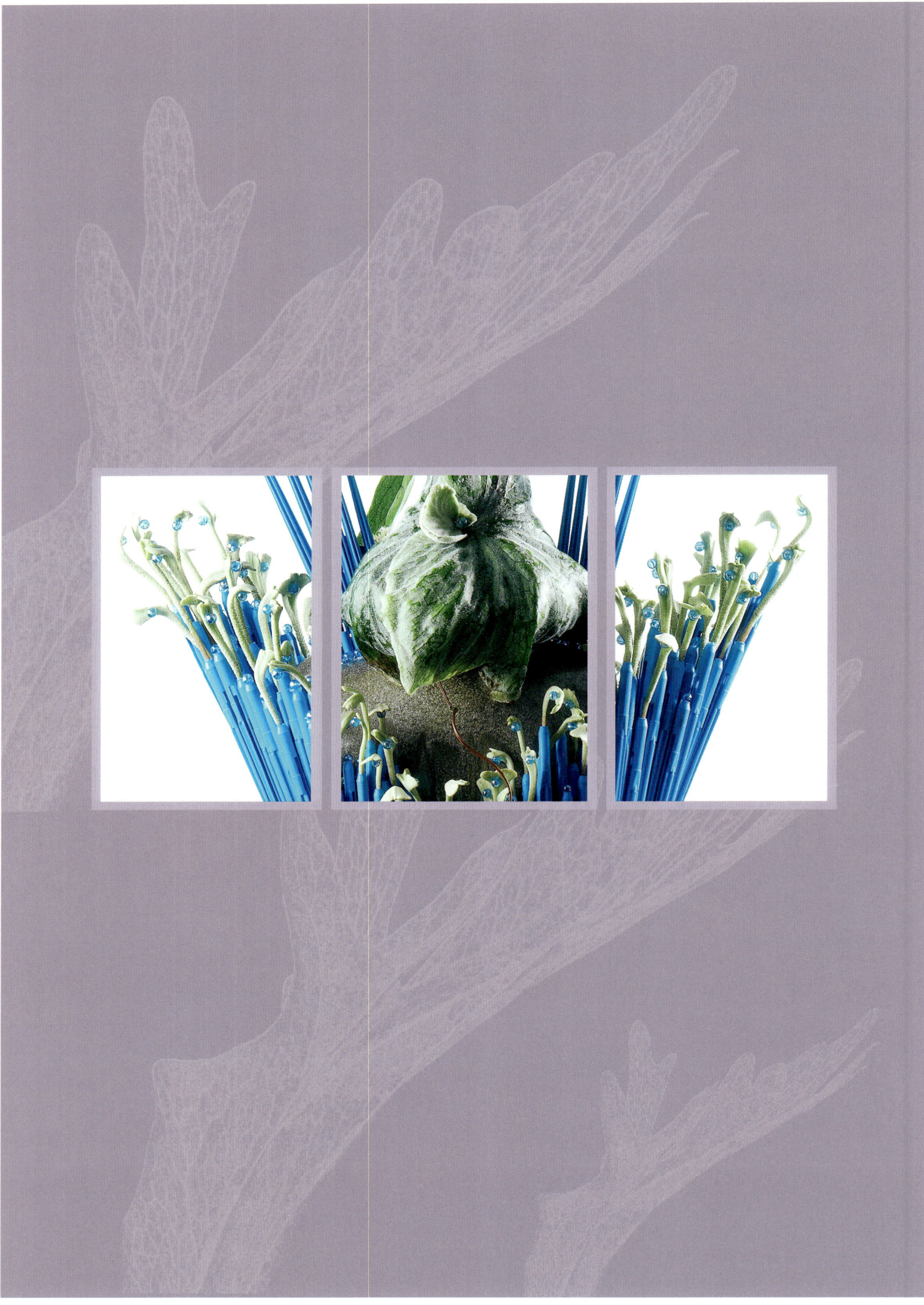

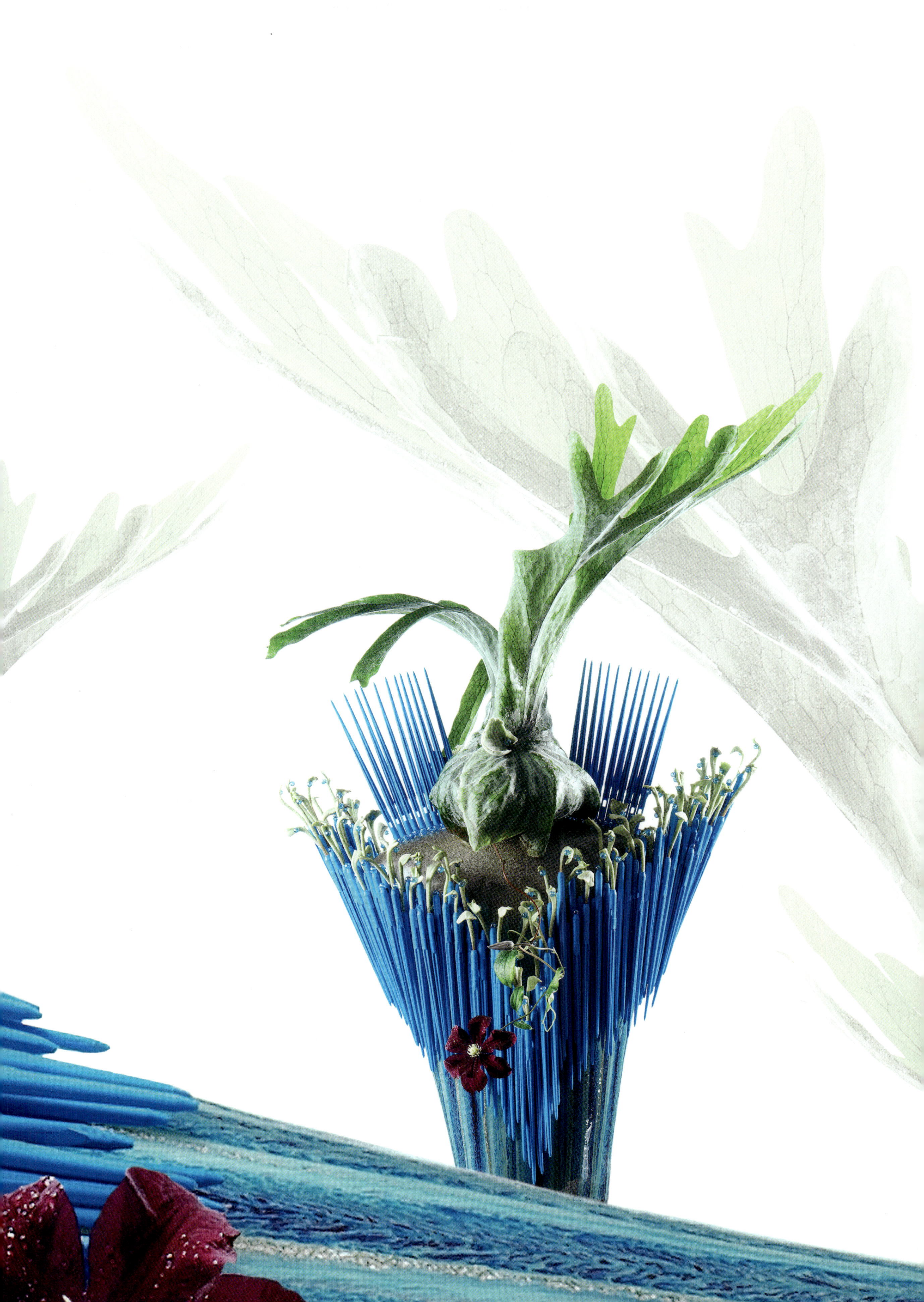

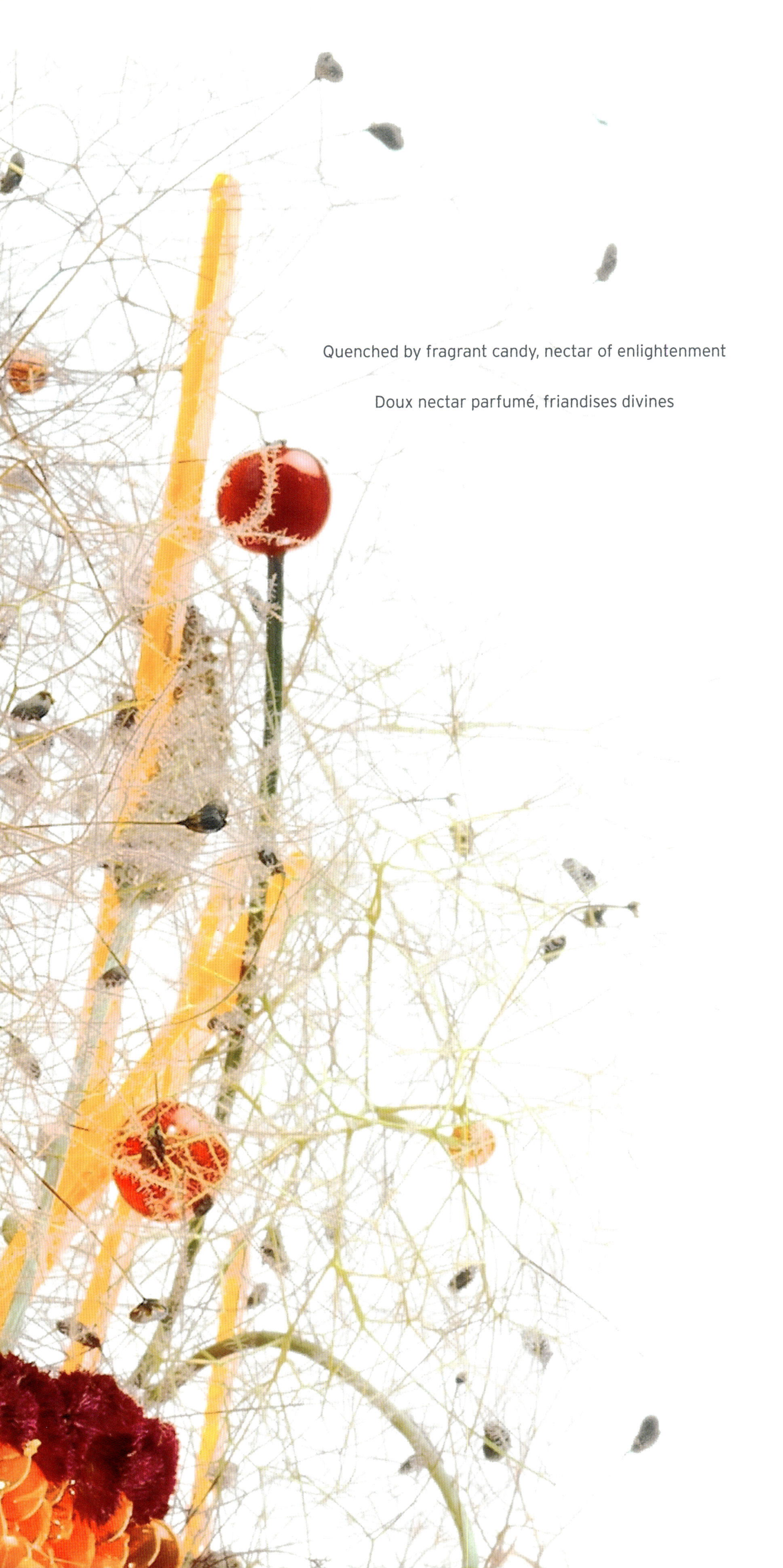

Quenched by fragrant candy, nectar of enlightenment

Doux nectar parfumé, friandises divines

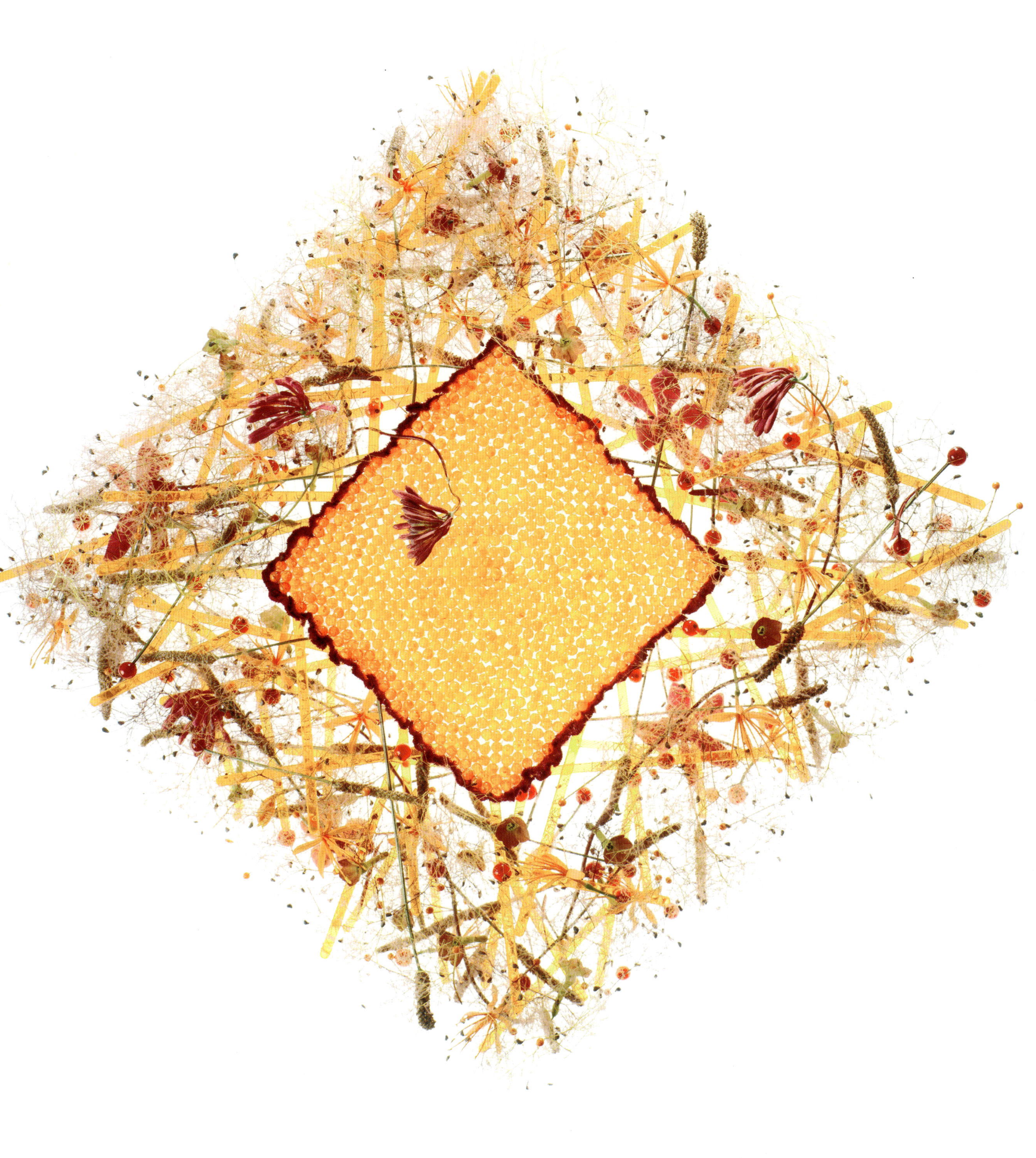

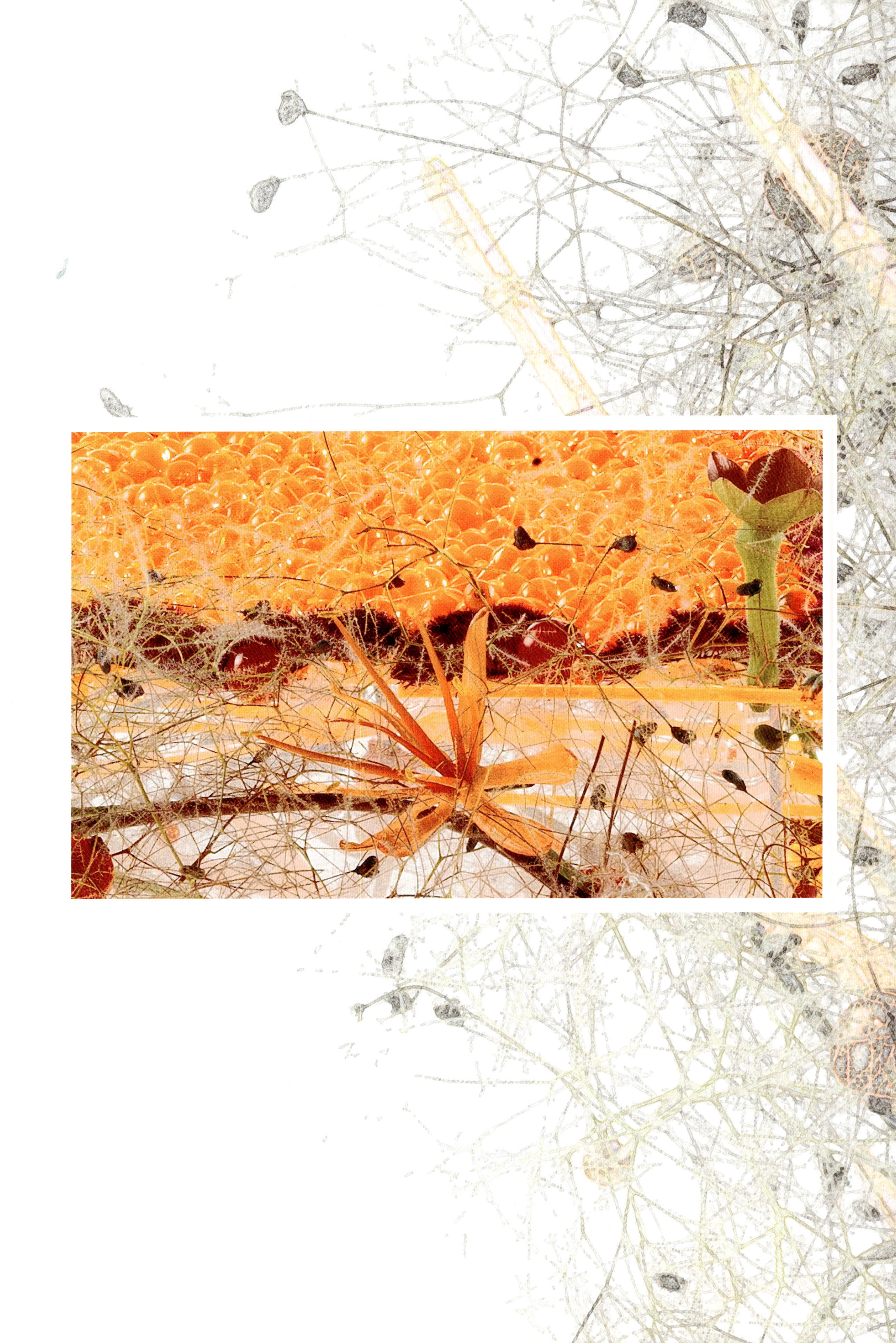

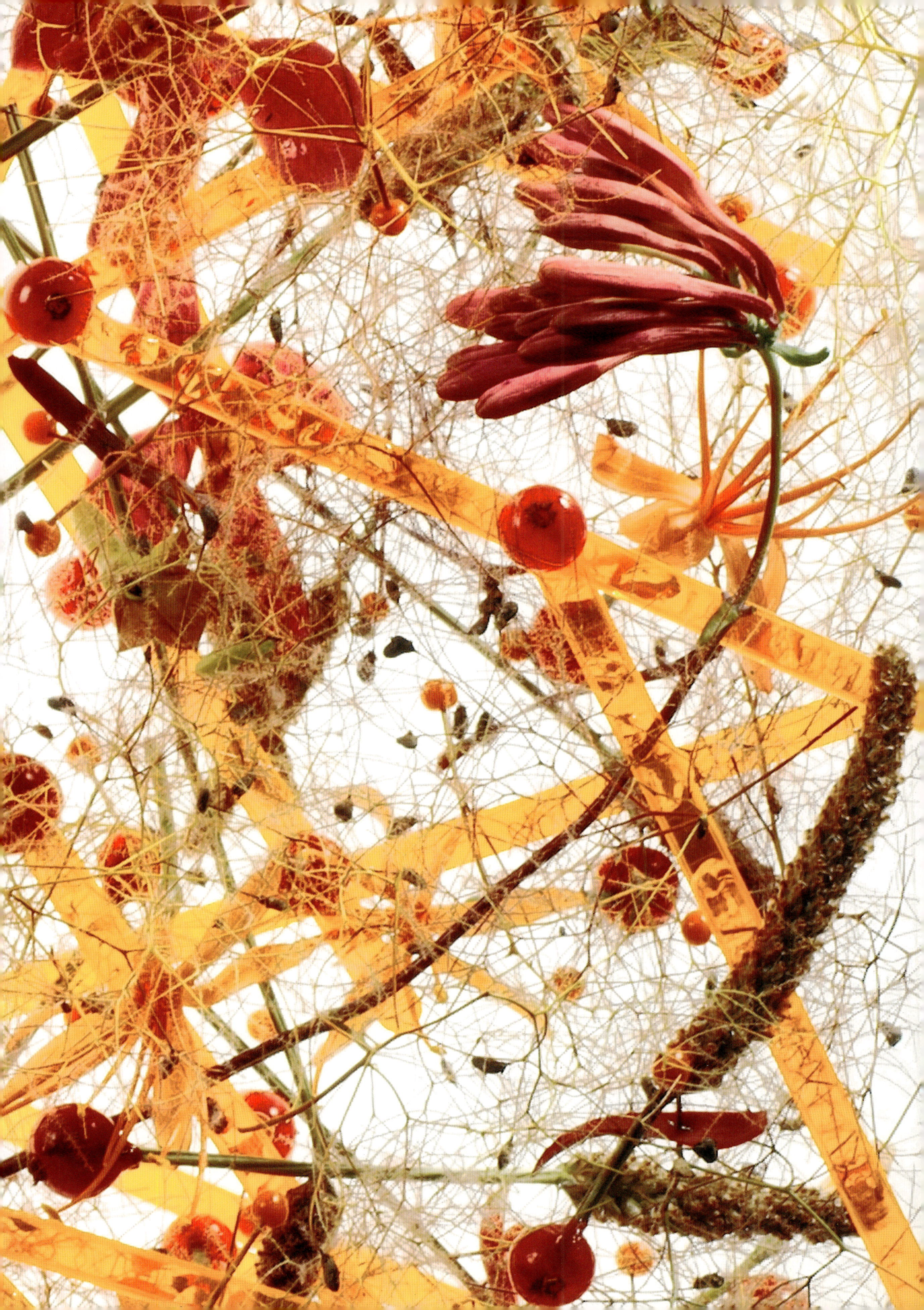

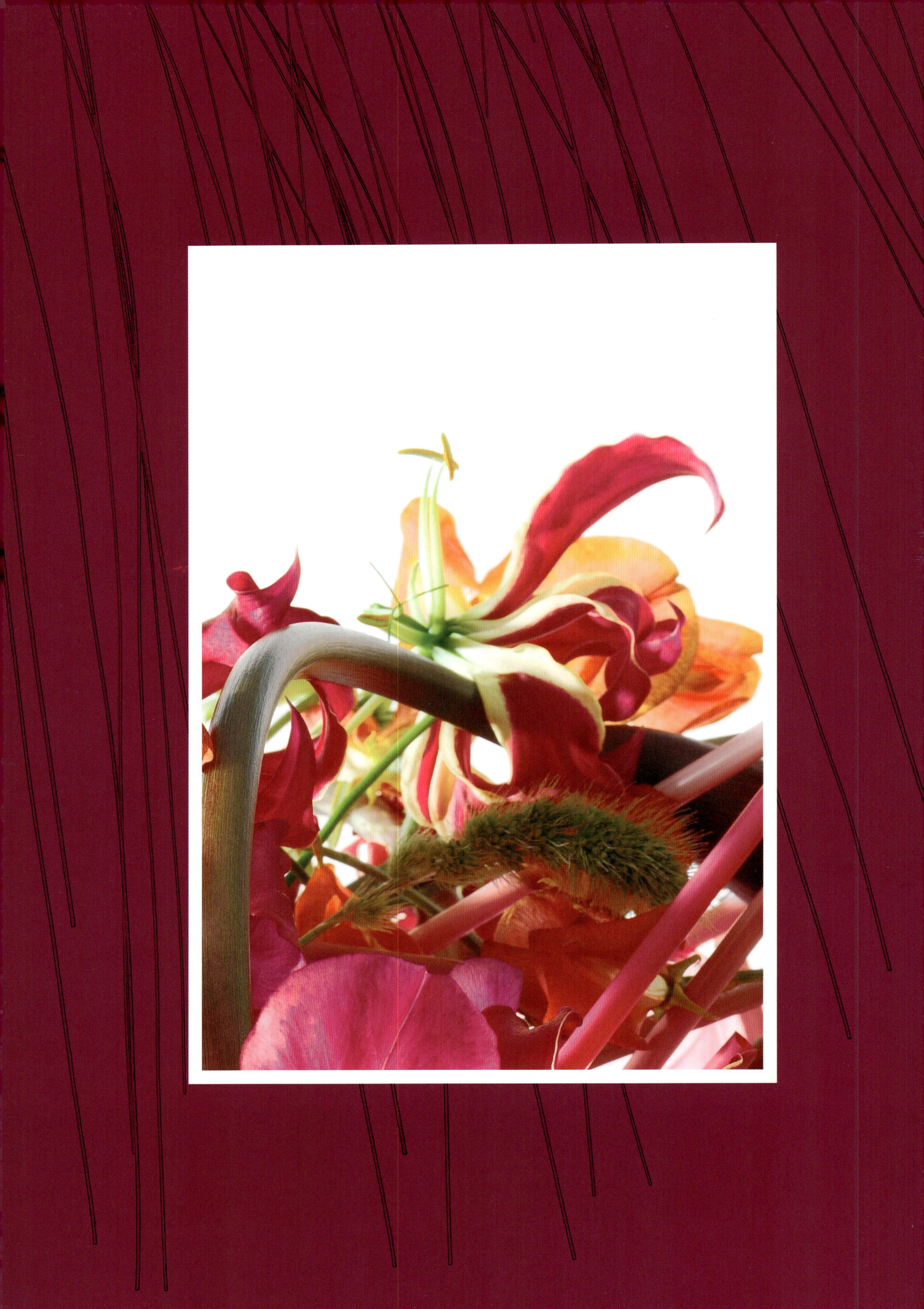

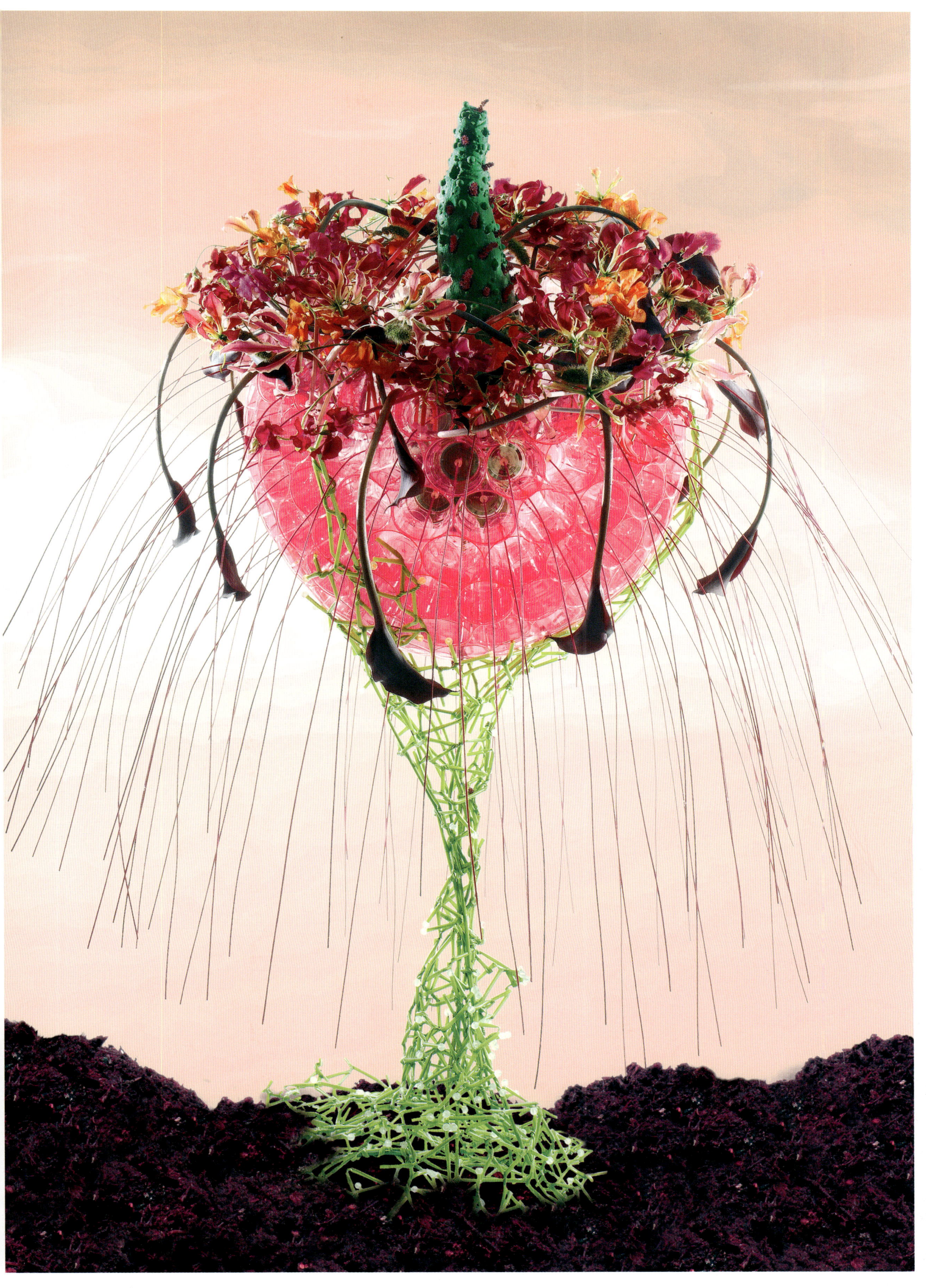

So refined the apparel,
so tight the clinch

Piège de dentelle,
étreinte irréversible

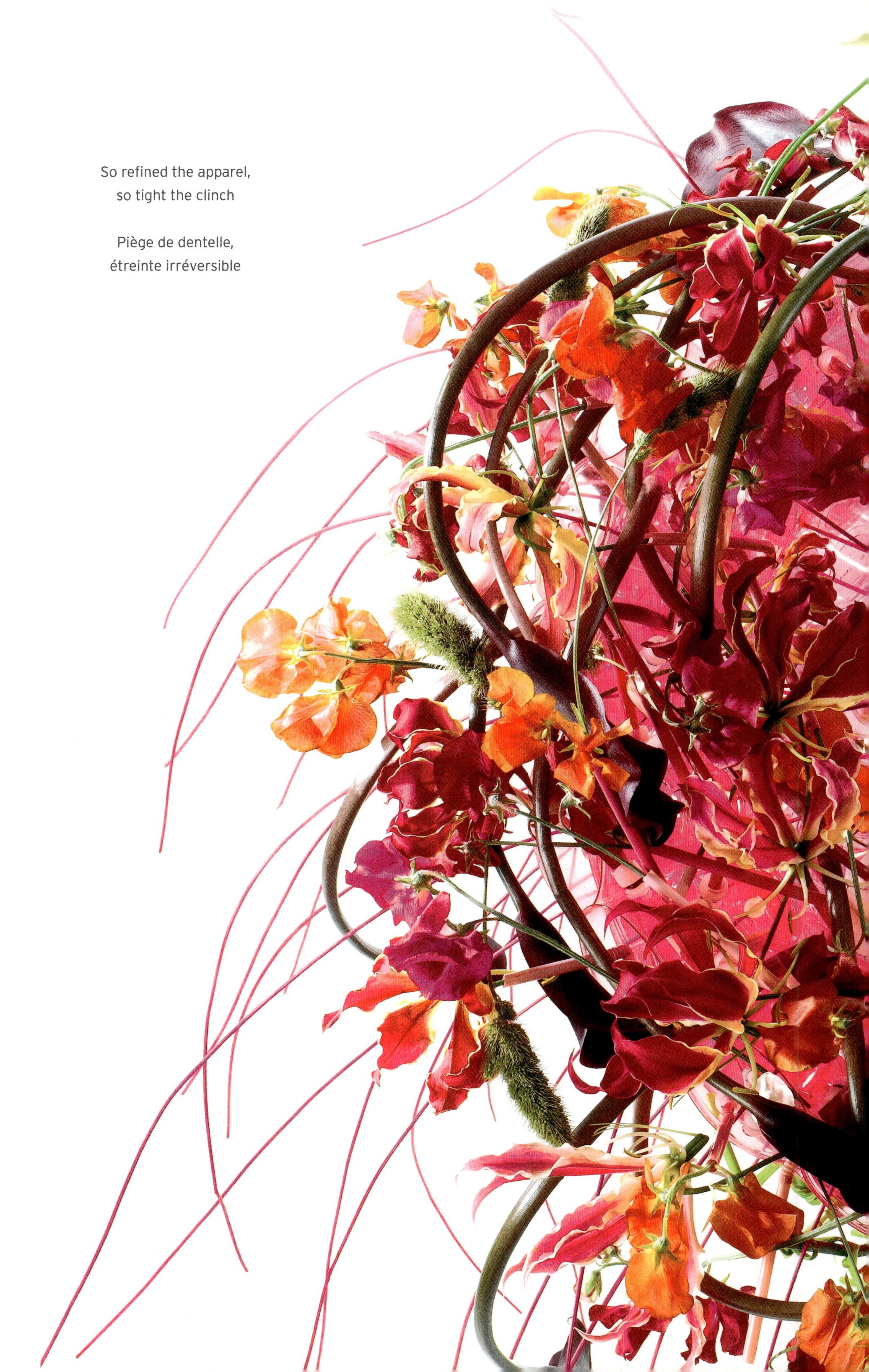

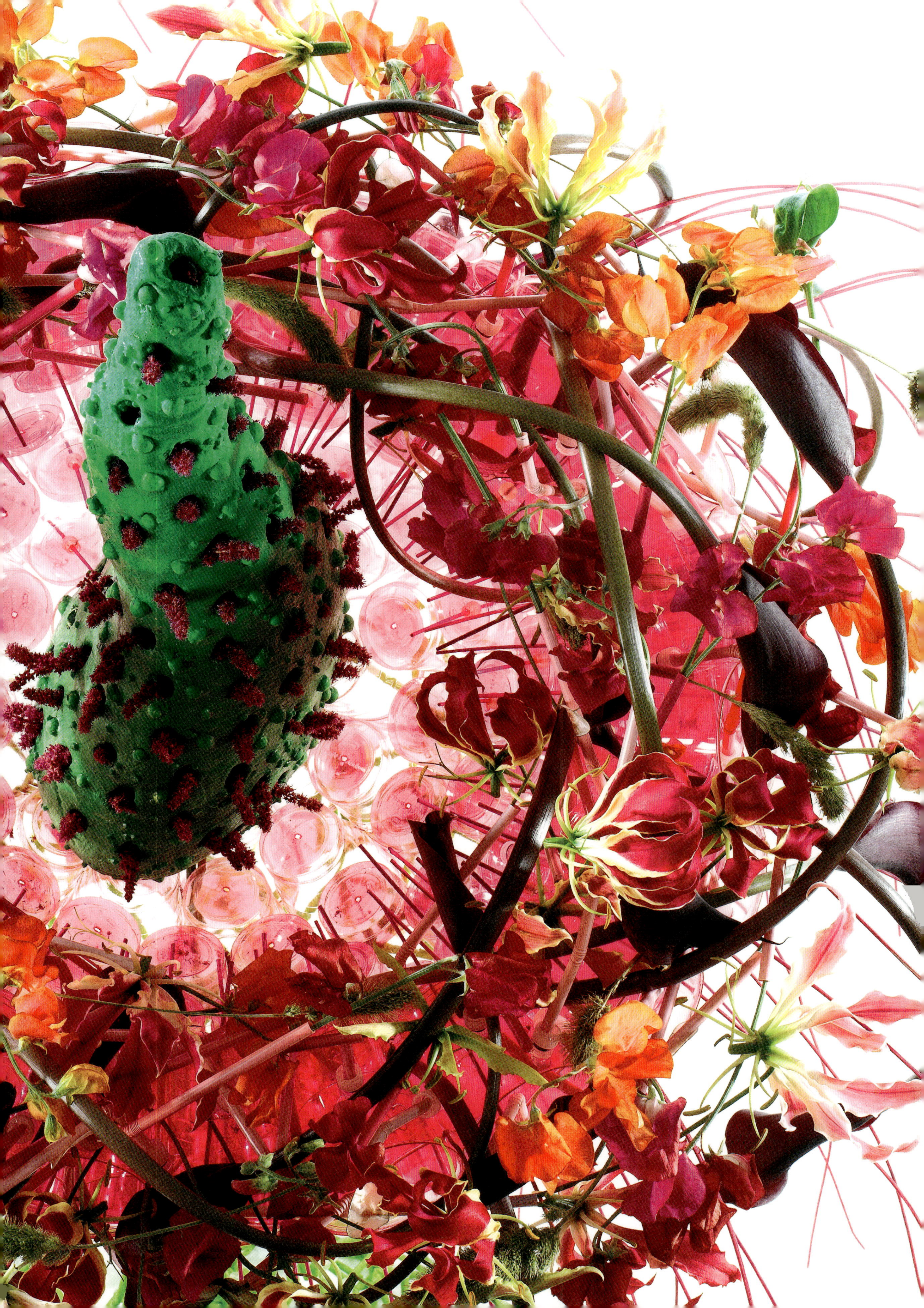

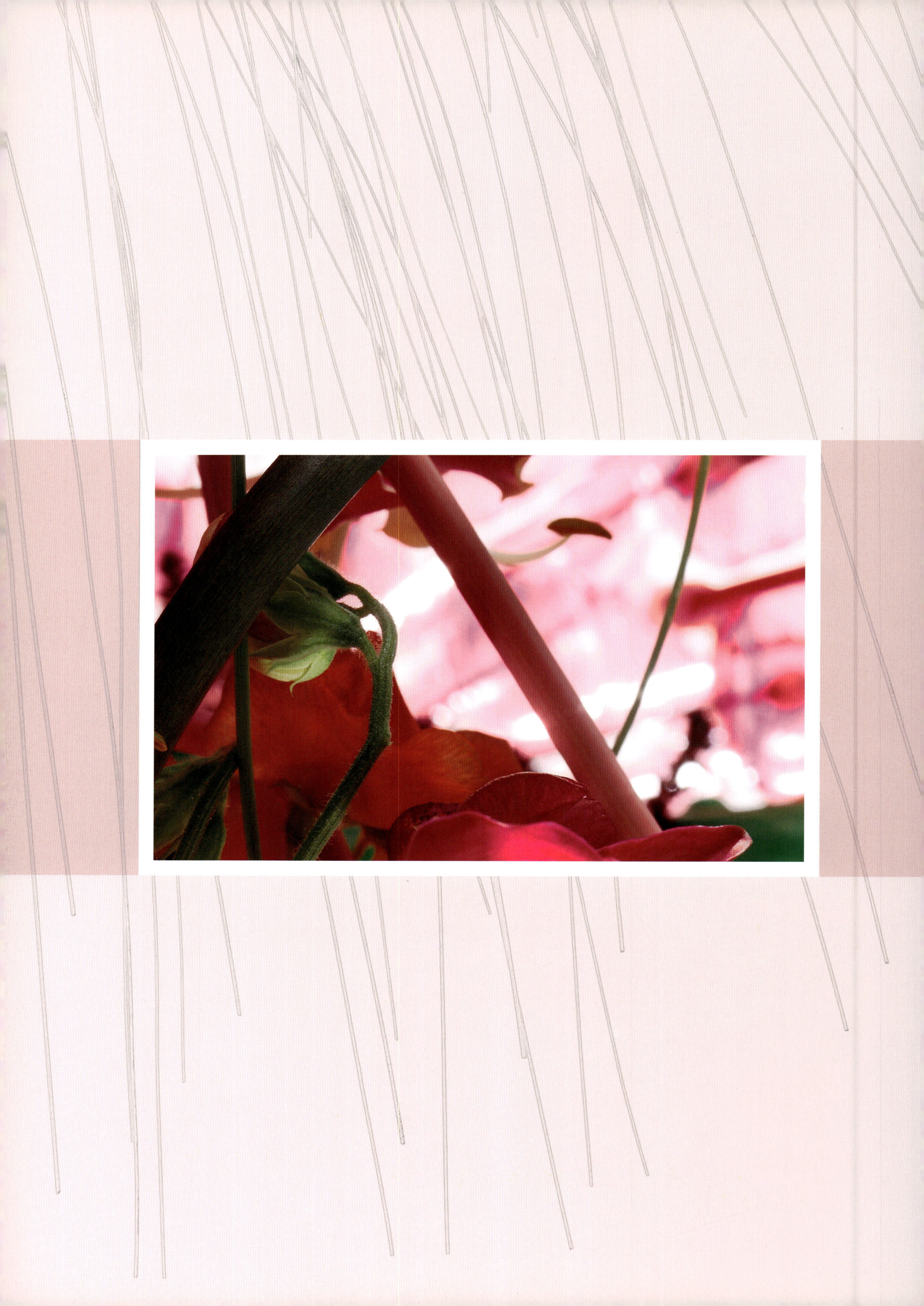

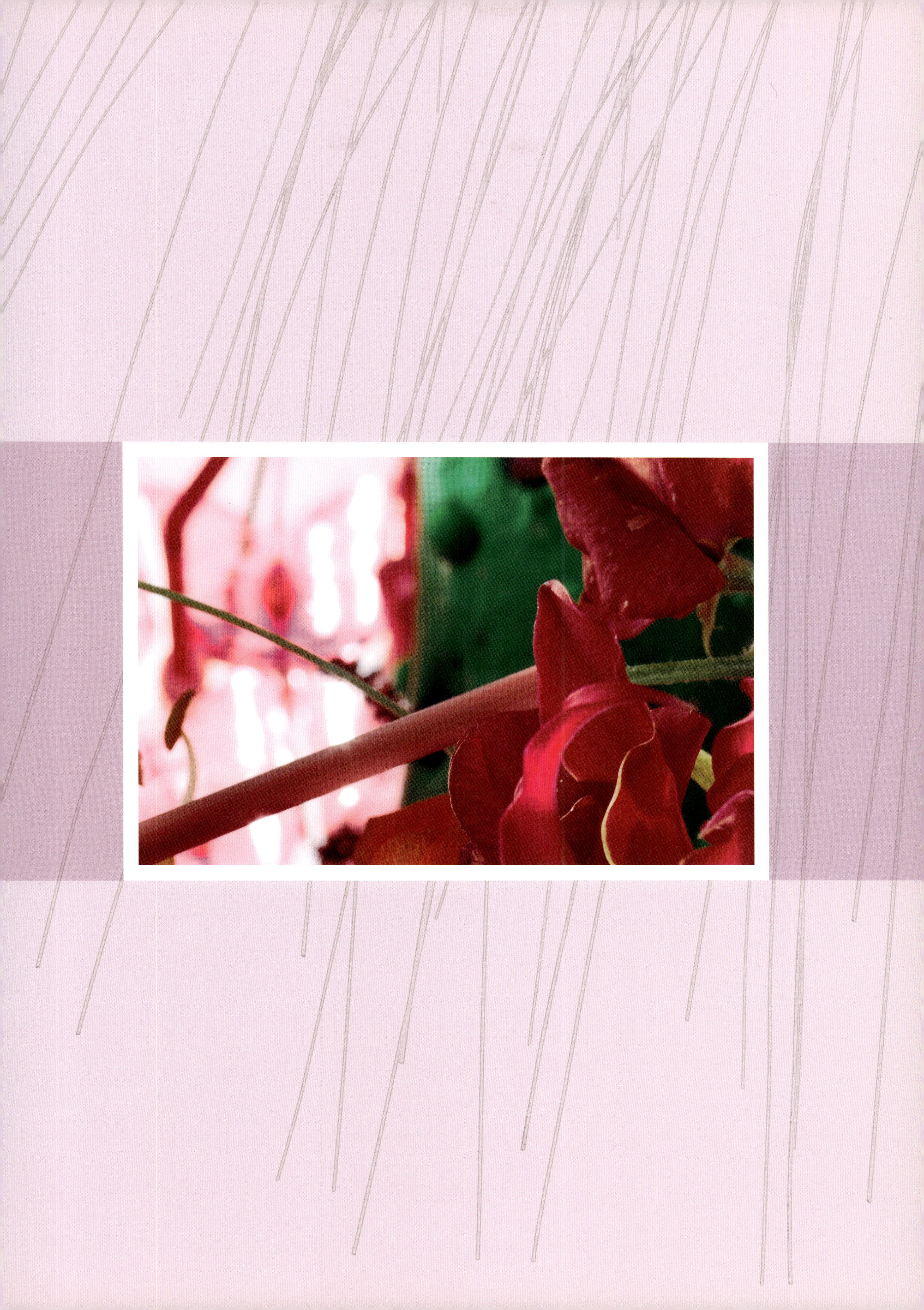

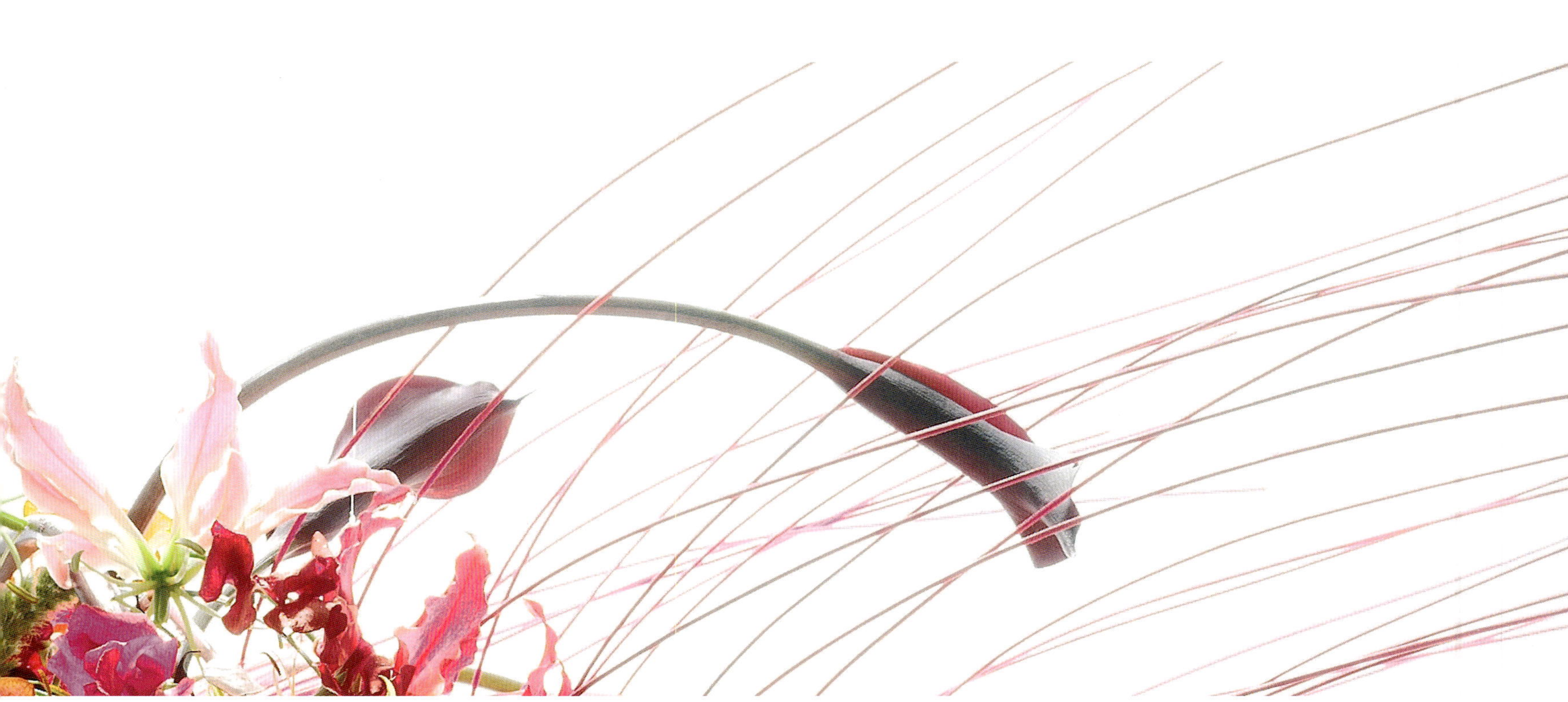

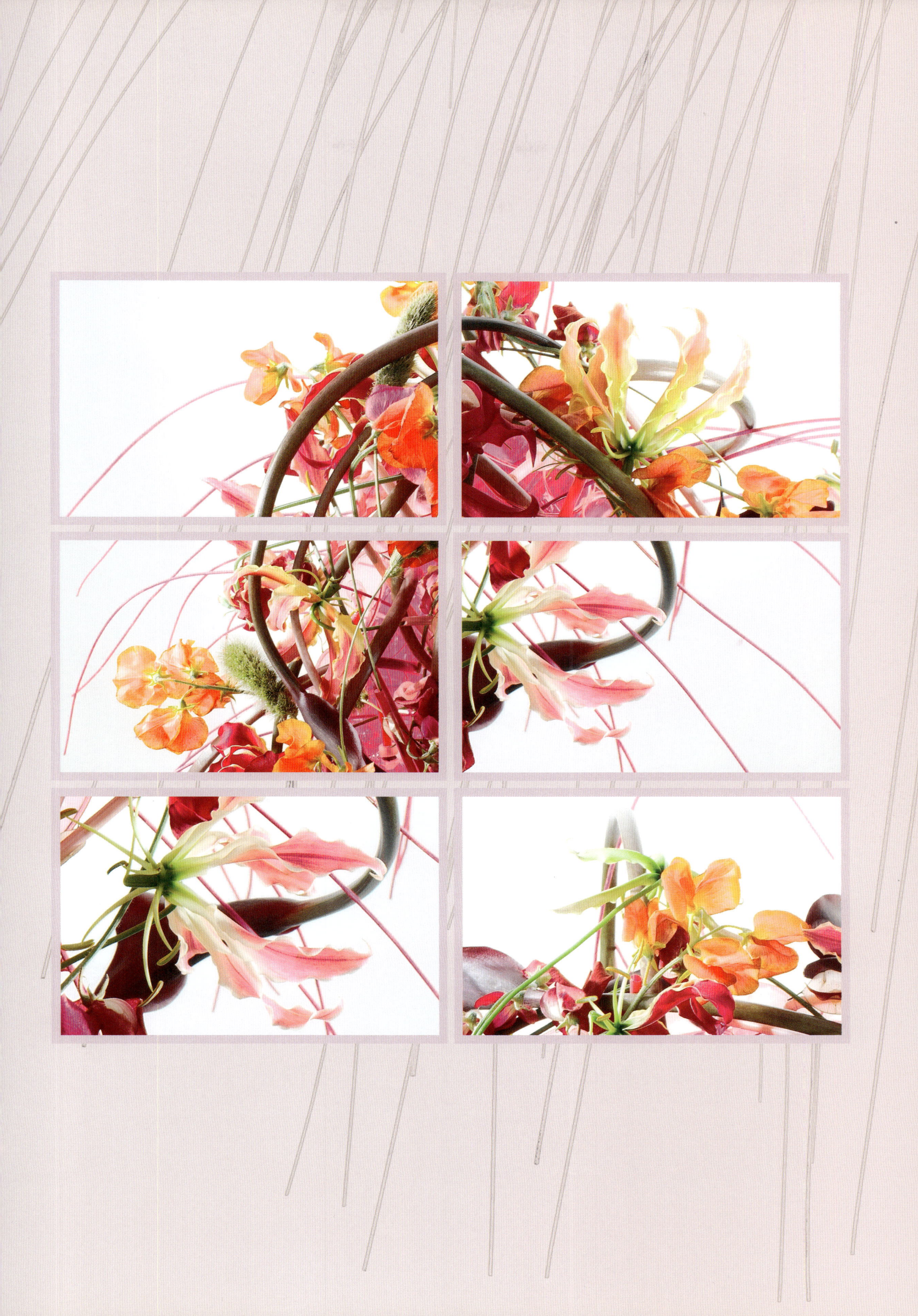

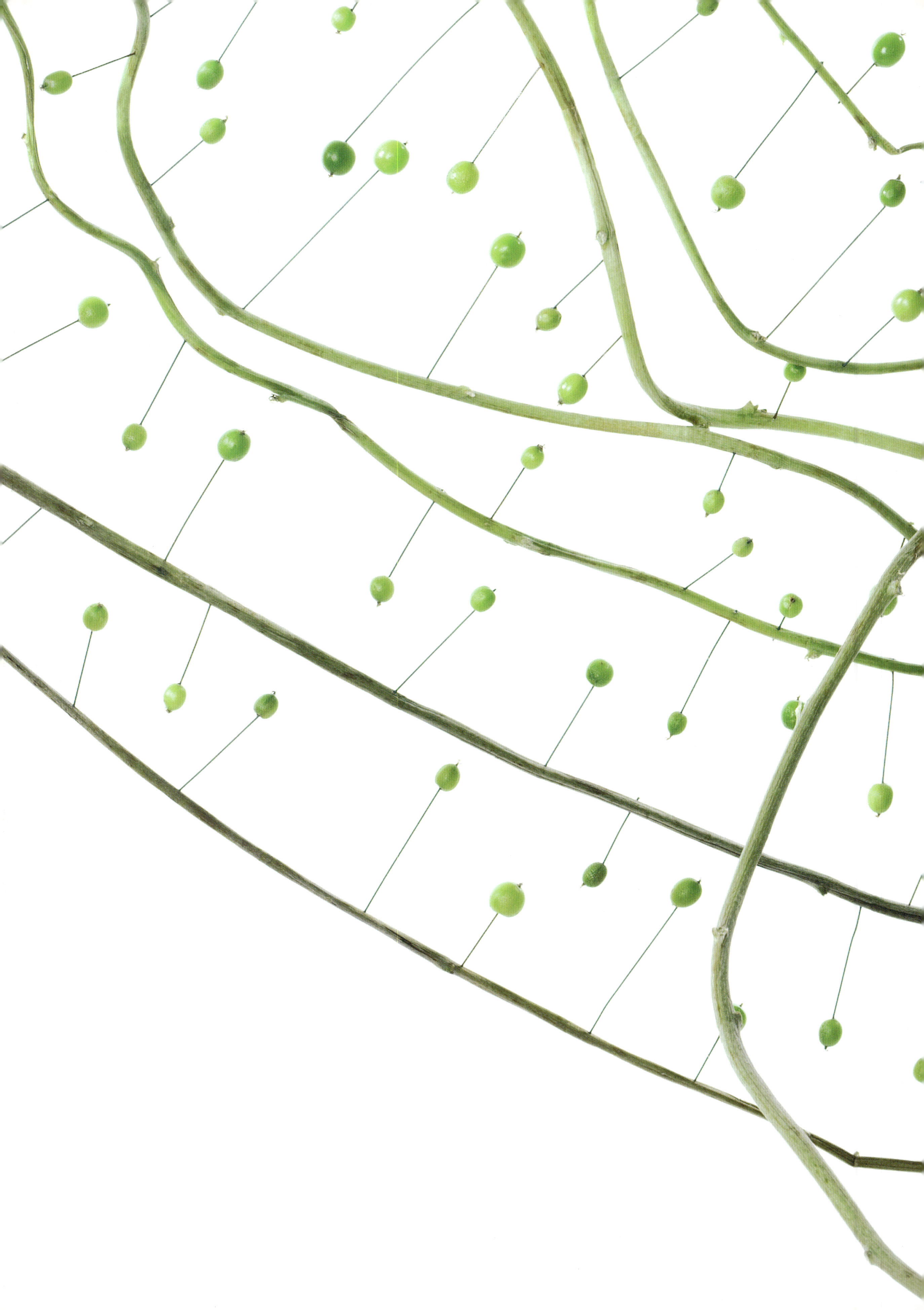

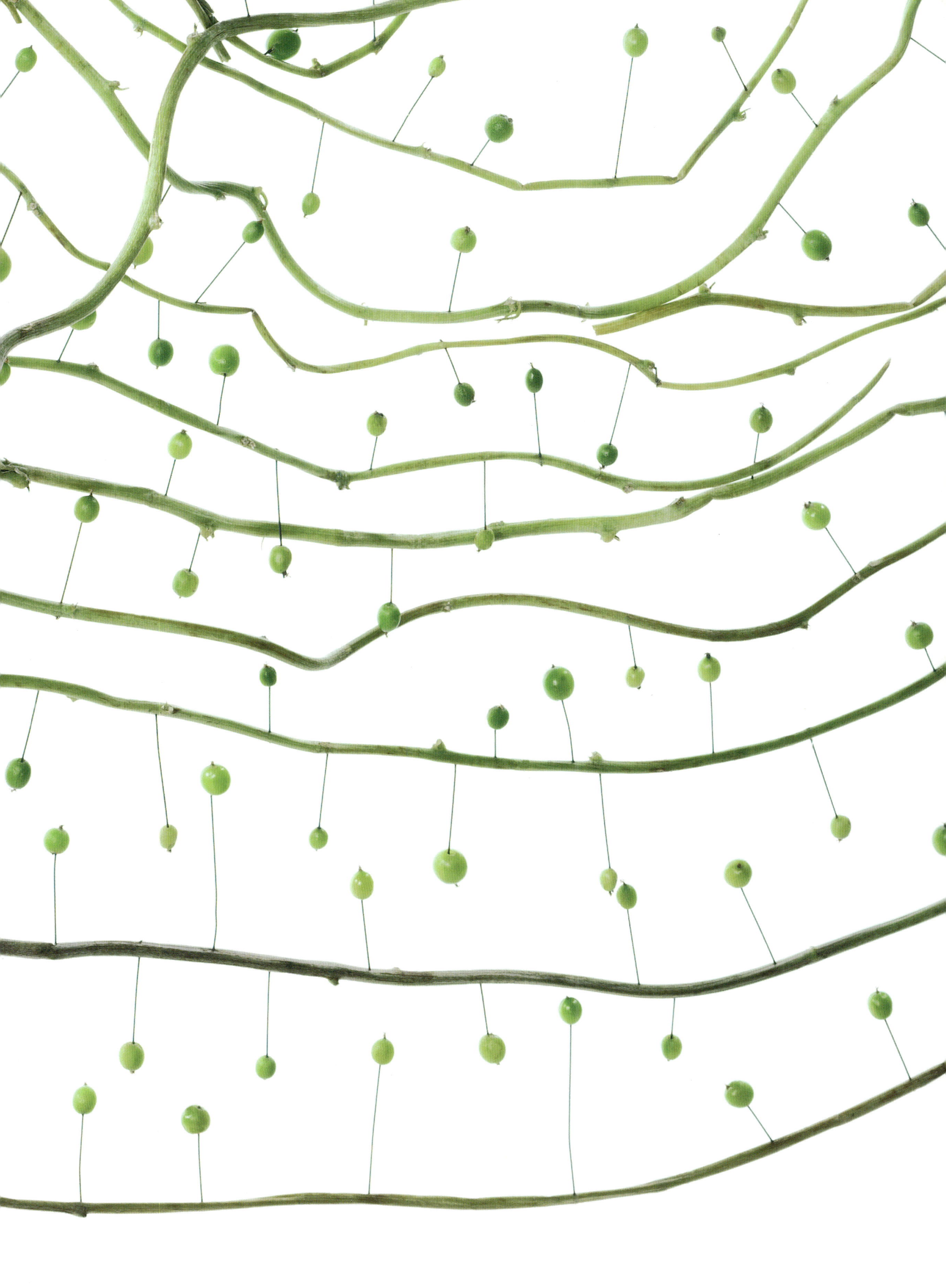

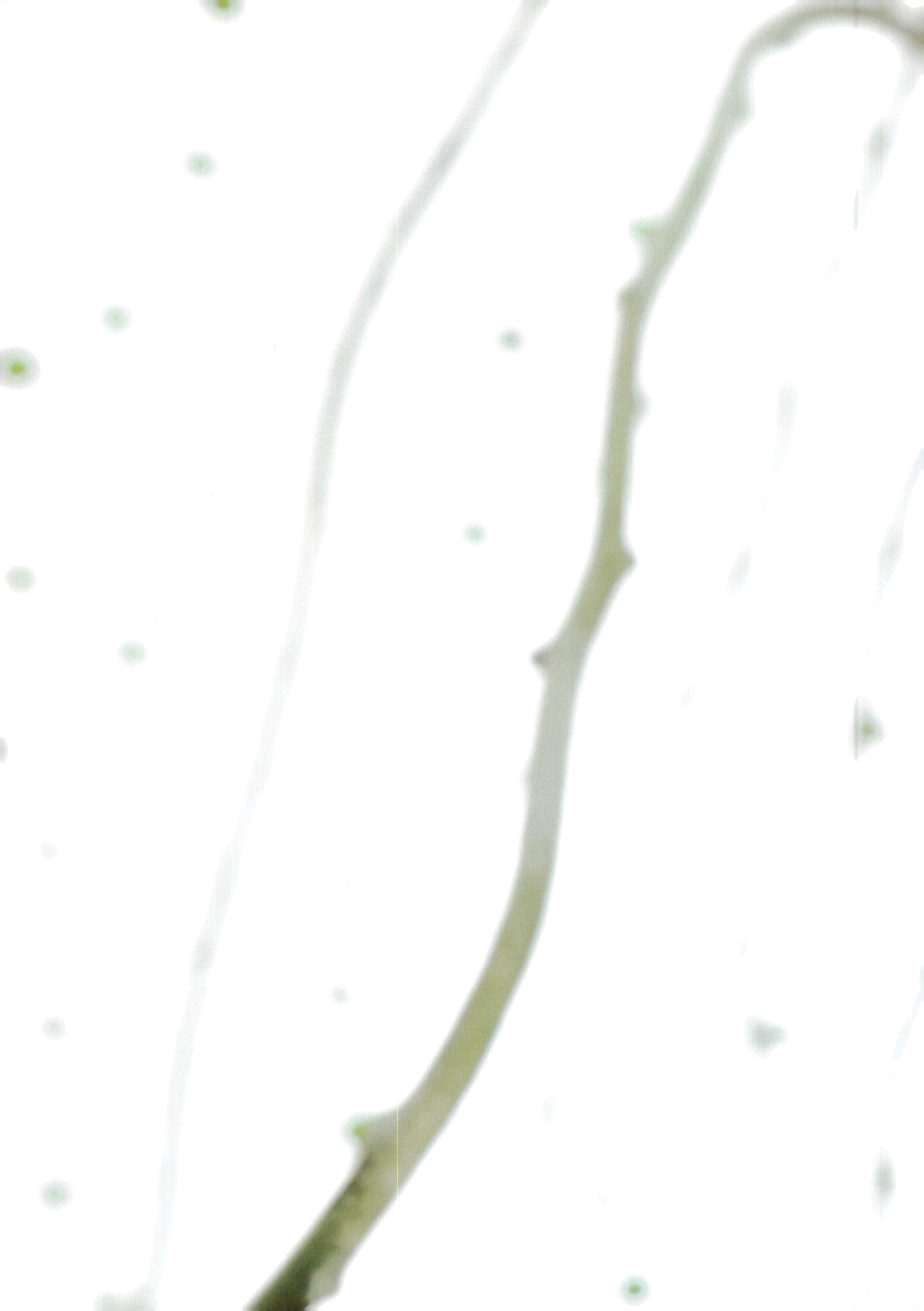

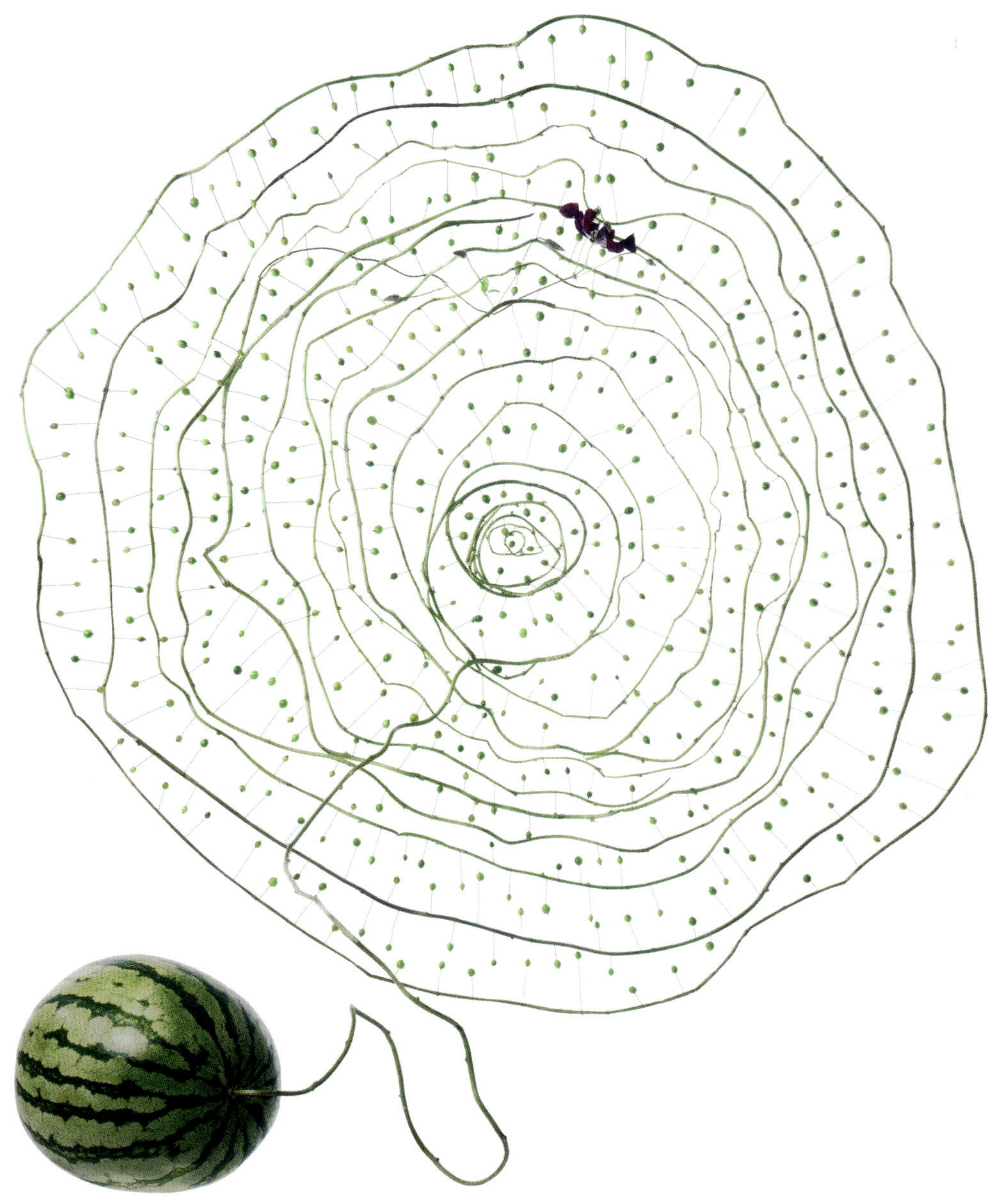

Born and to be born, boundless shower of peace

Né et à naître, averse de paix infinie

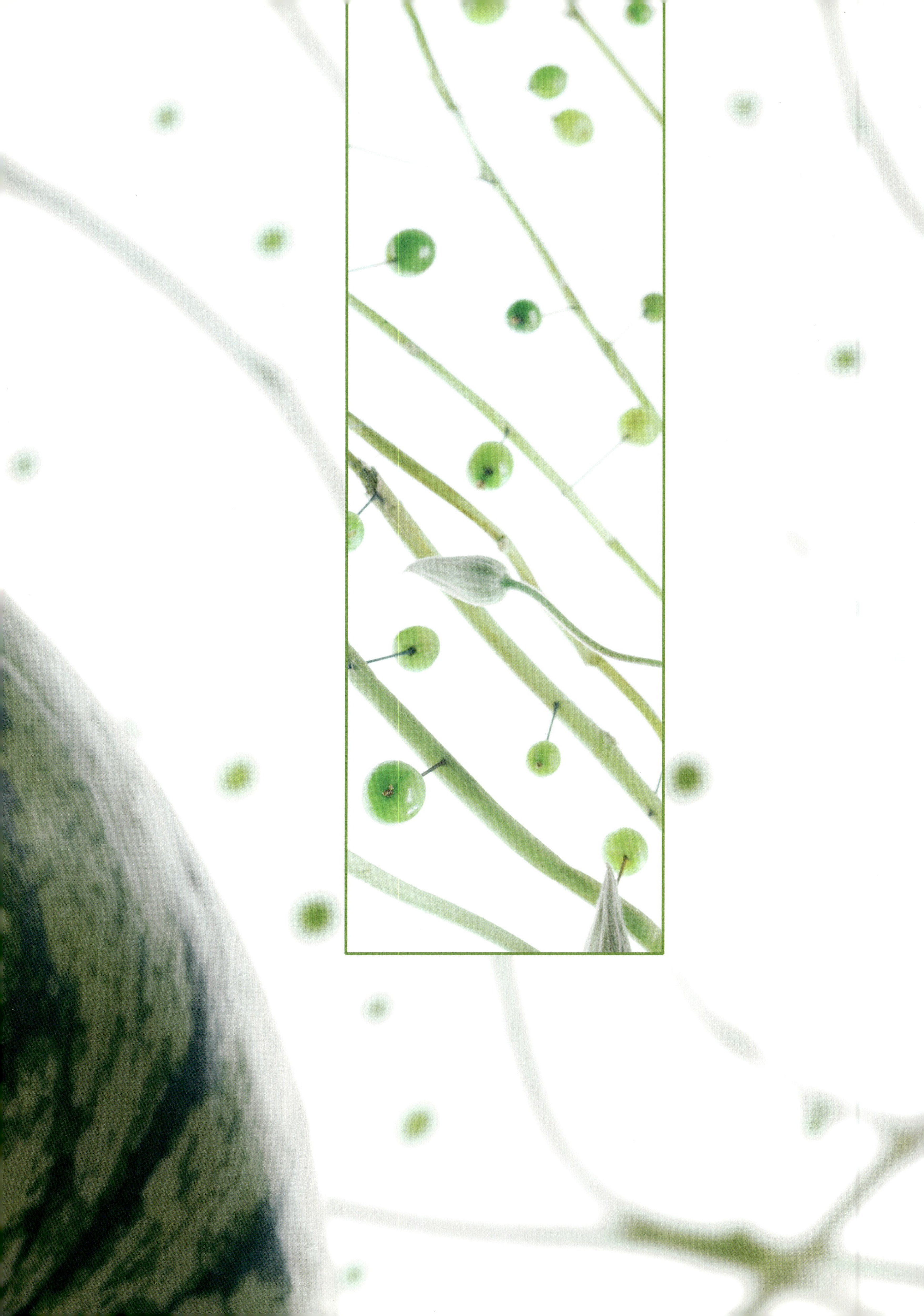

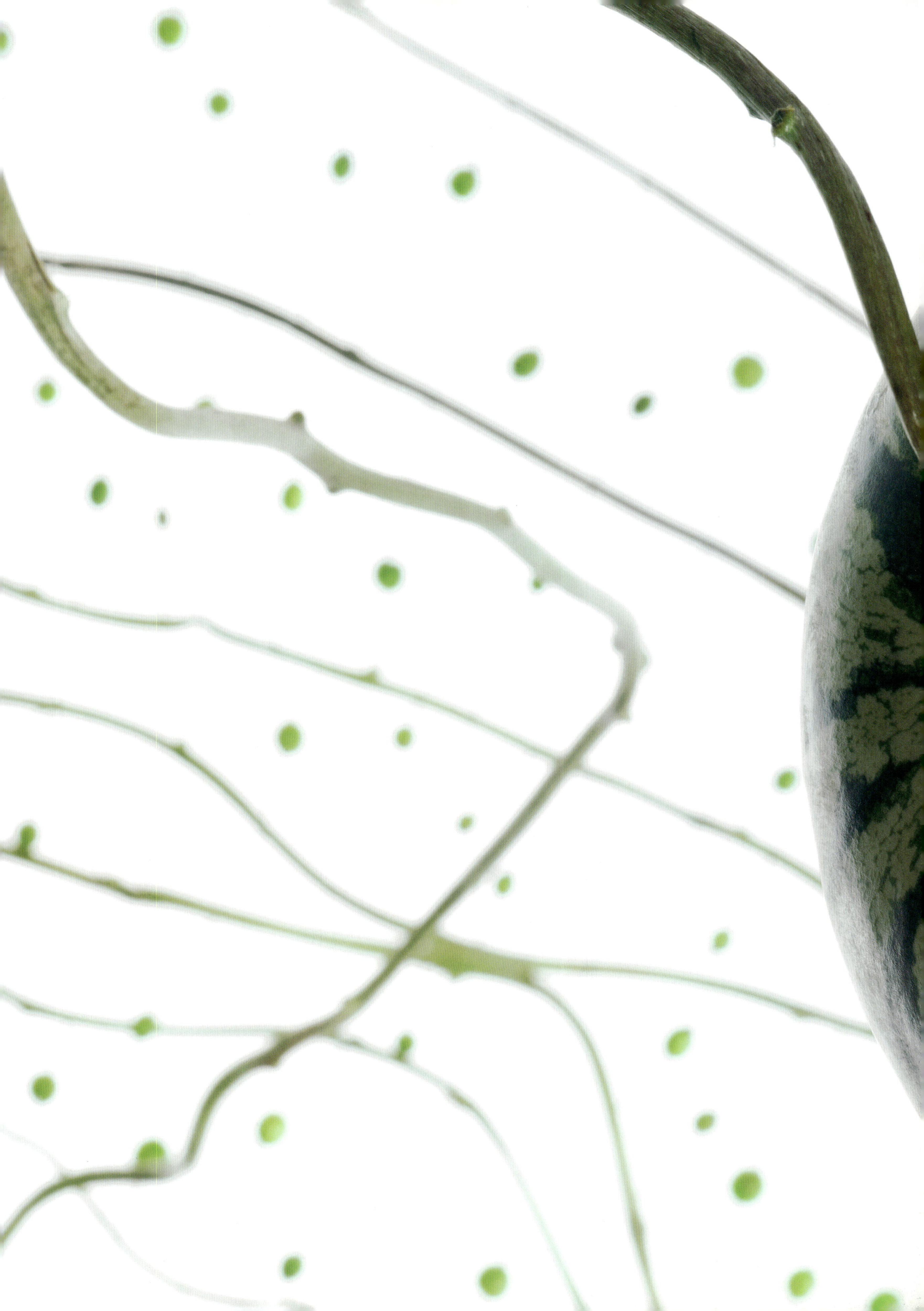

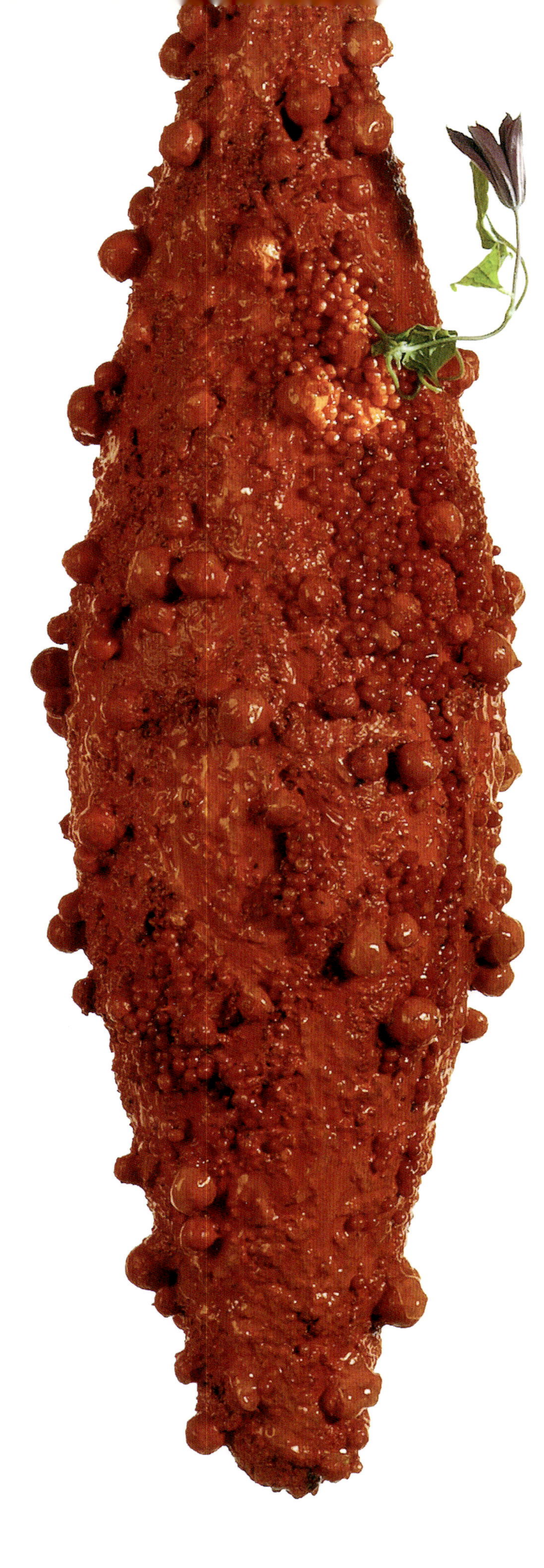

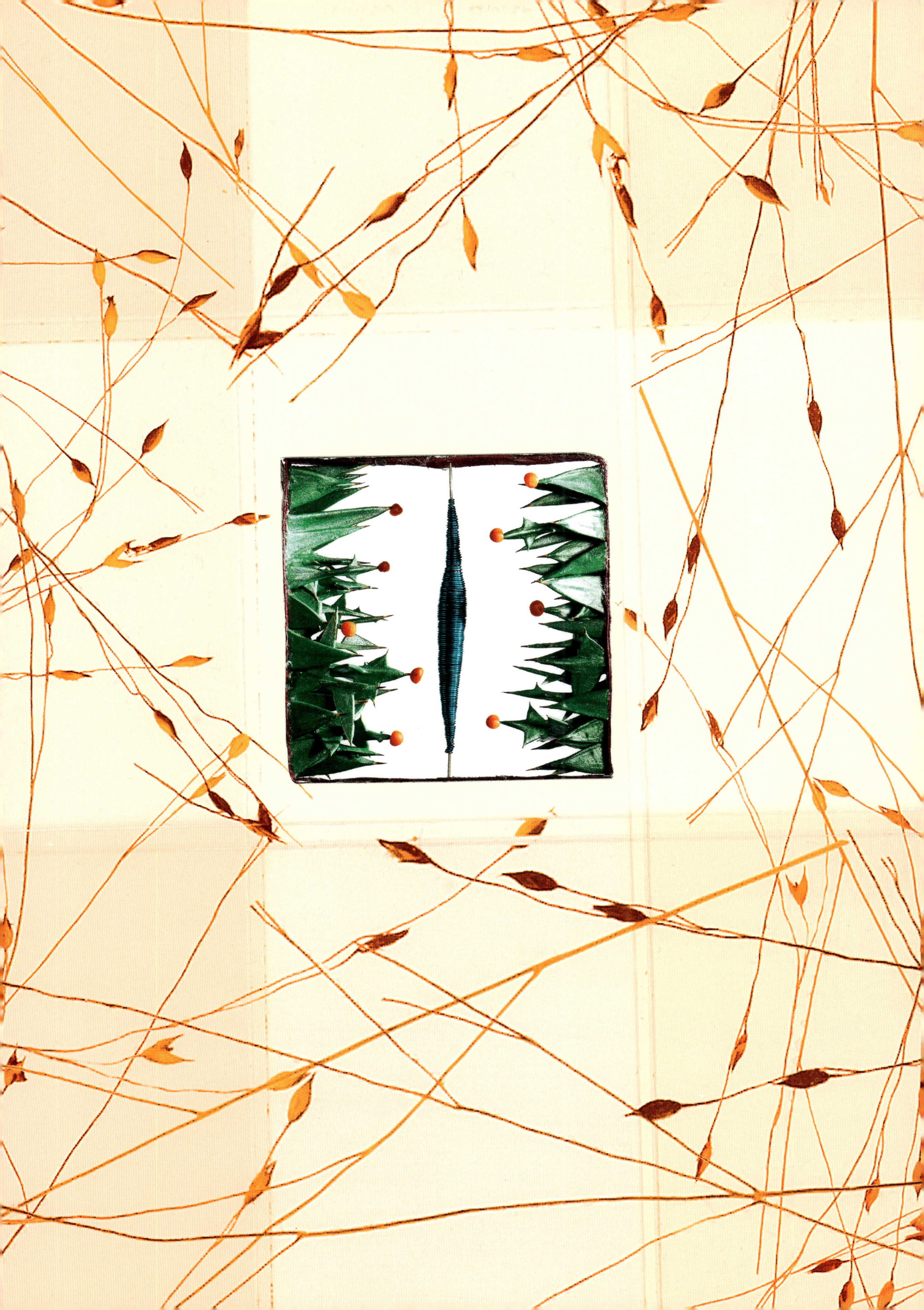

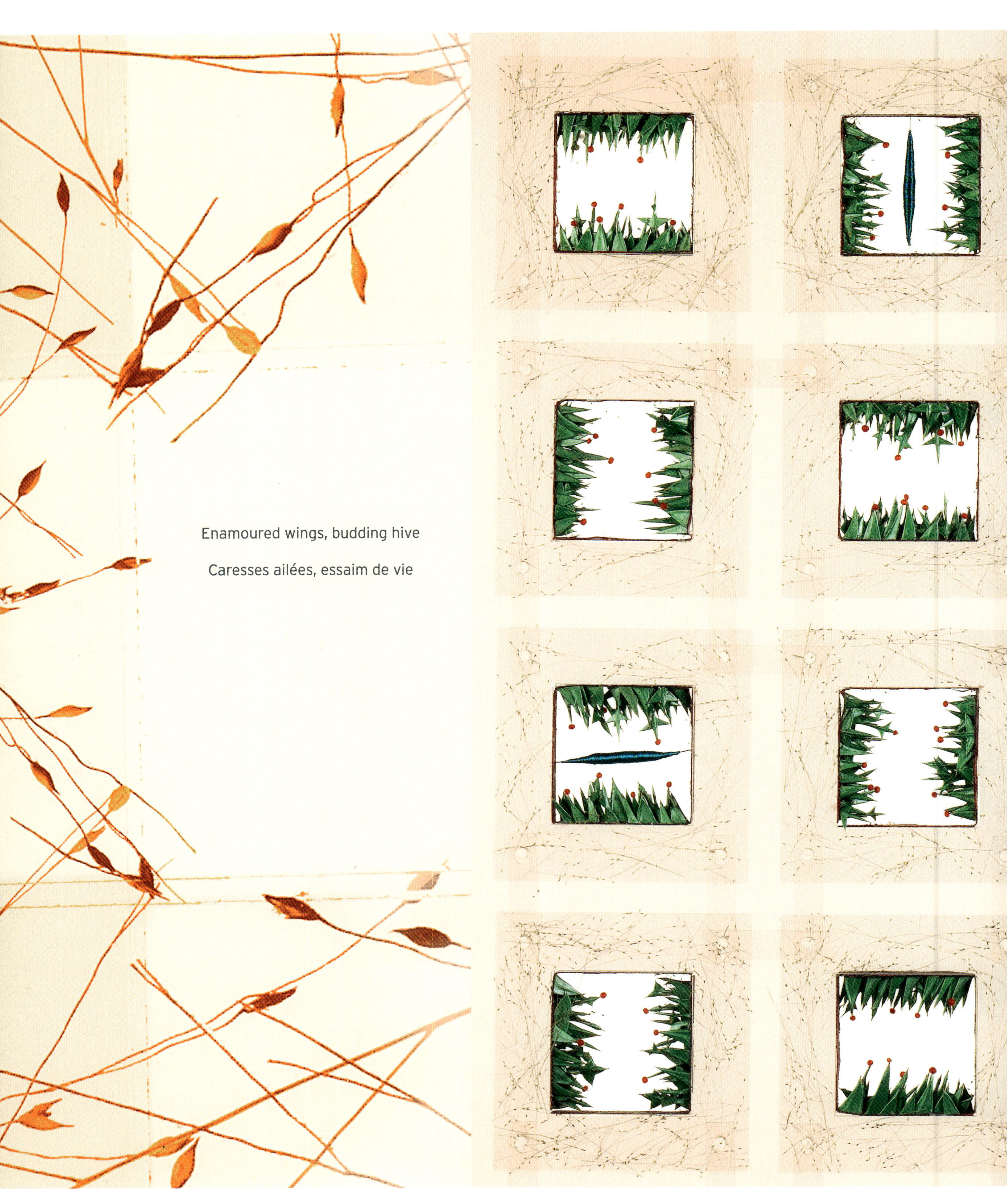

Enamoured wings, budding hive

Caresses ailées, essaim de vie

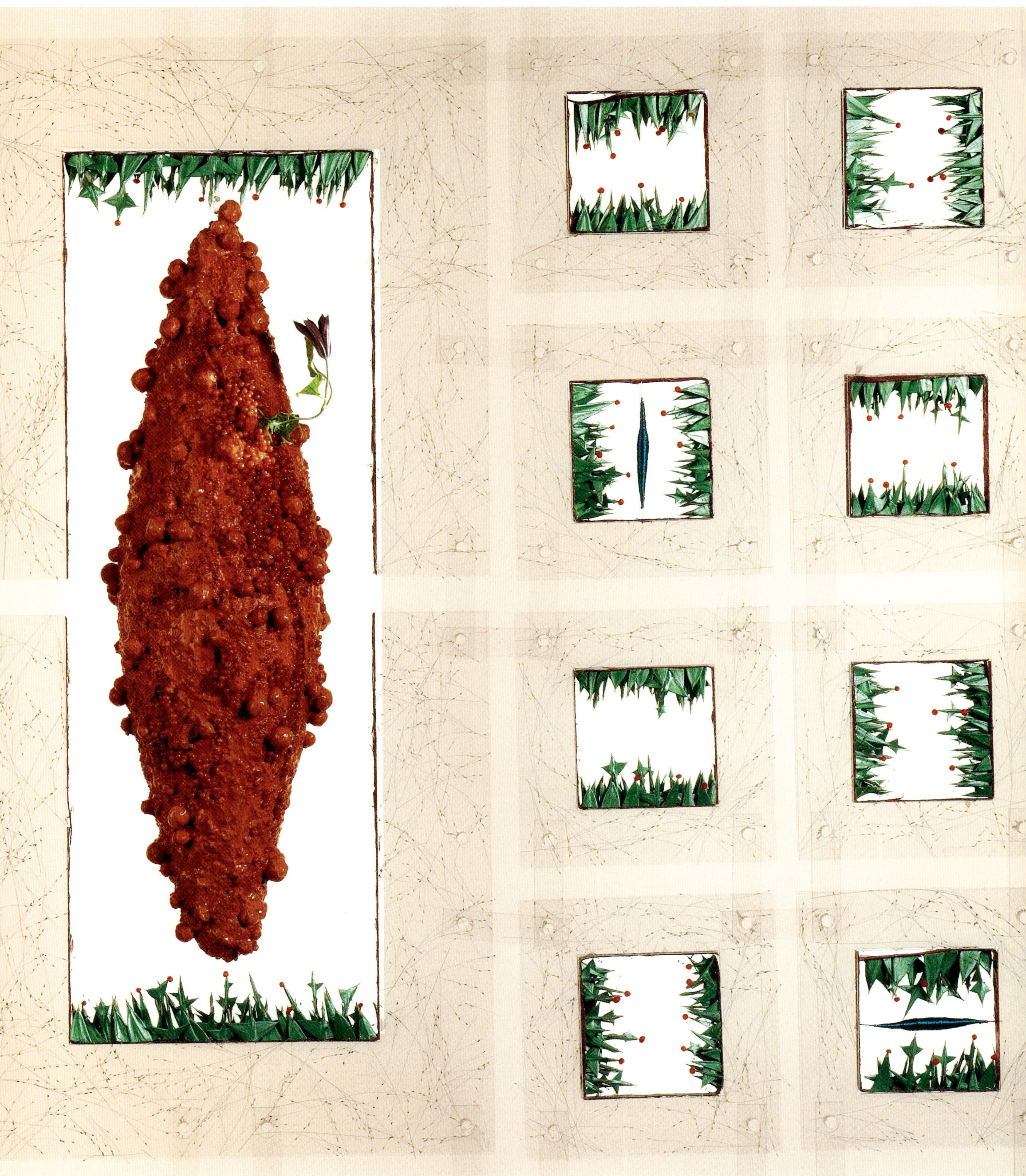

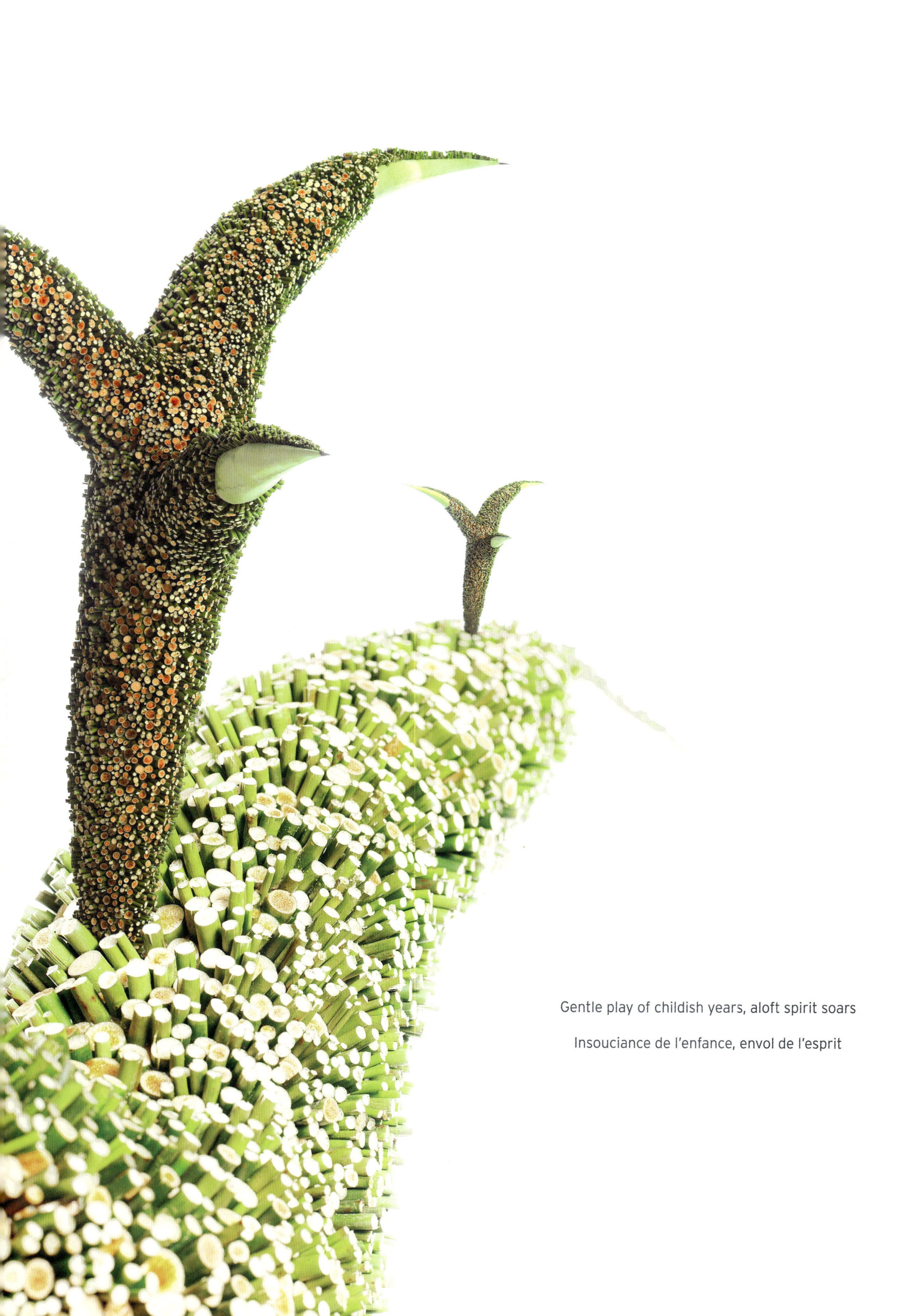

Gentle play of childish years, aloft spirit soars

Insouciance de l'enfance, envol de l'esprit

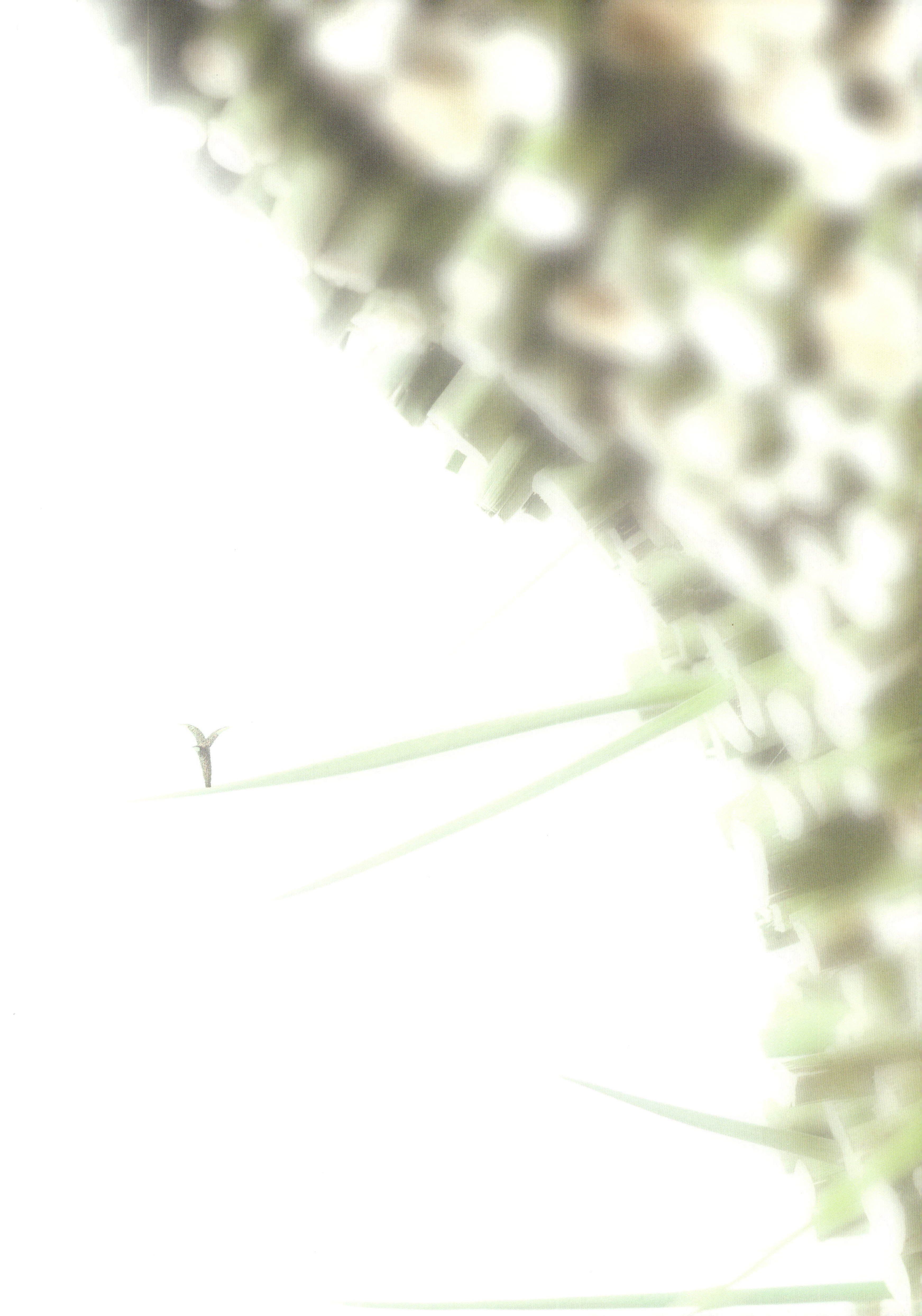

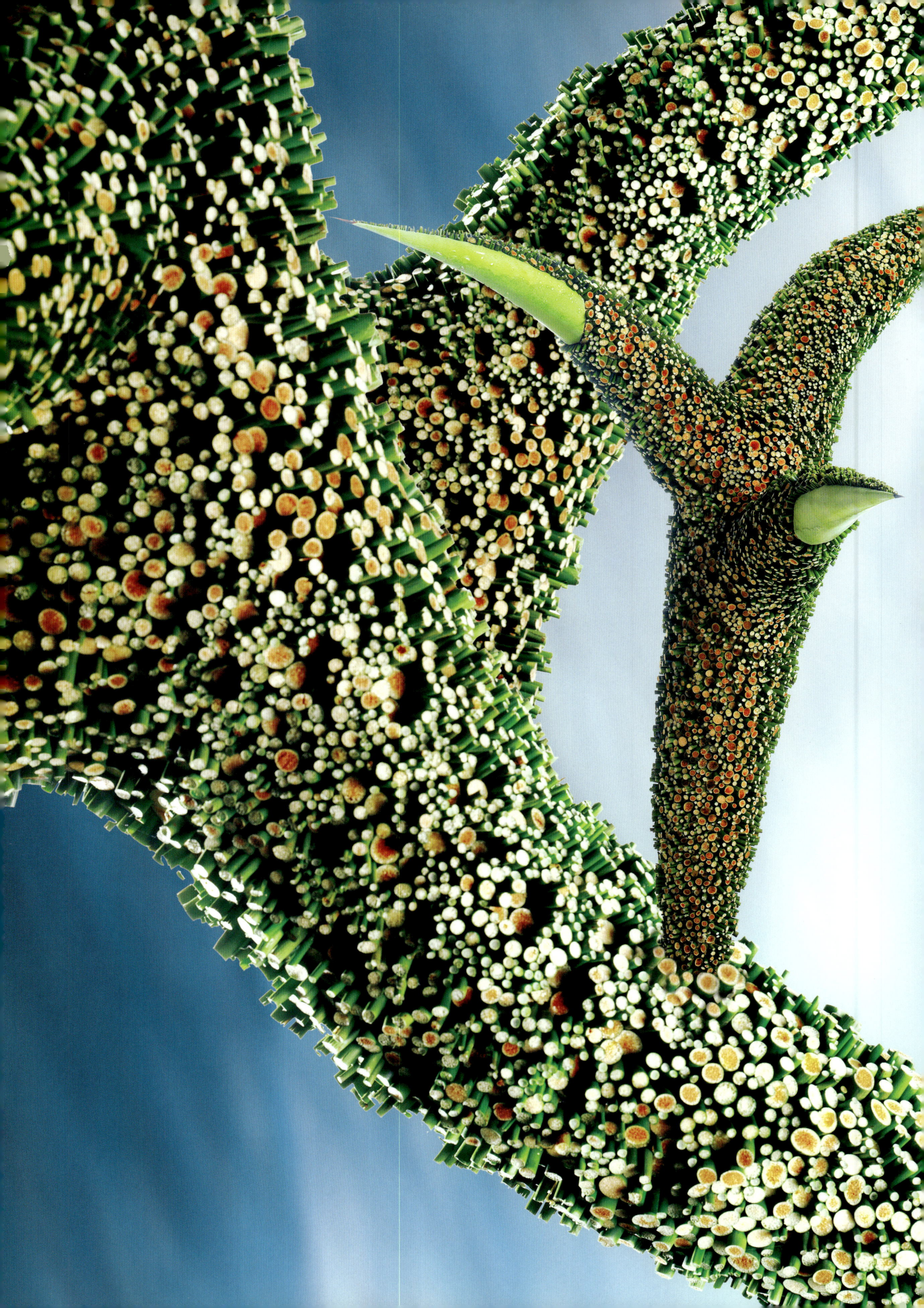

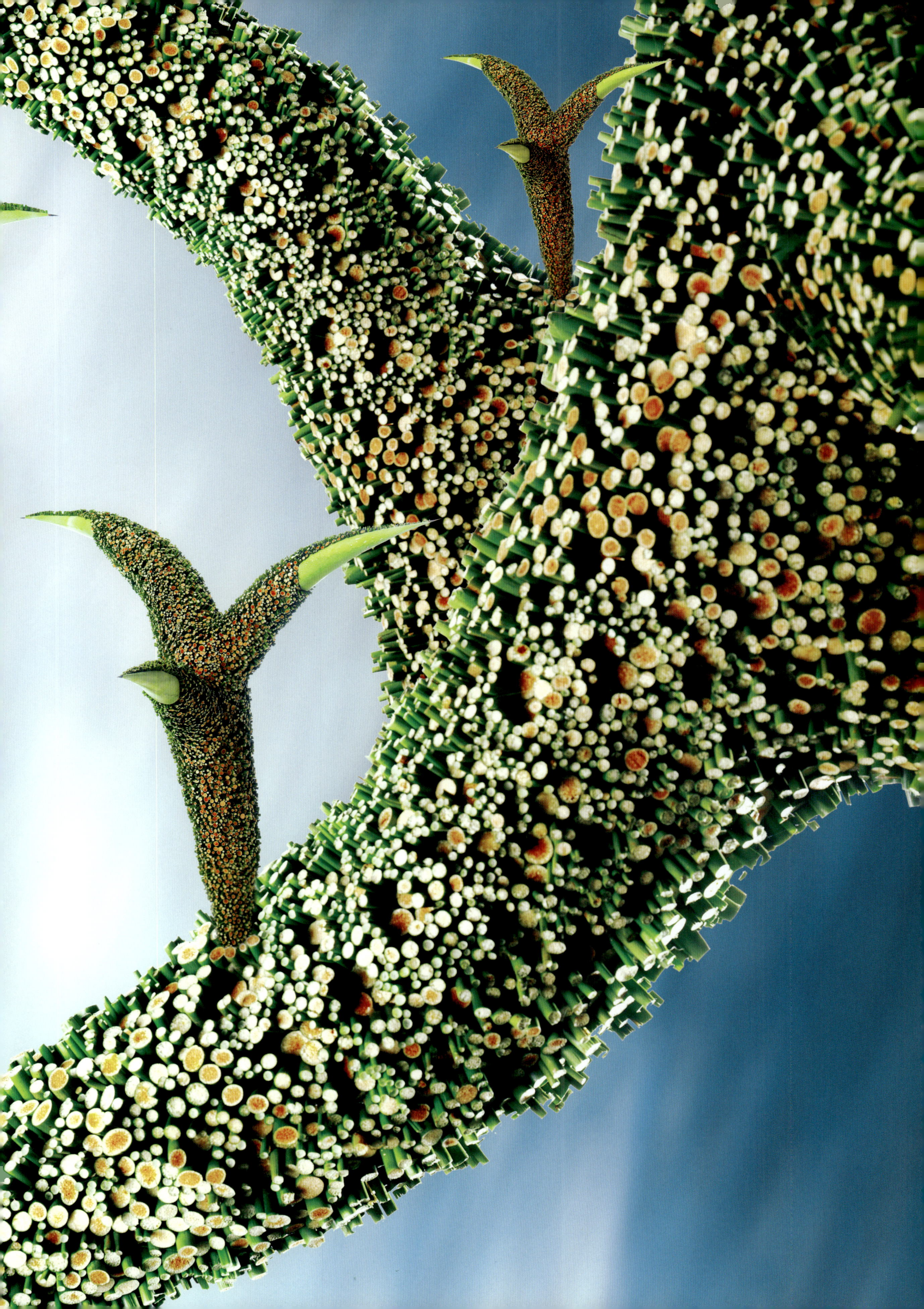

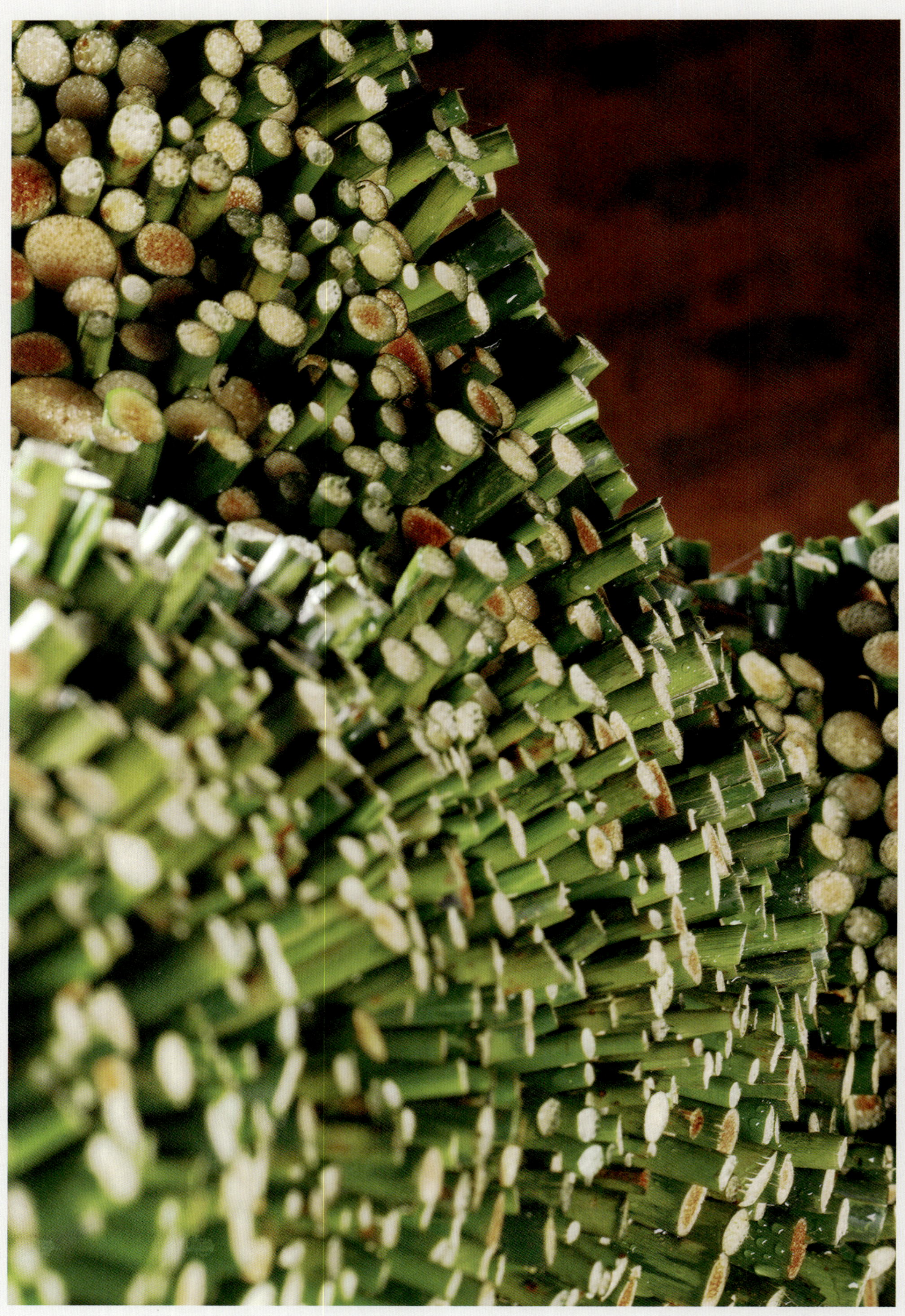

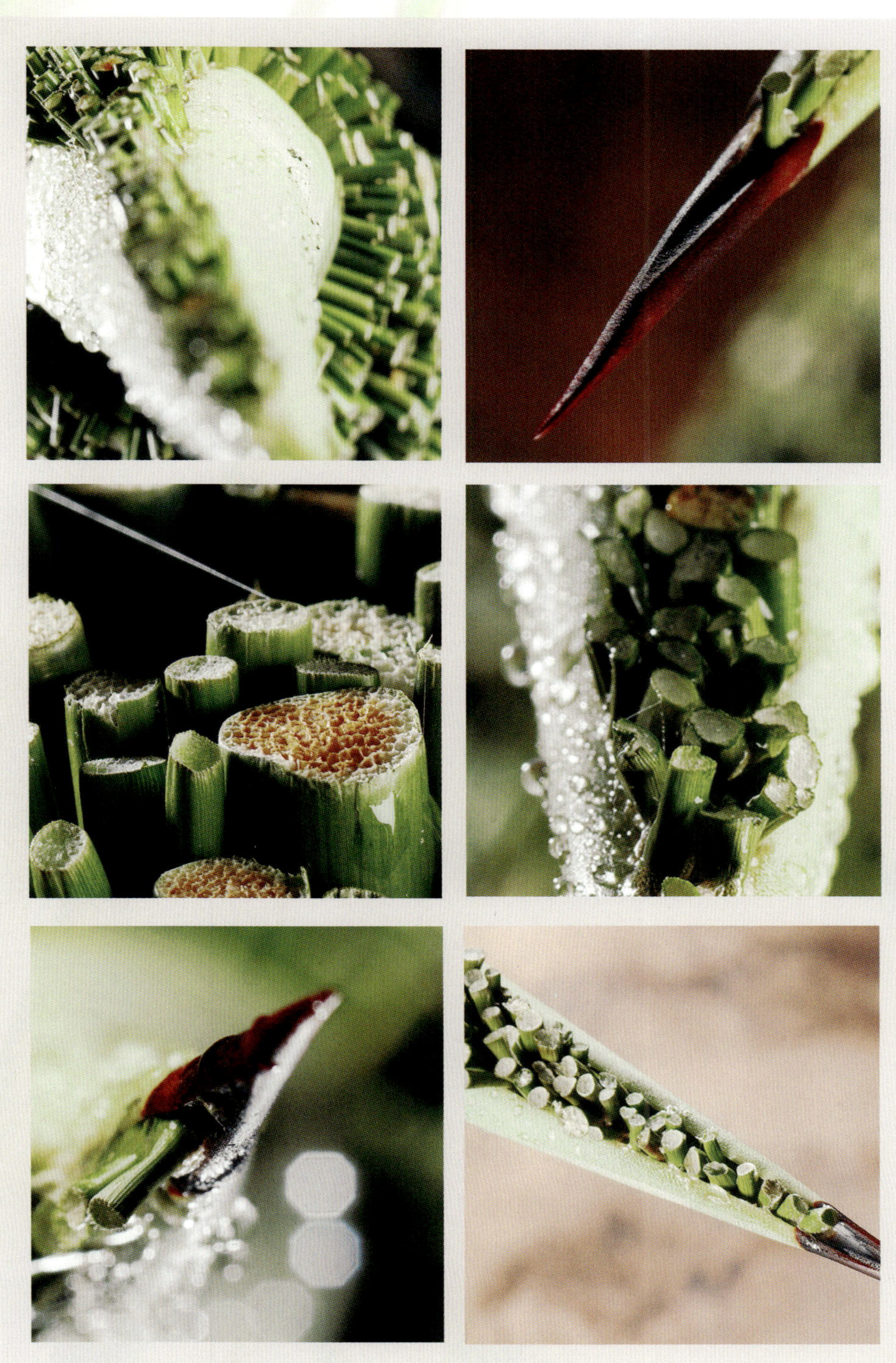

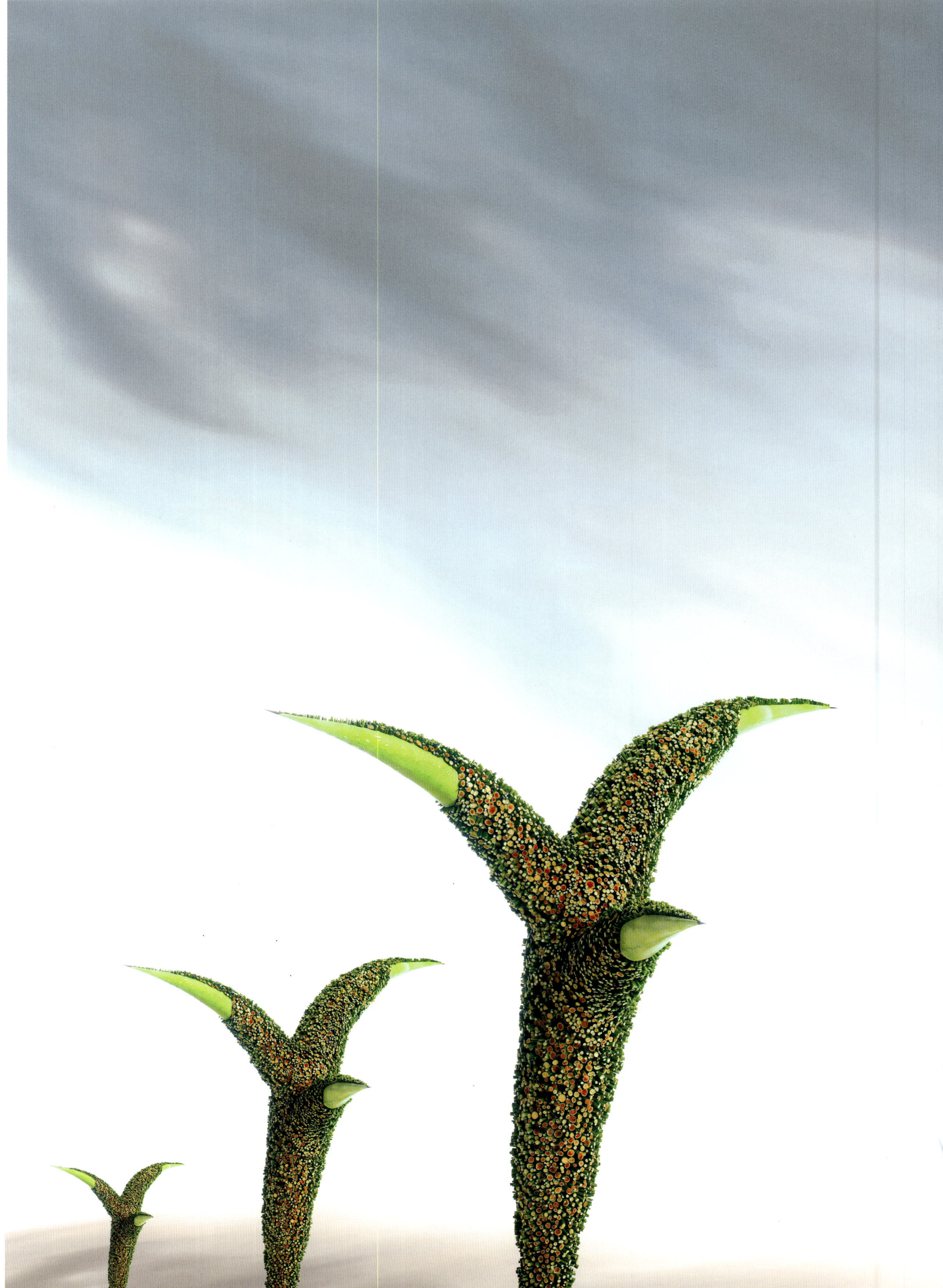

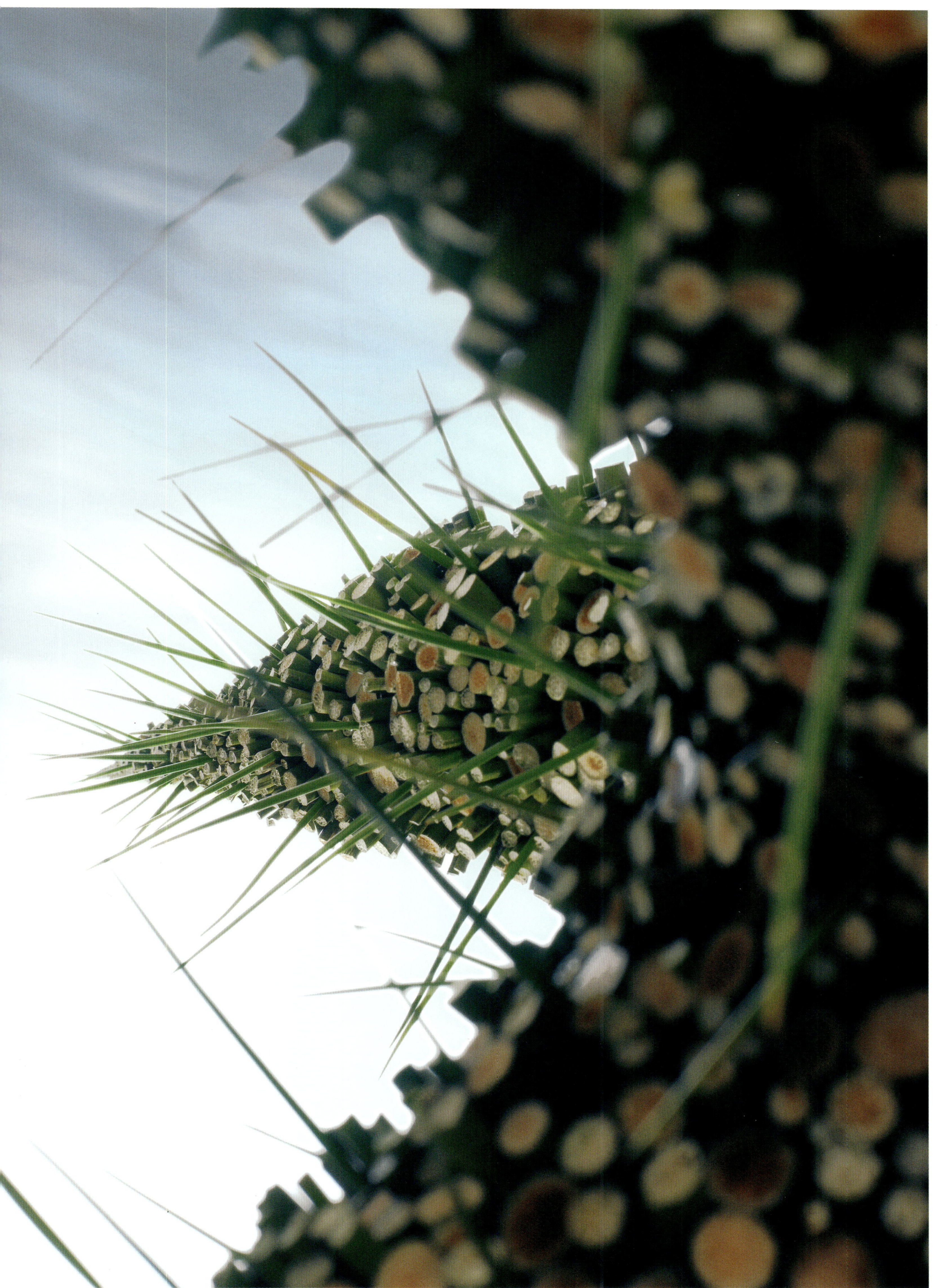

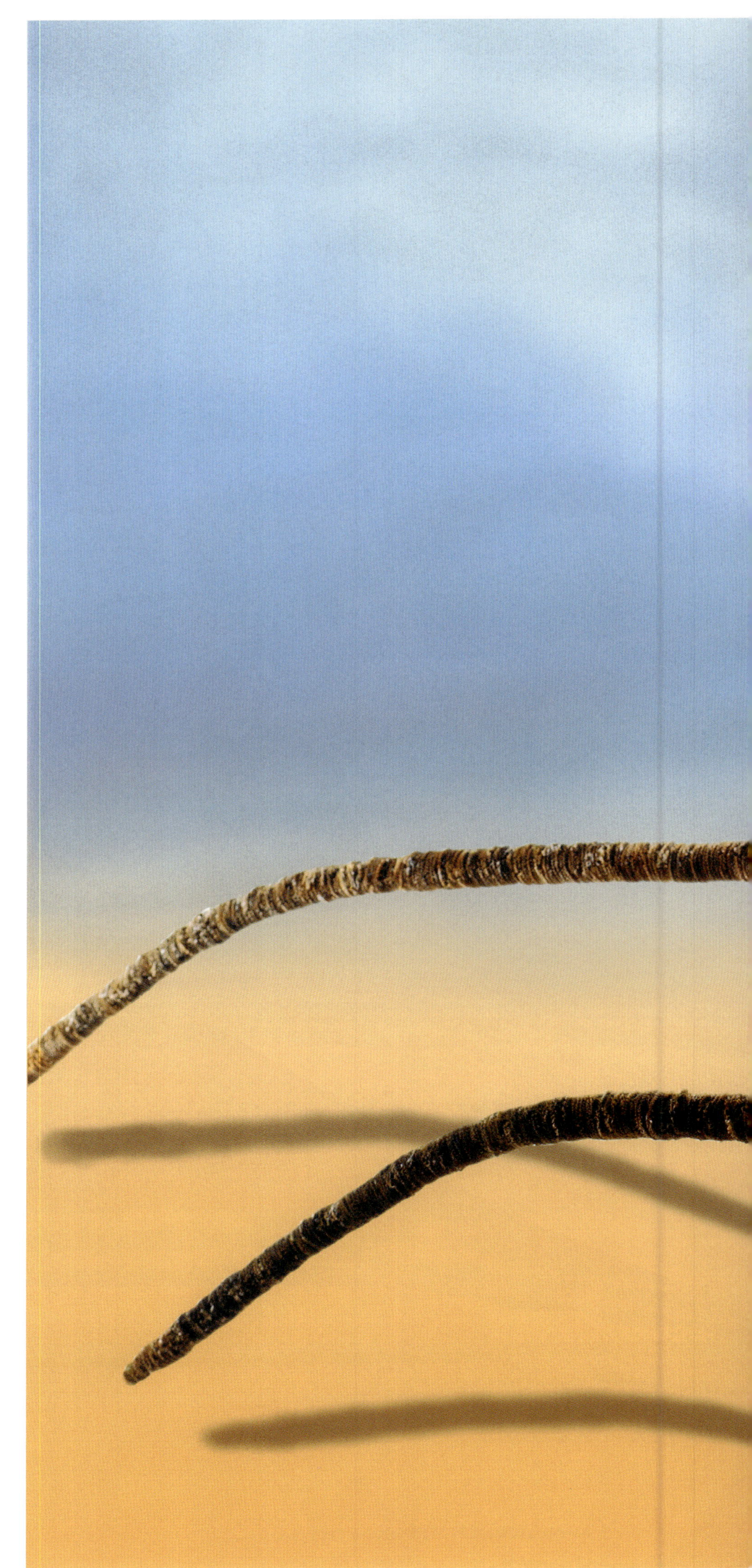

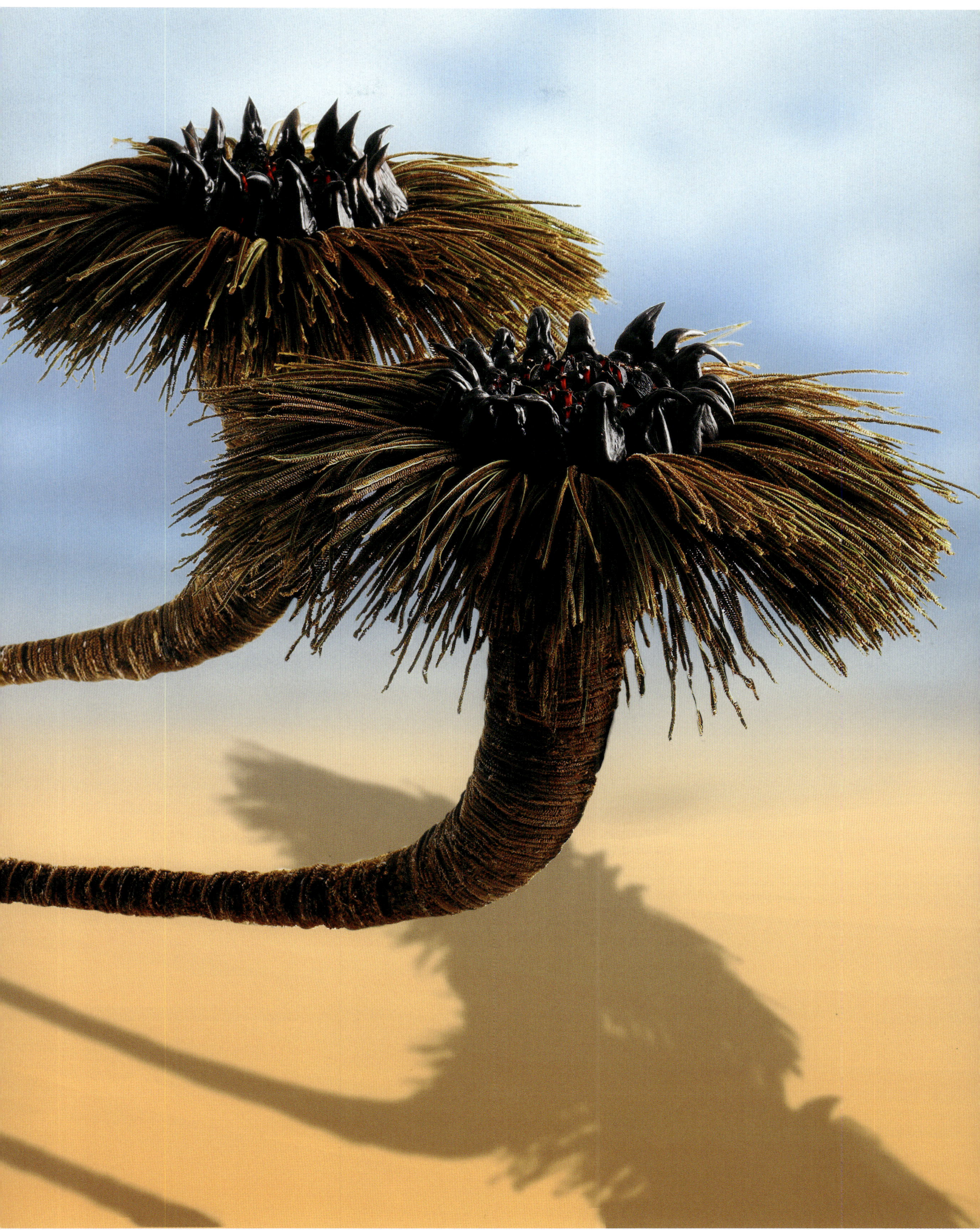

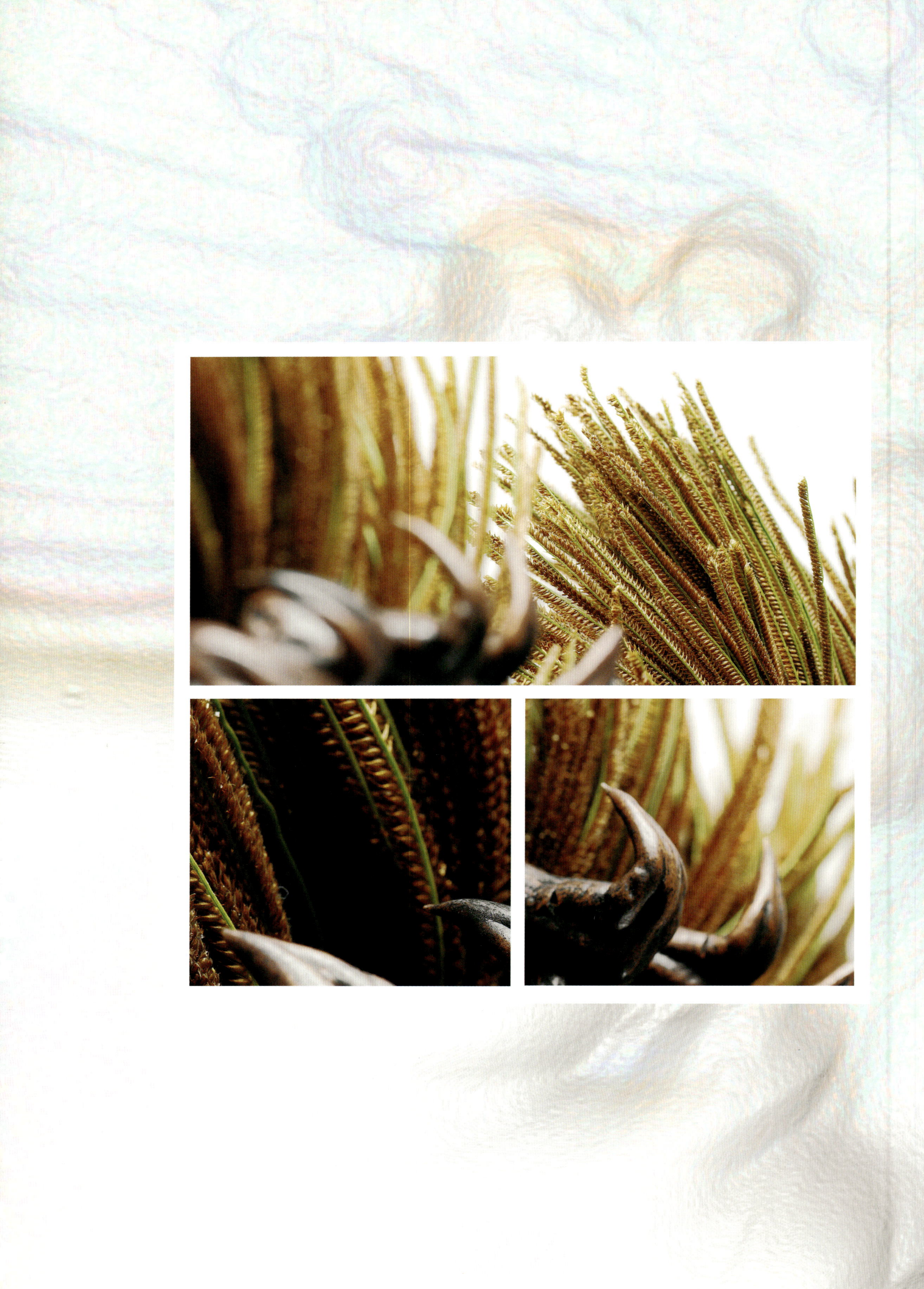

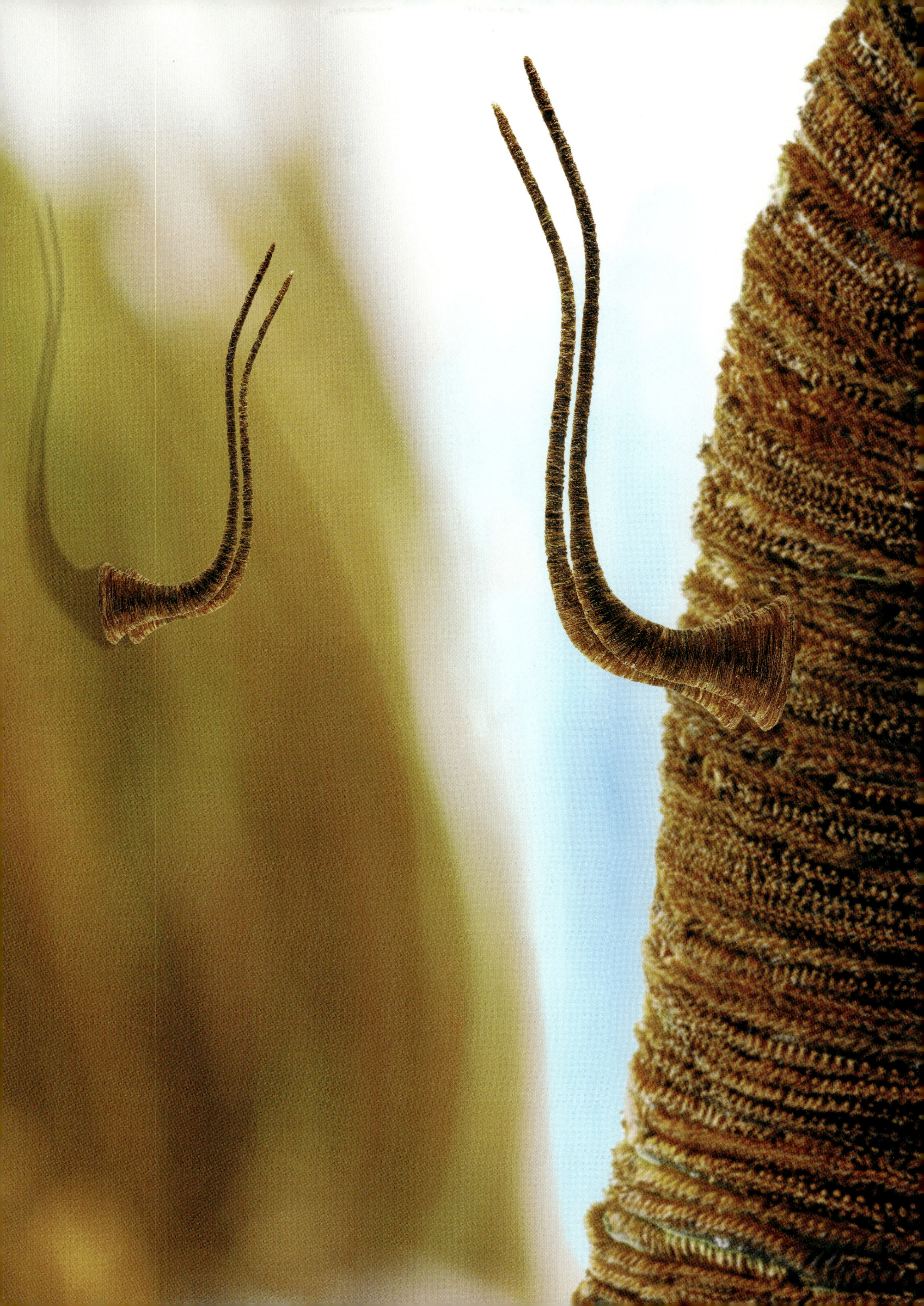

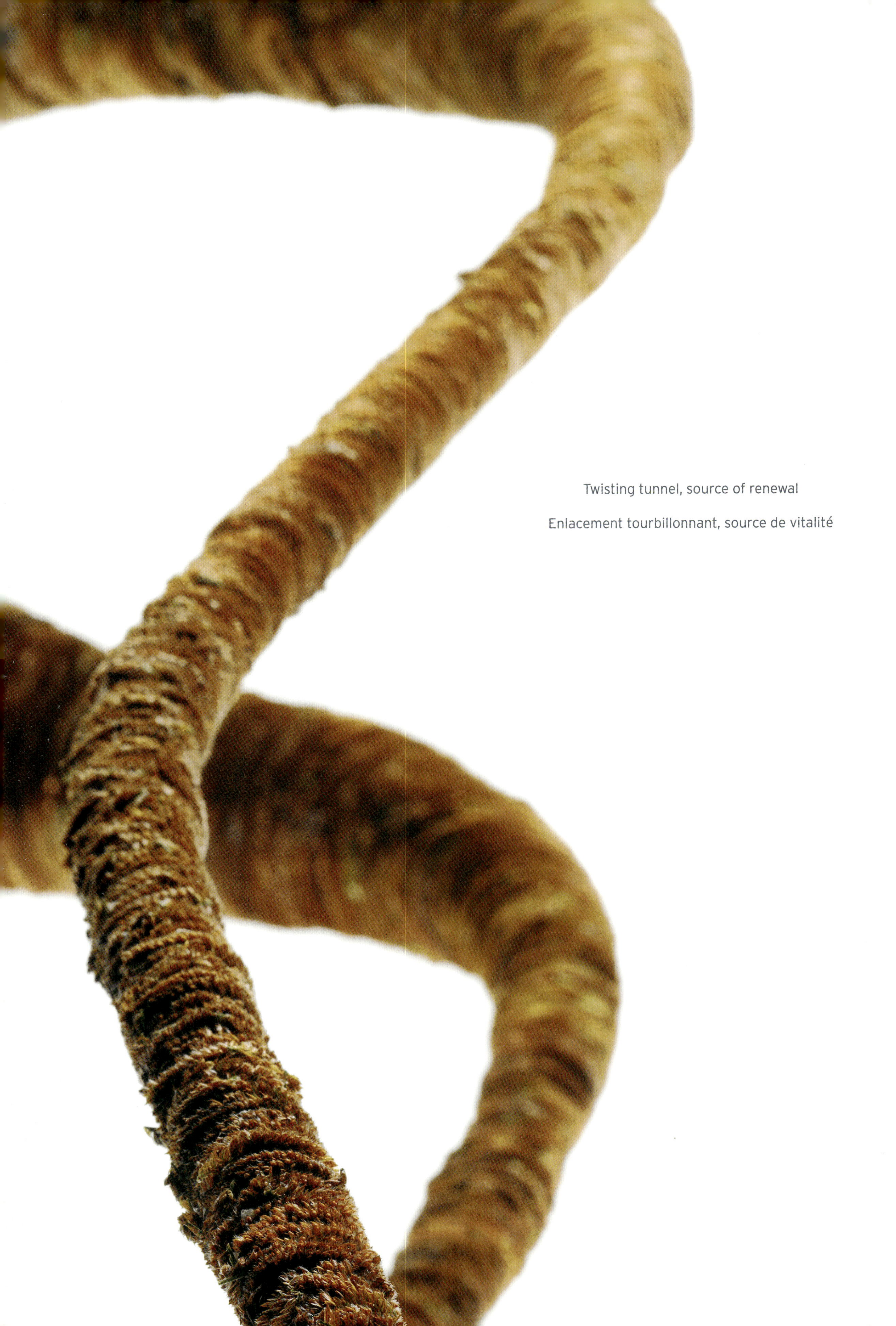

Twisting tunnel, source of renewal

Enlacement tourbillonnant, source de vitalité

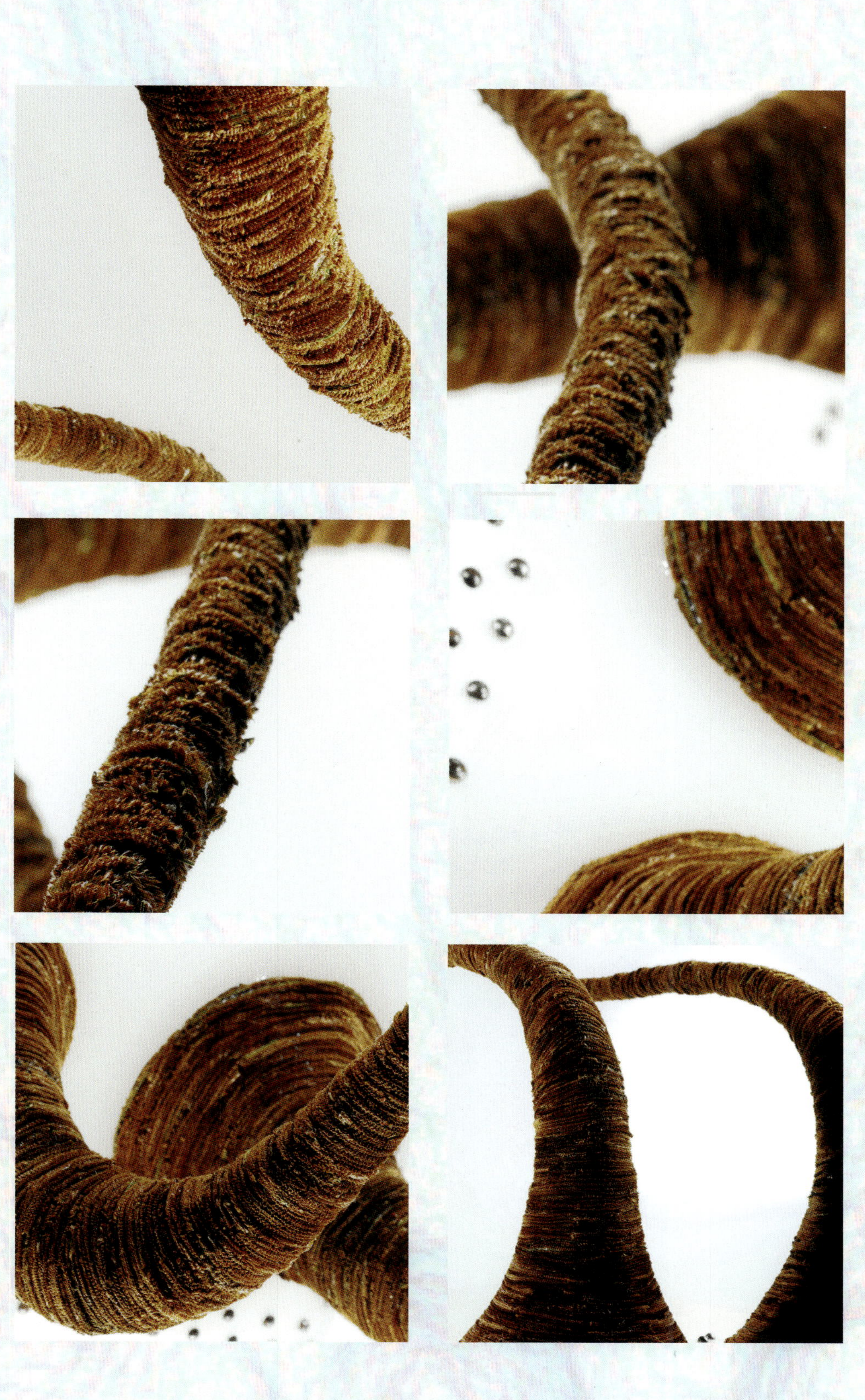

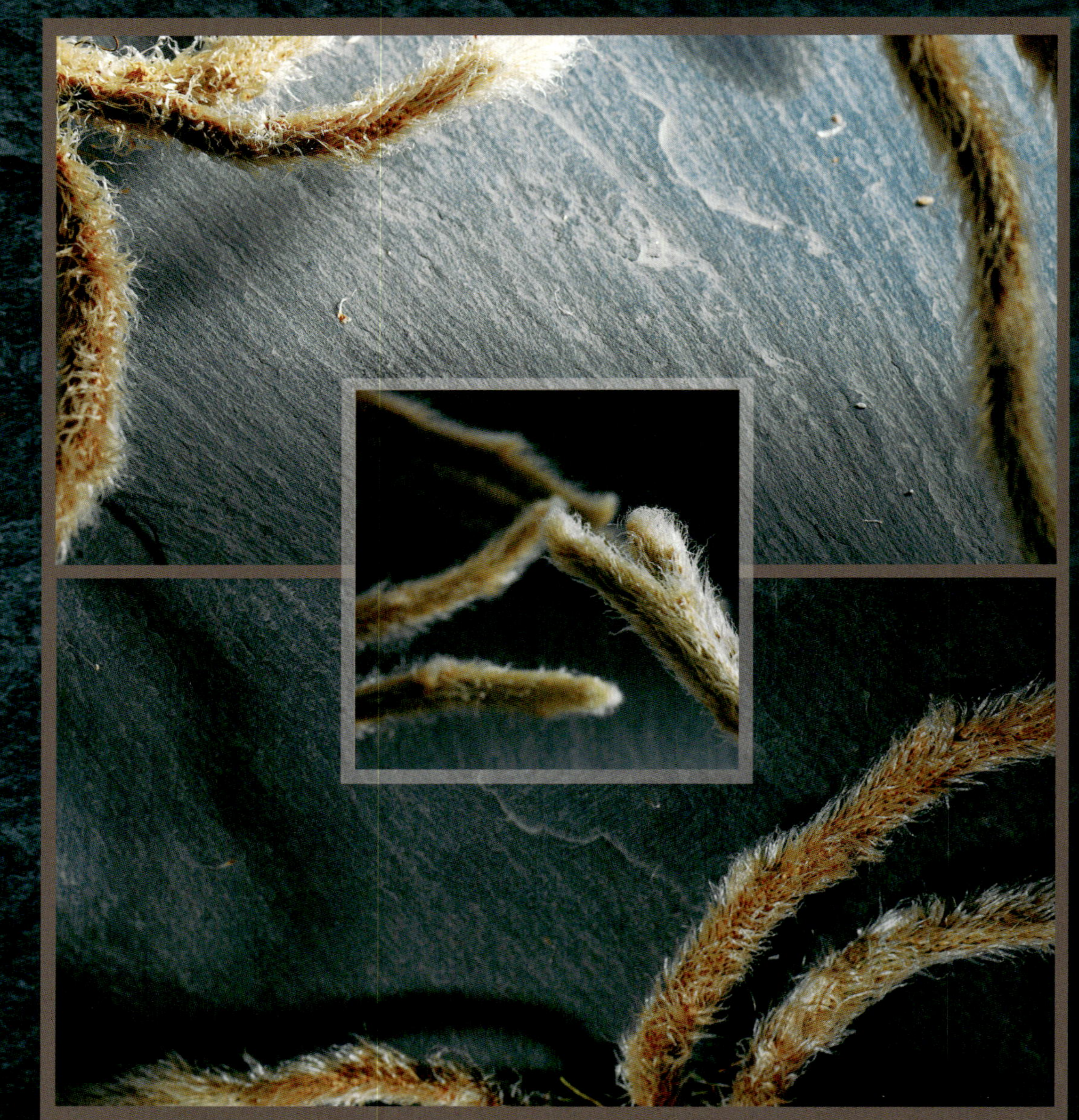

Intoxicating dance, not conflict, but counterpoint

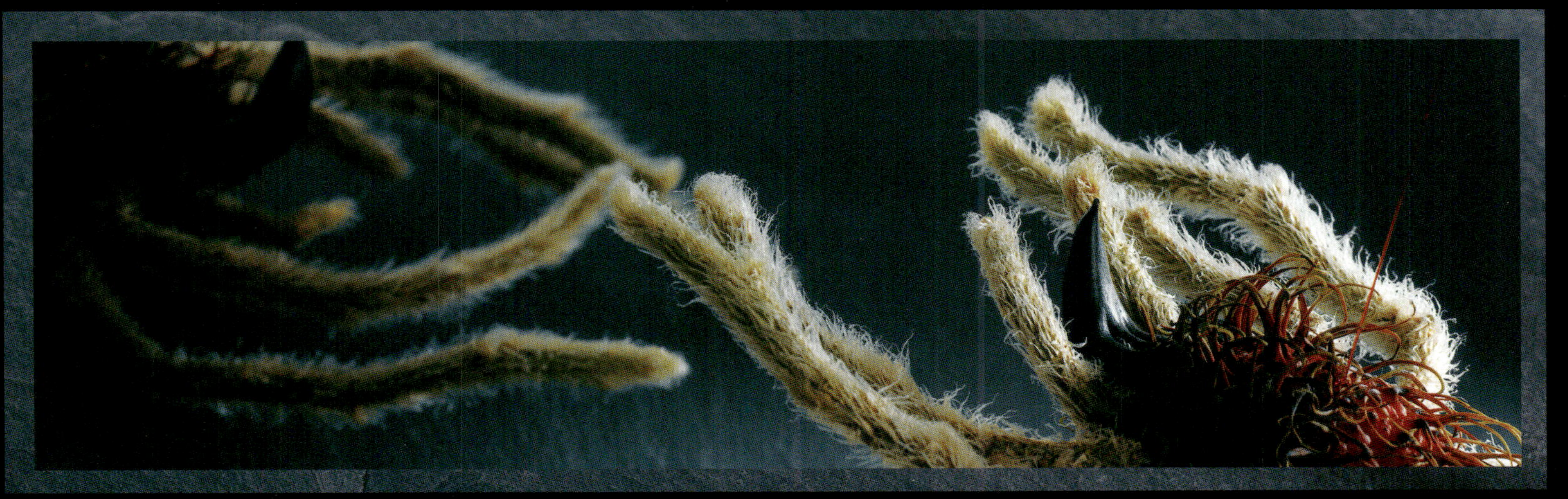

Danse enivrante, sans résistance, volontaire

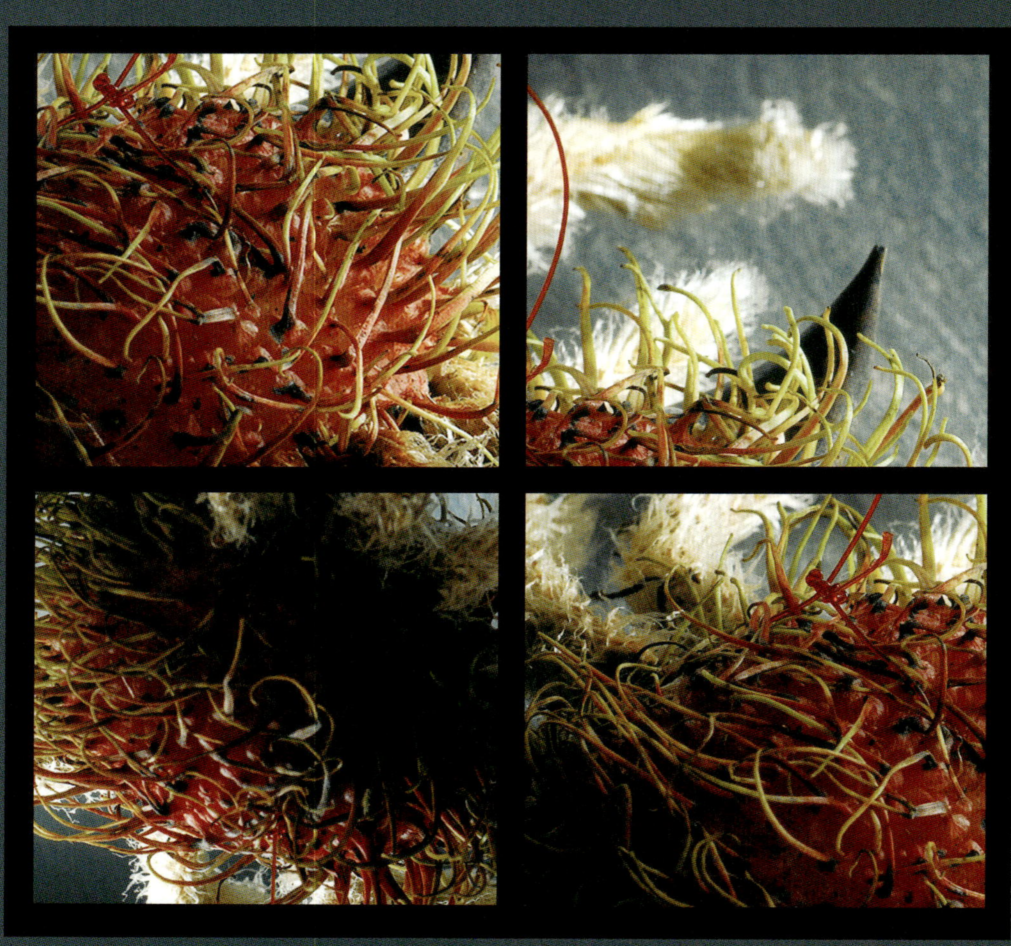

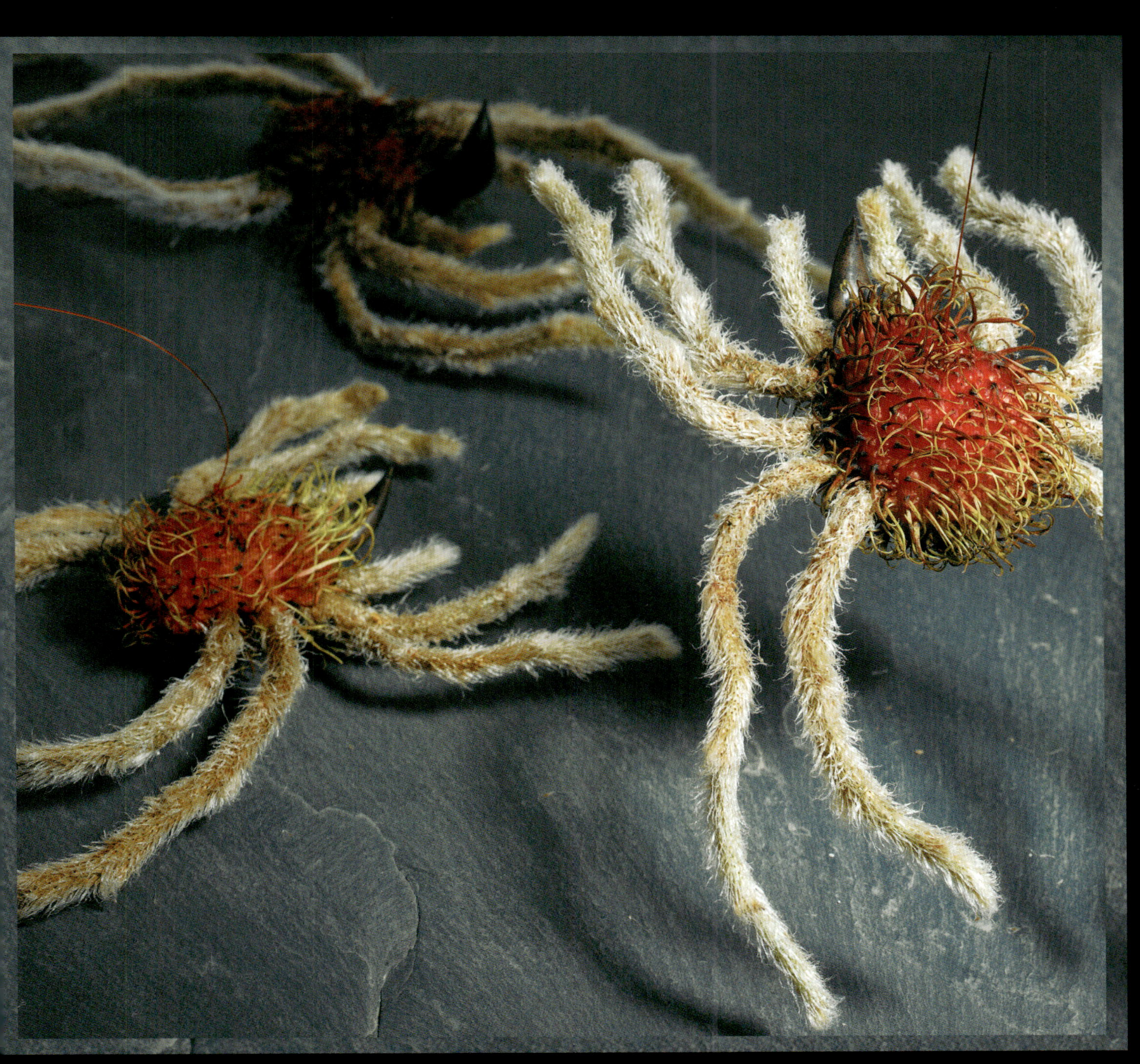

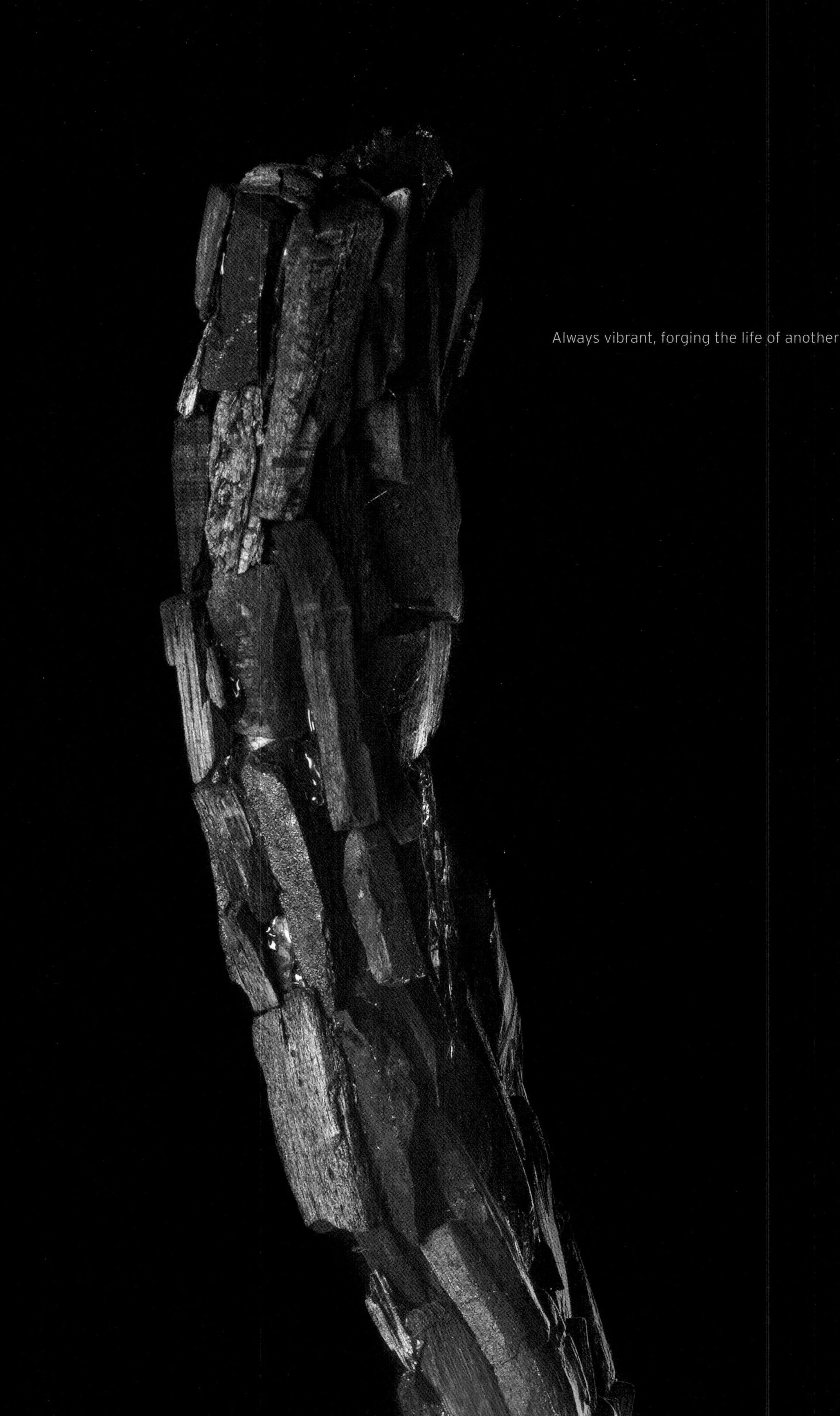

Always vibrant, forging the life of another

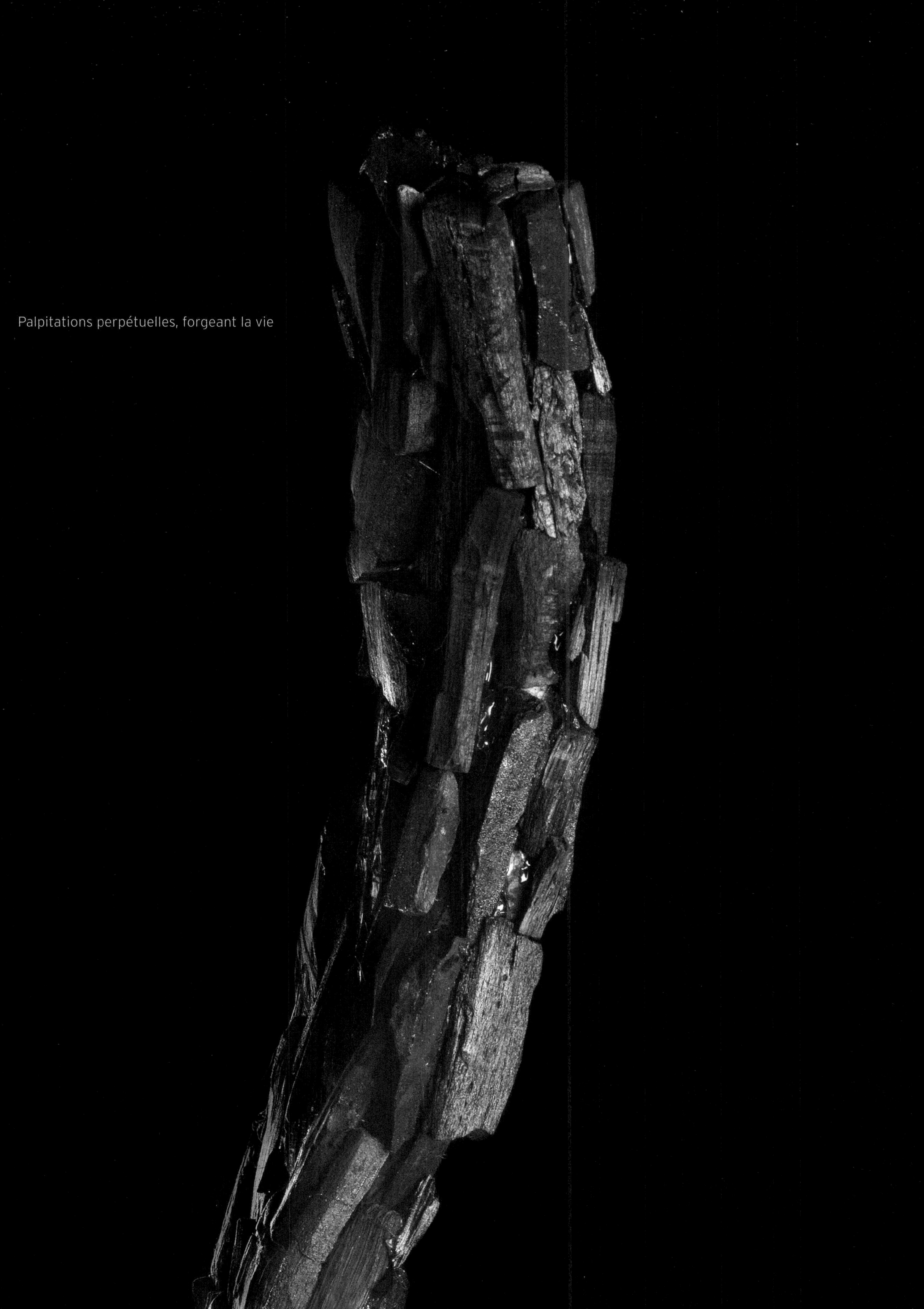

Palpitations perpétuelles, forgeant la vie

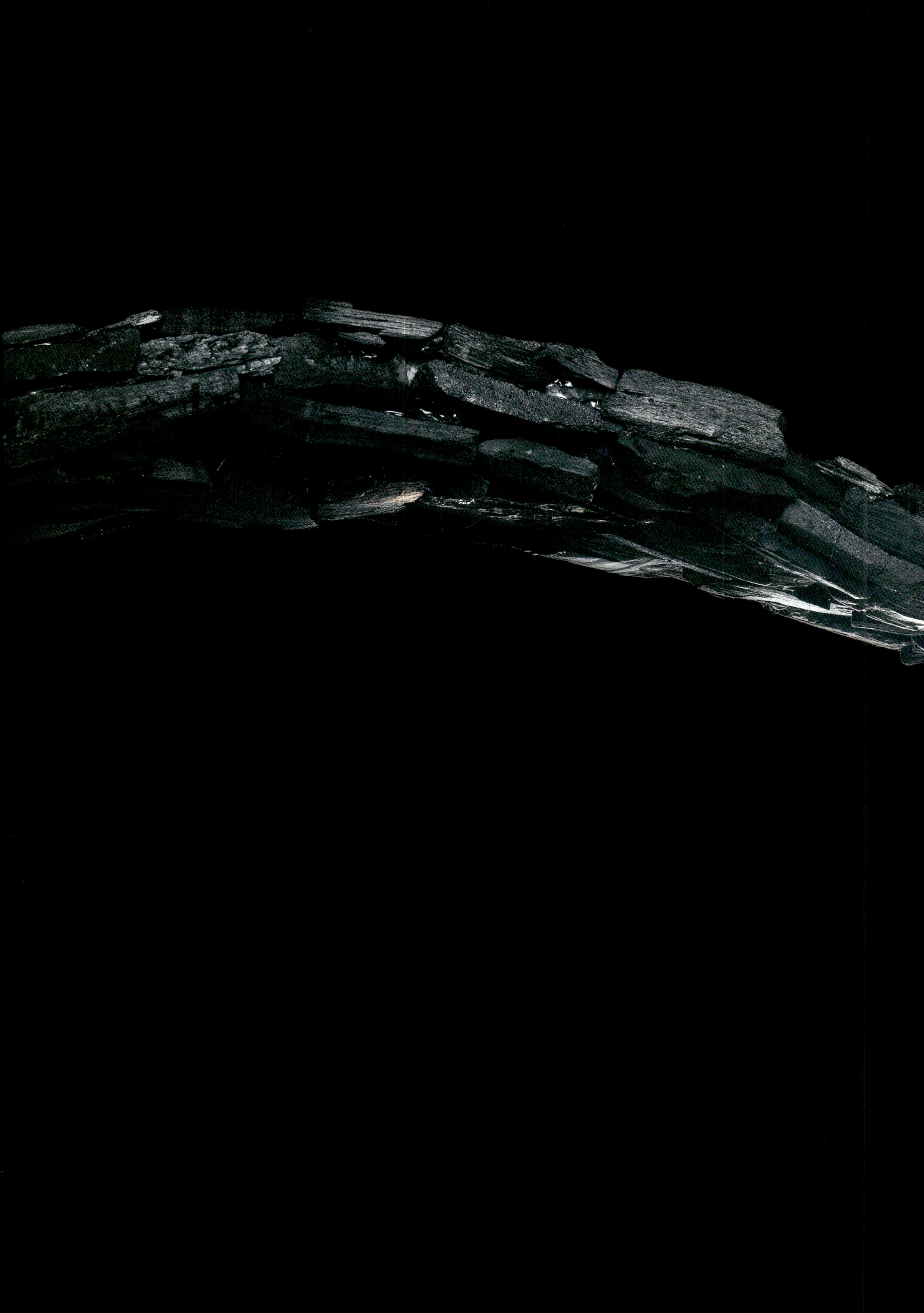

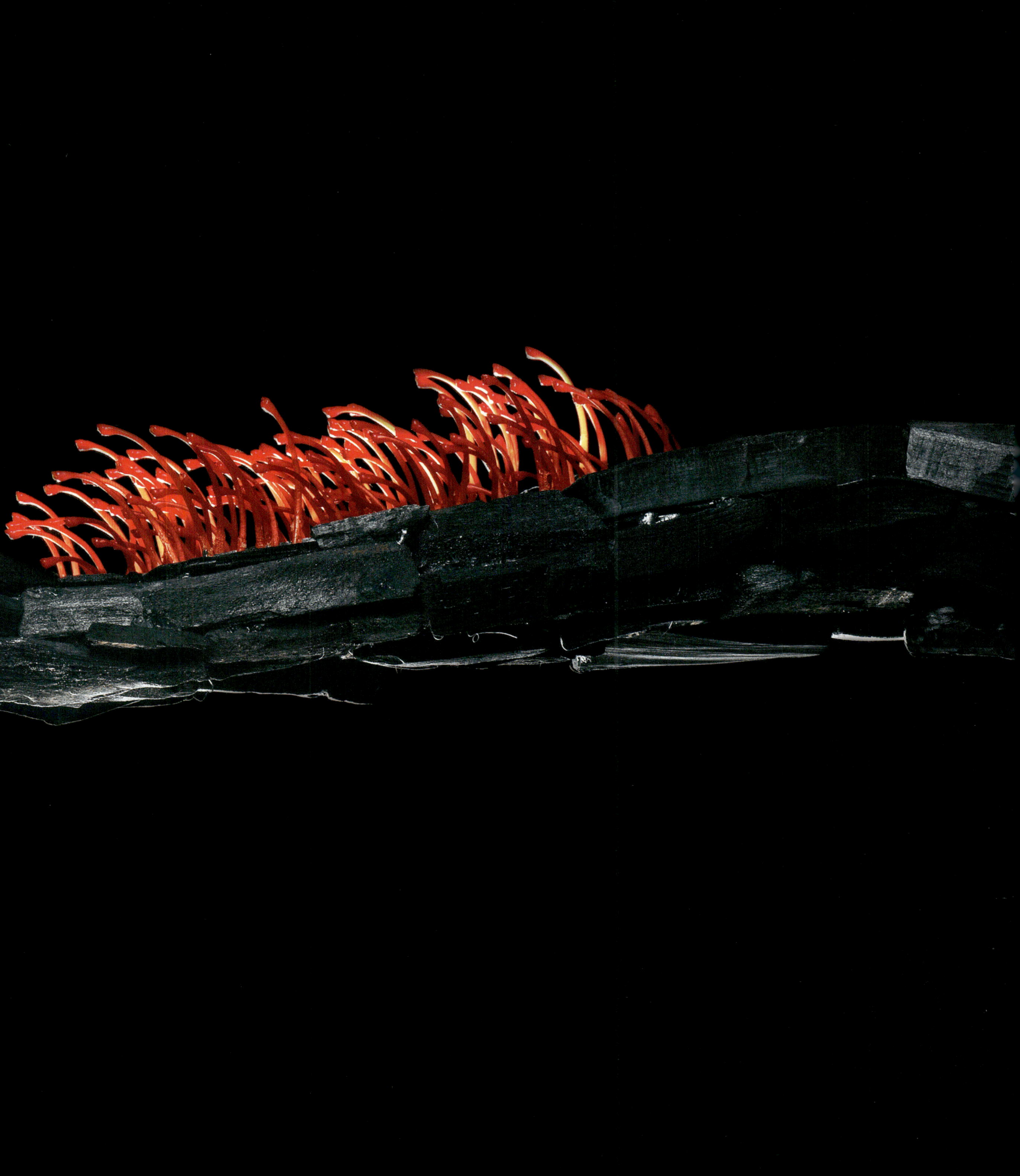

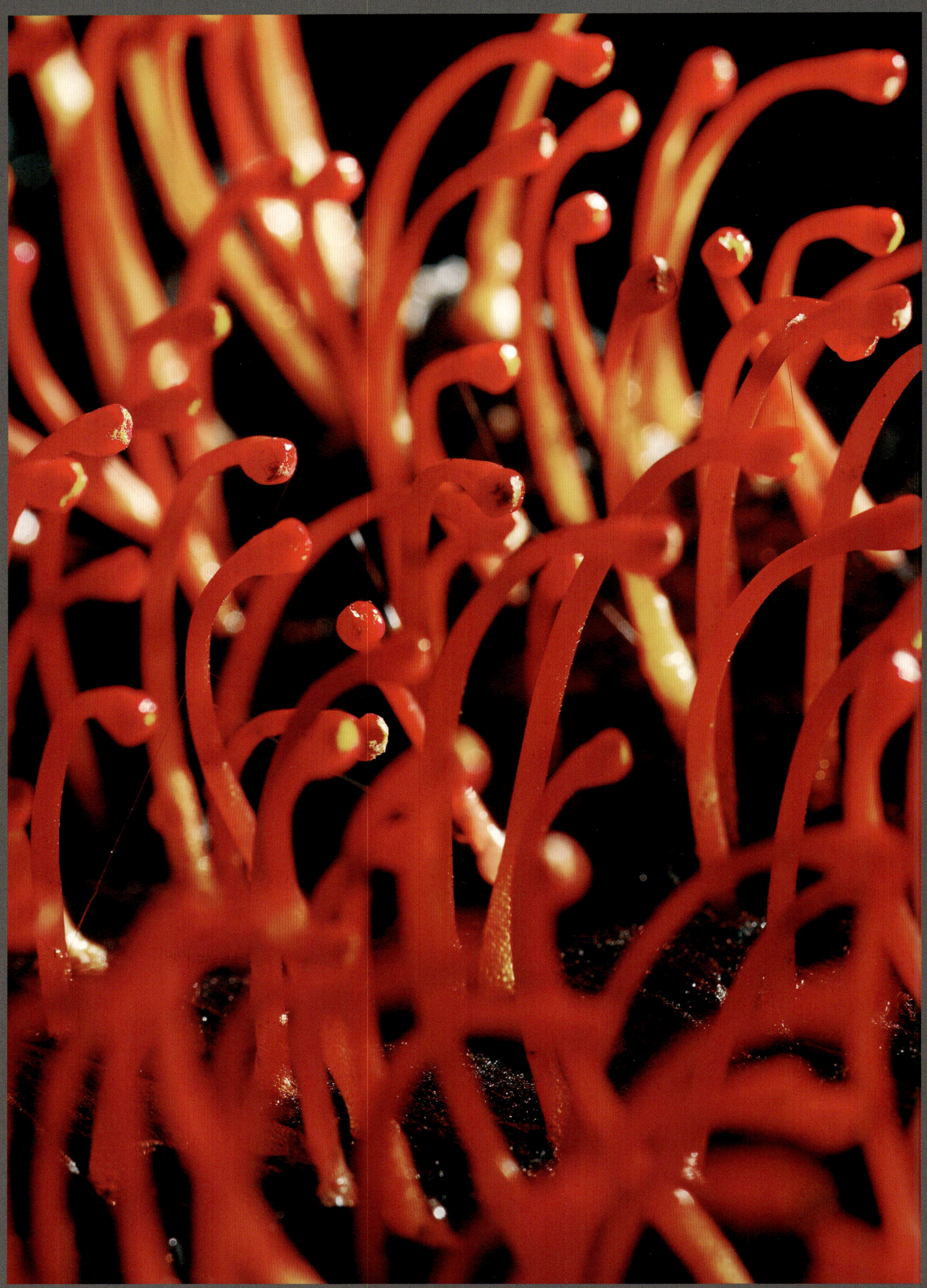

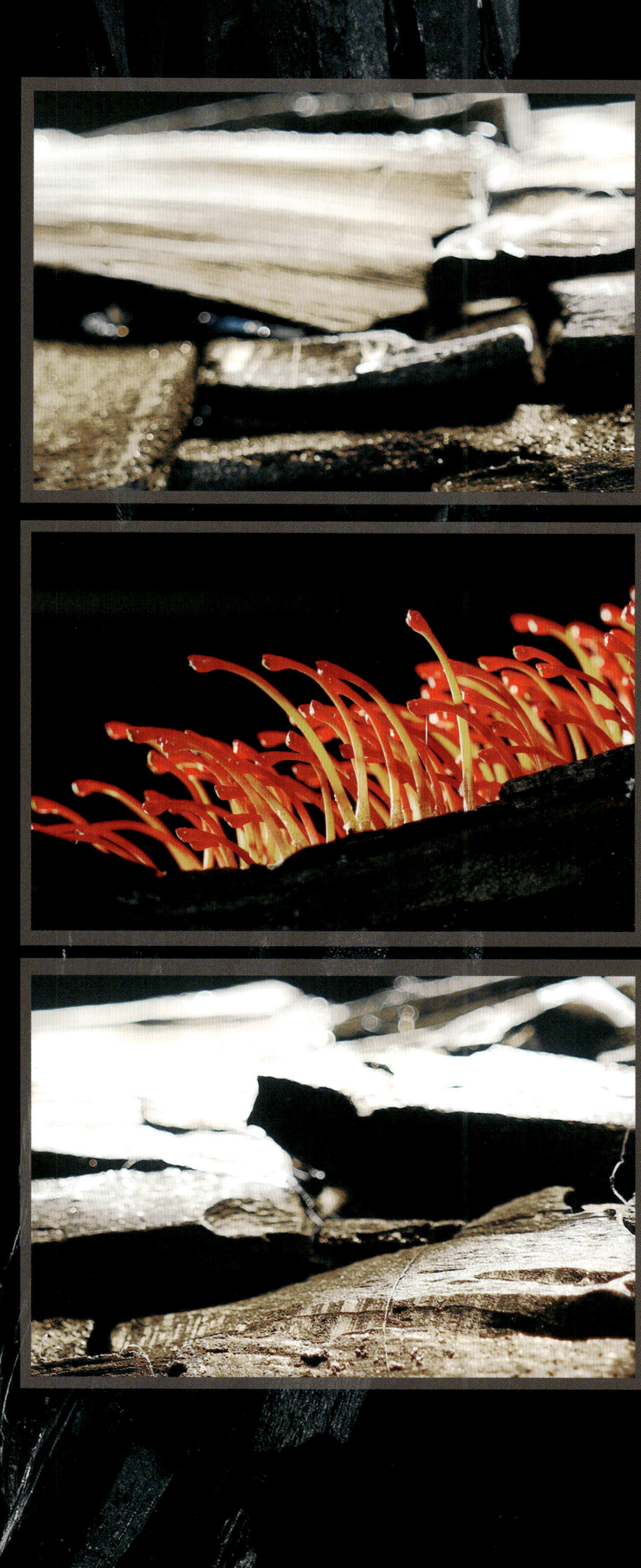

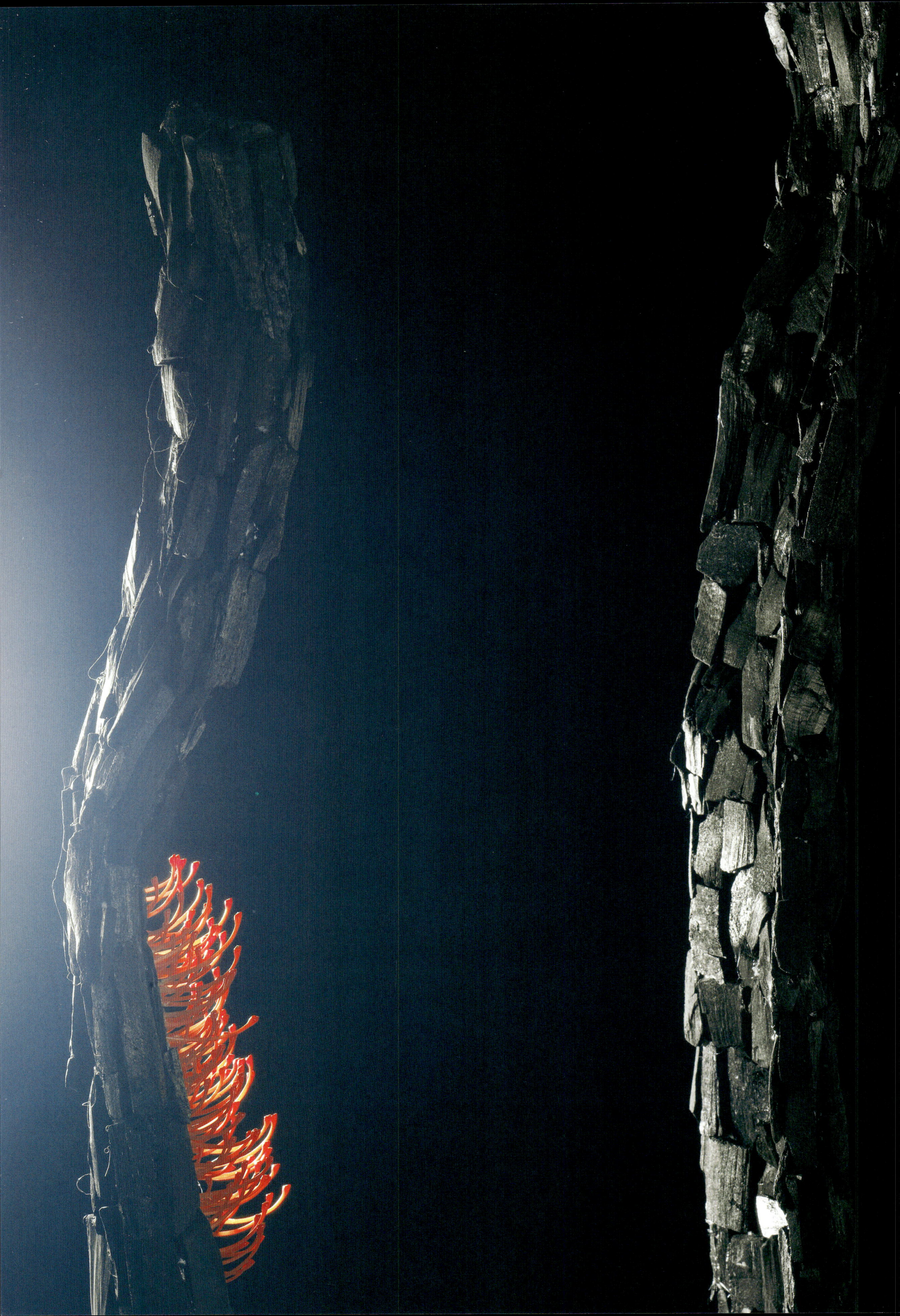

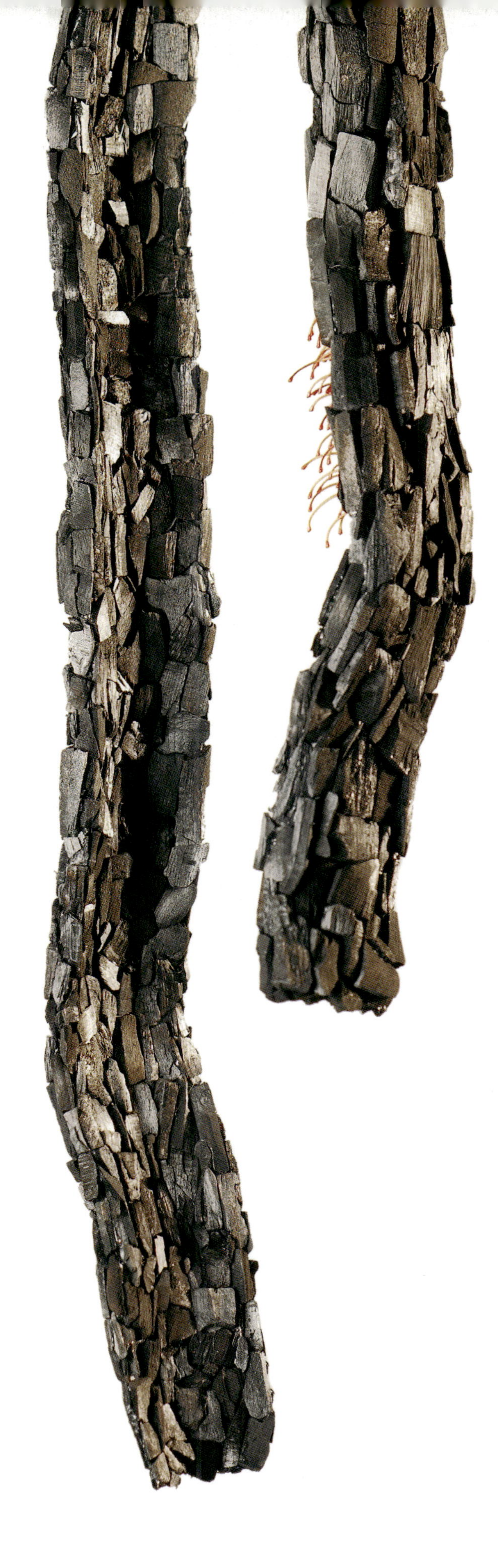

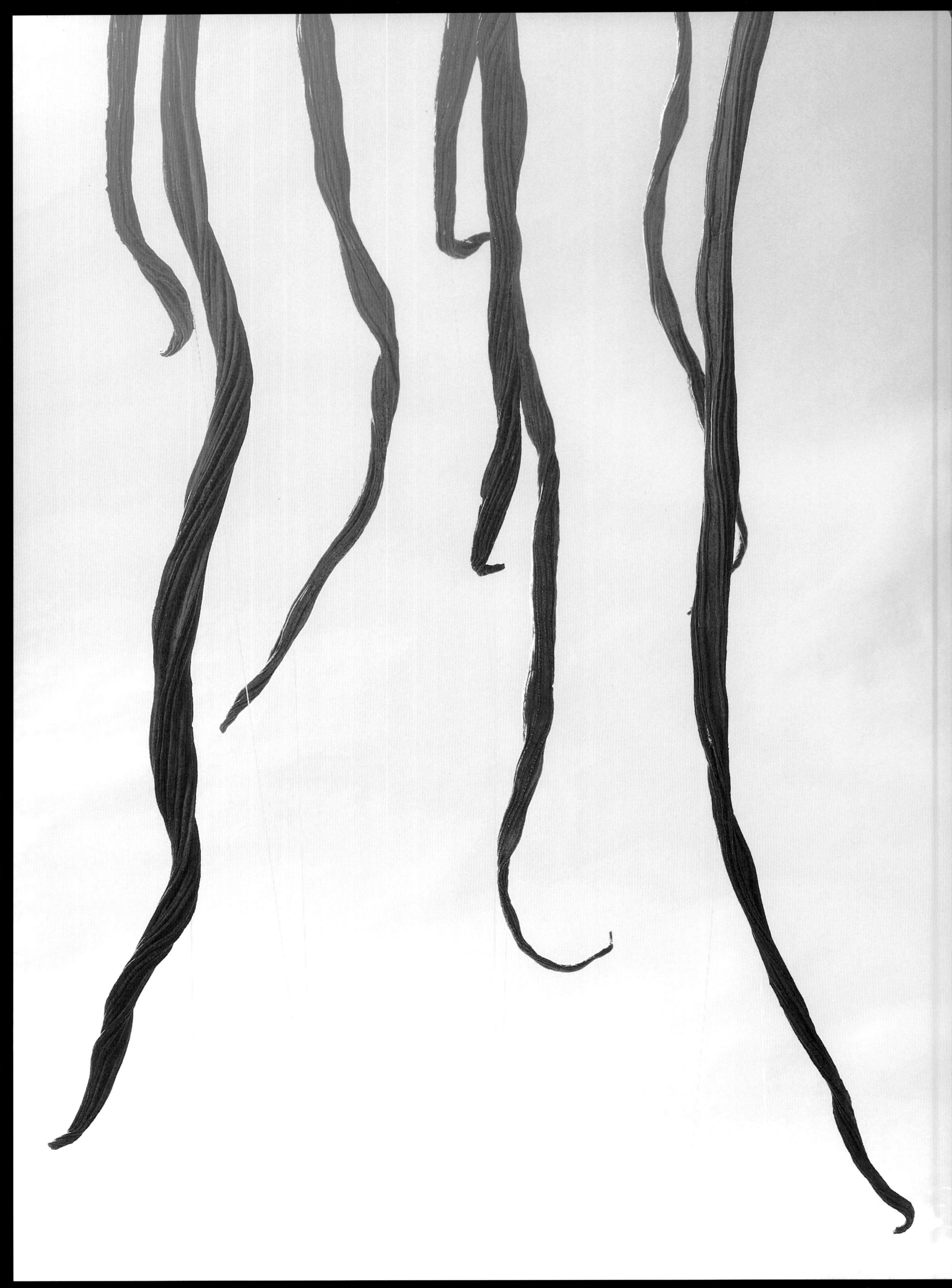

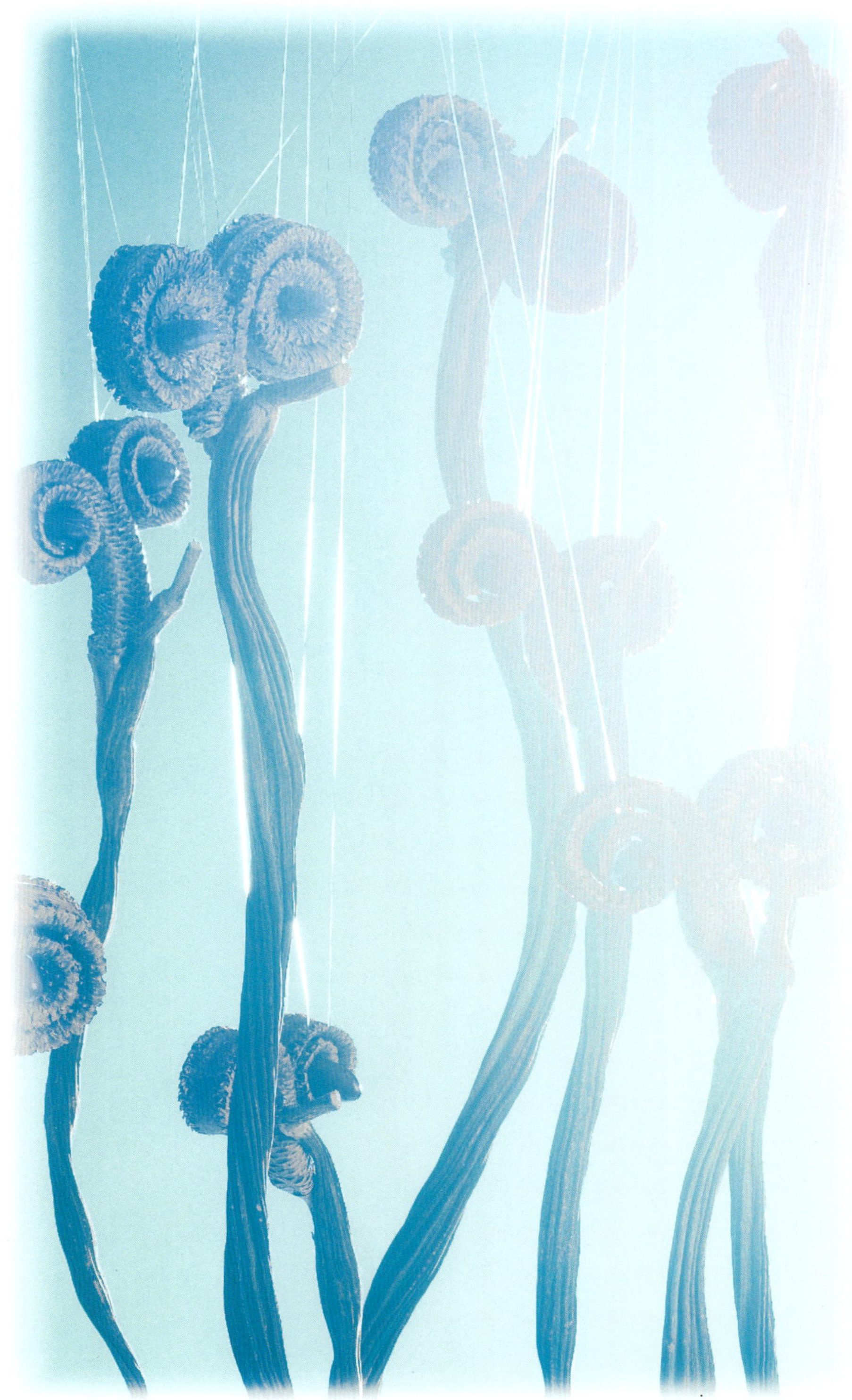

Dangling in the current, I turn, see everything changed

Ballotté par le courant, je me retourne, tout a changé

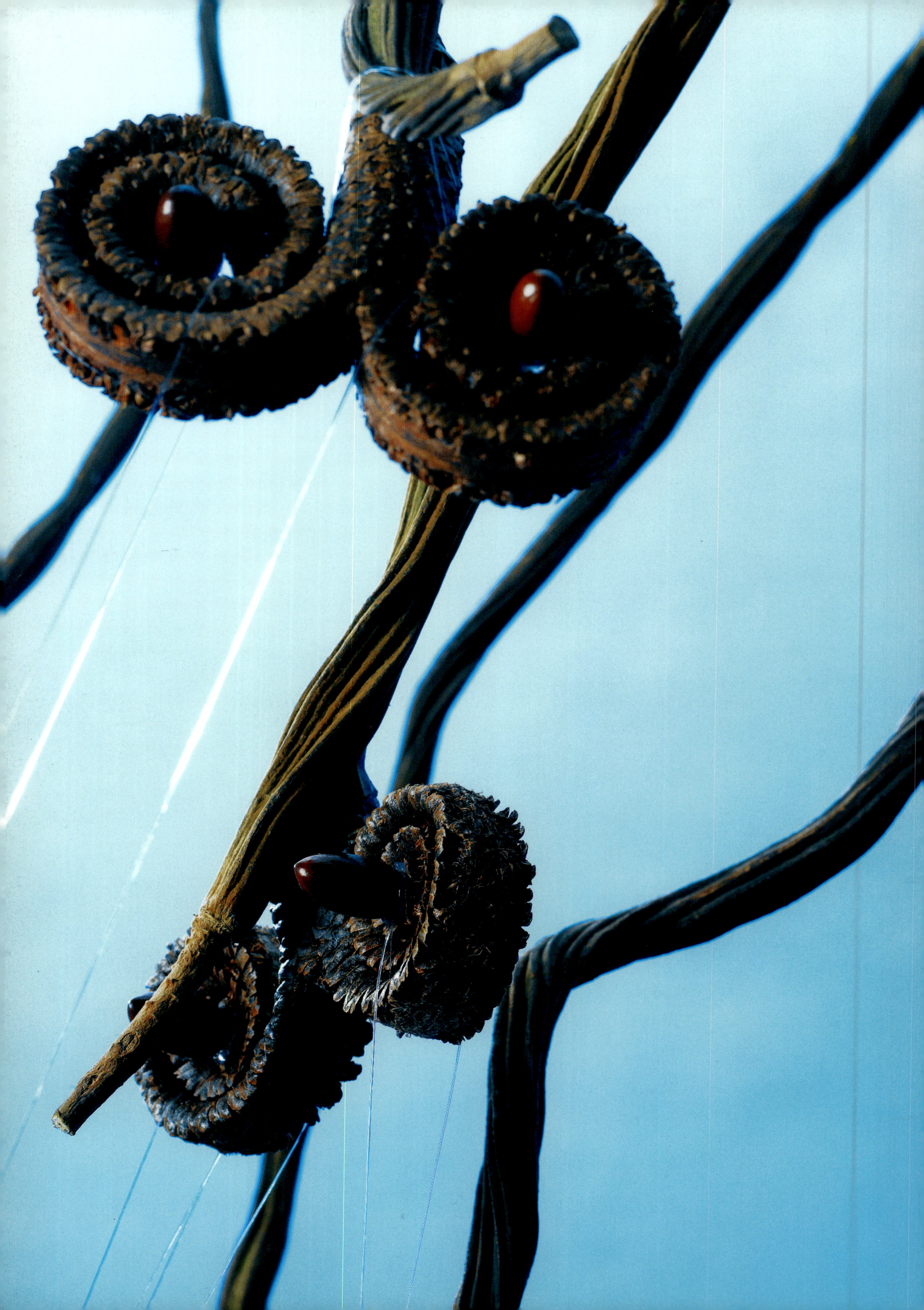

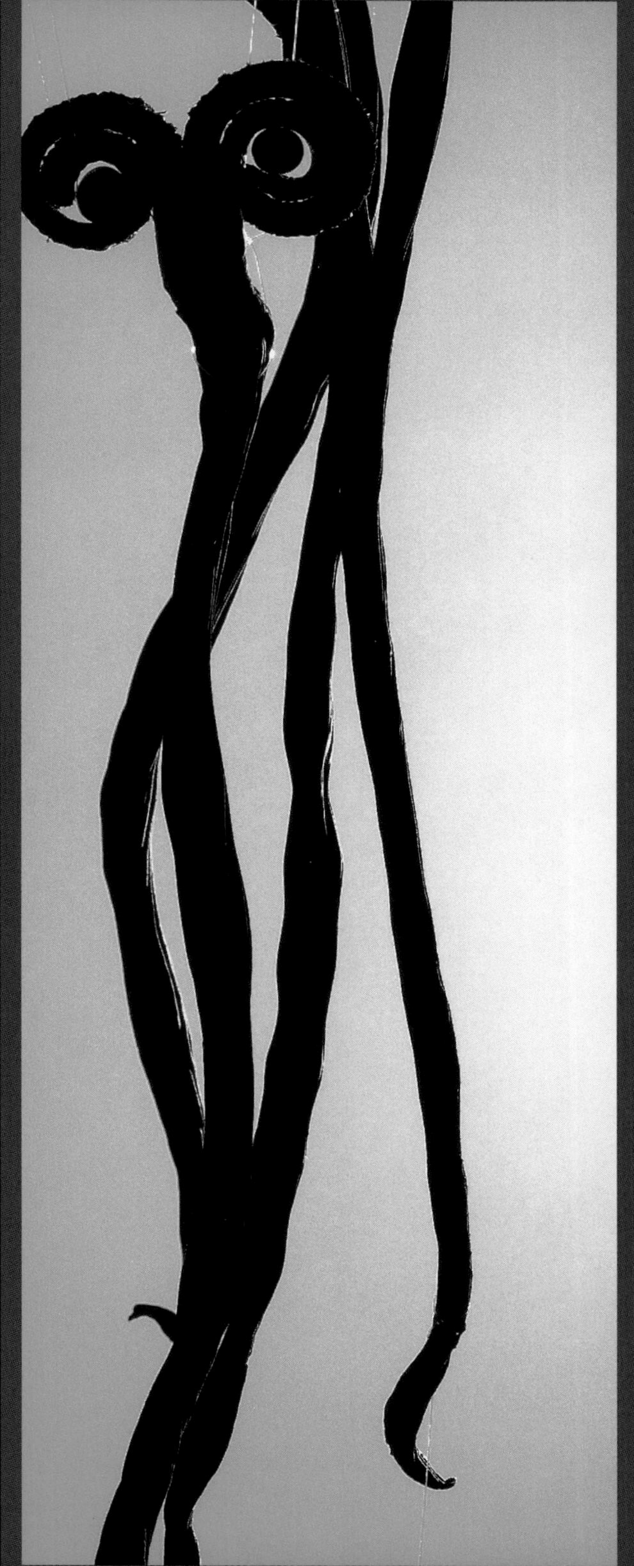

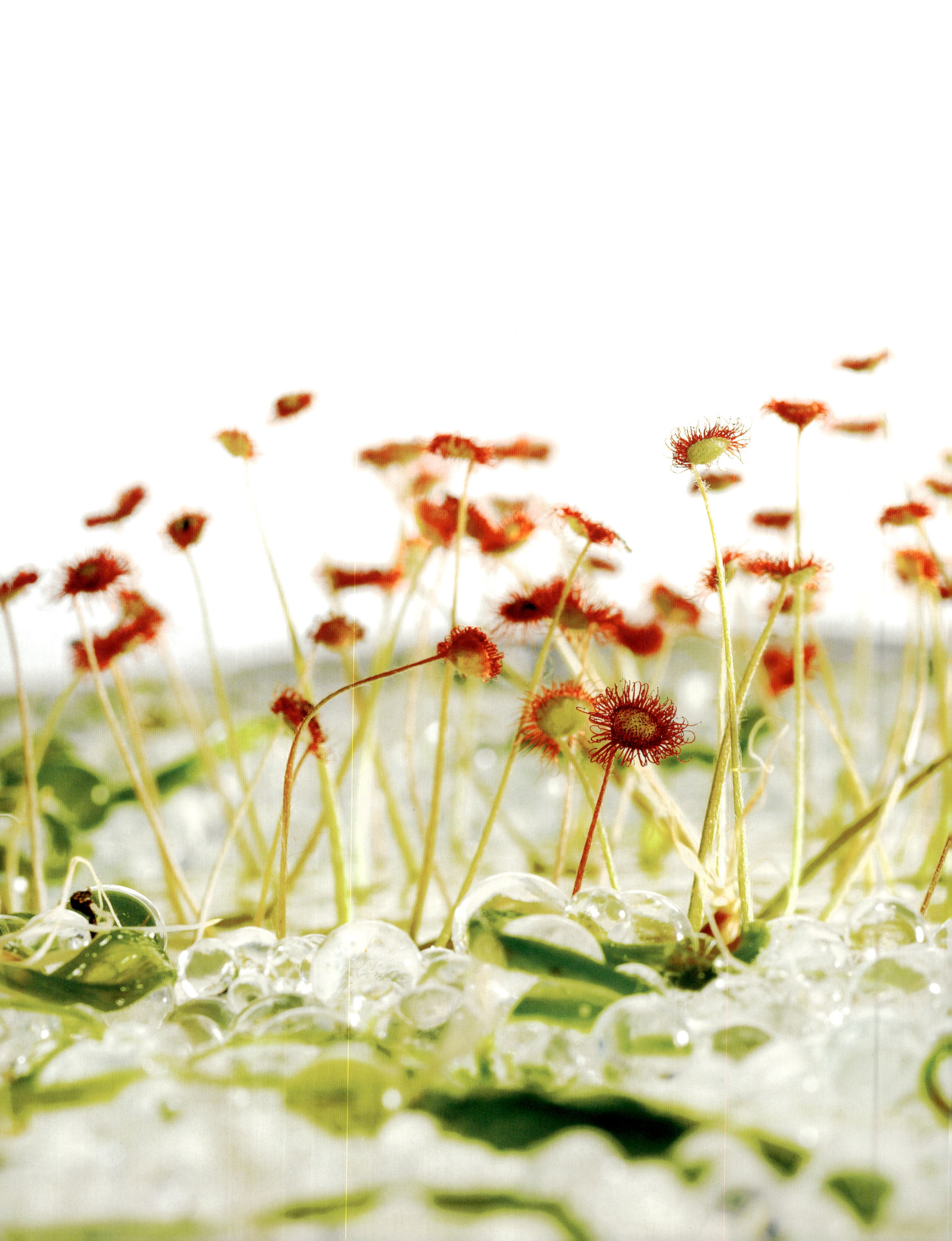

Old friend, so pale in mist, so ripe now with force

D'abord si frêle, maintenant si réel, le printemps comme un vieux frère

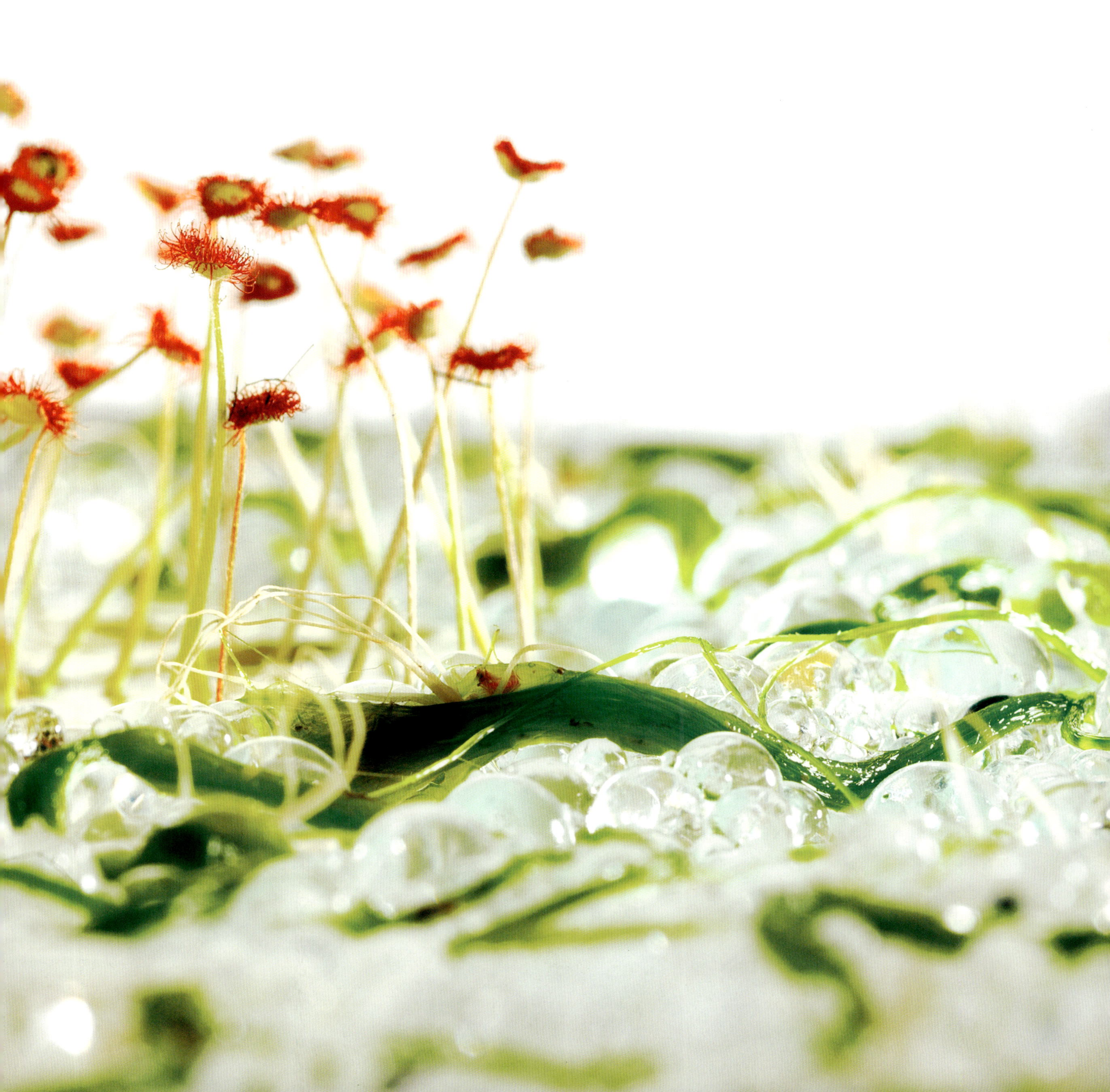

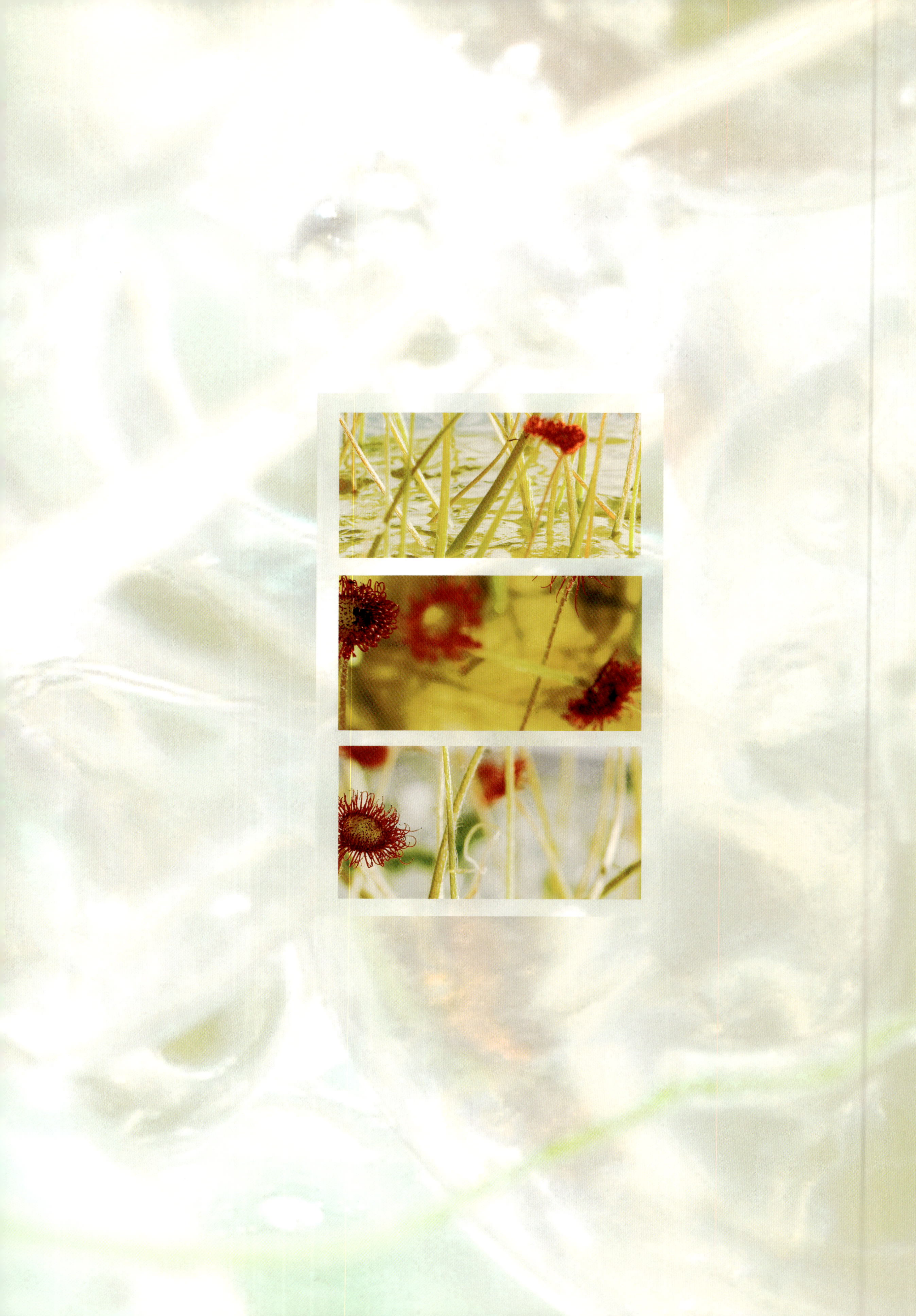

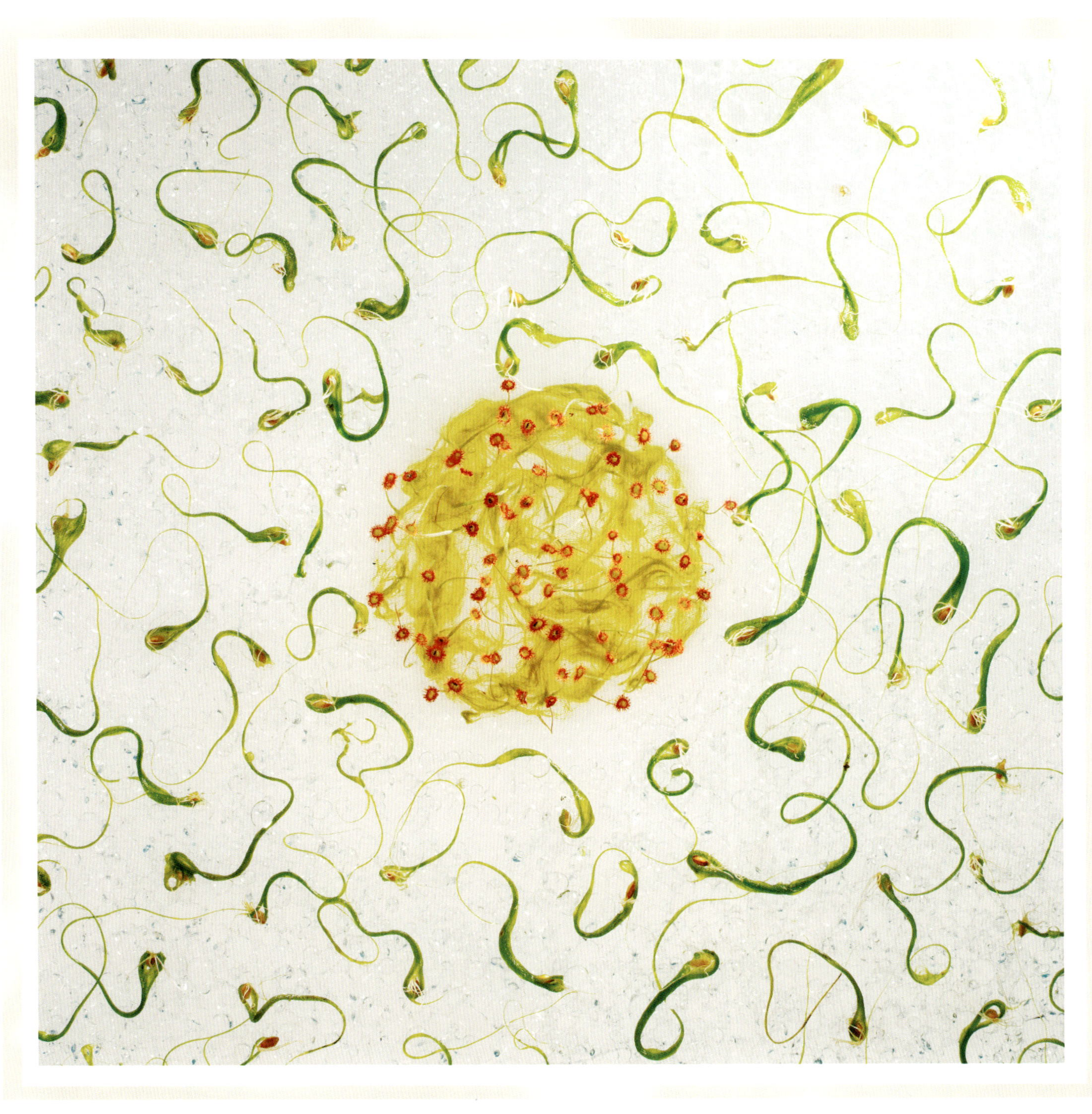

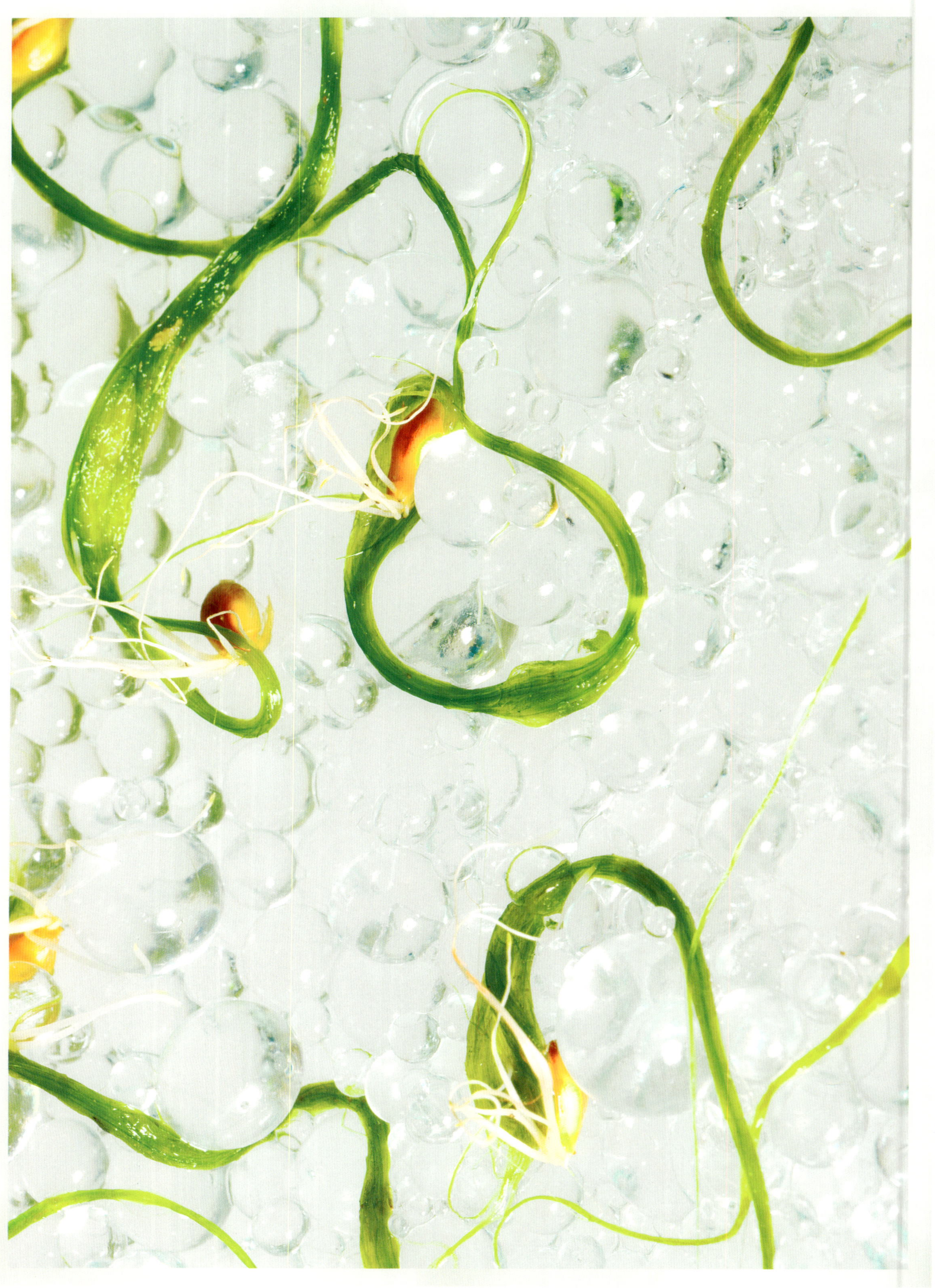

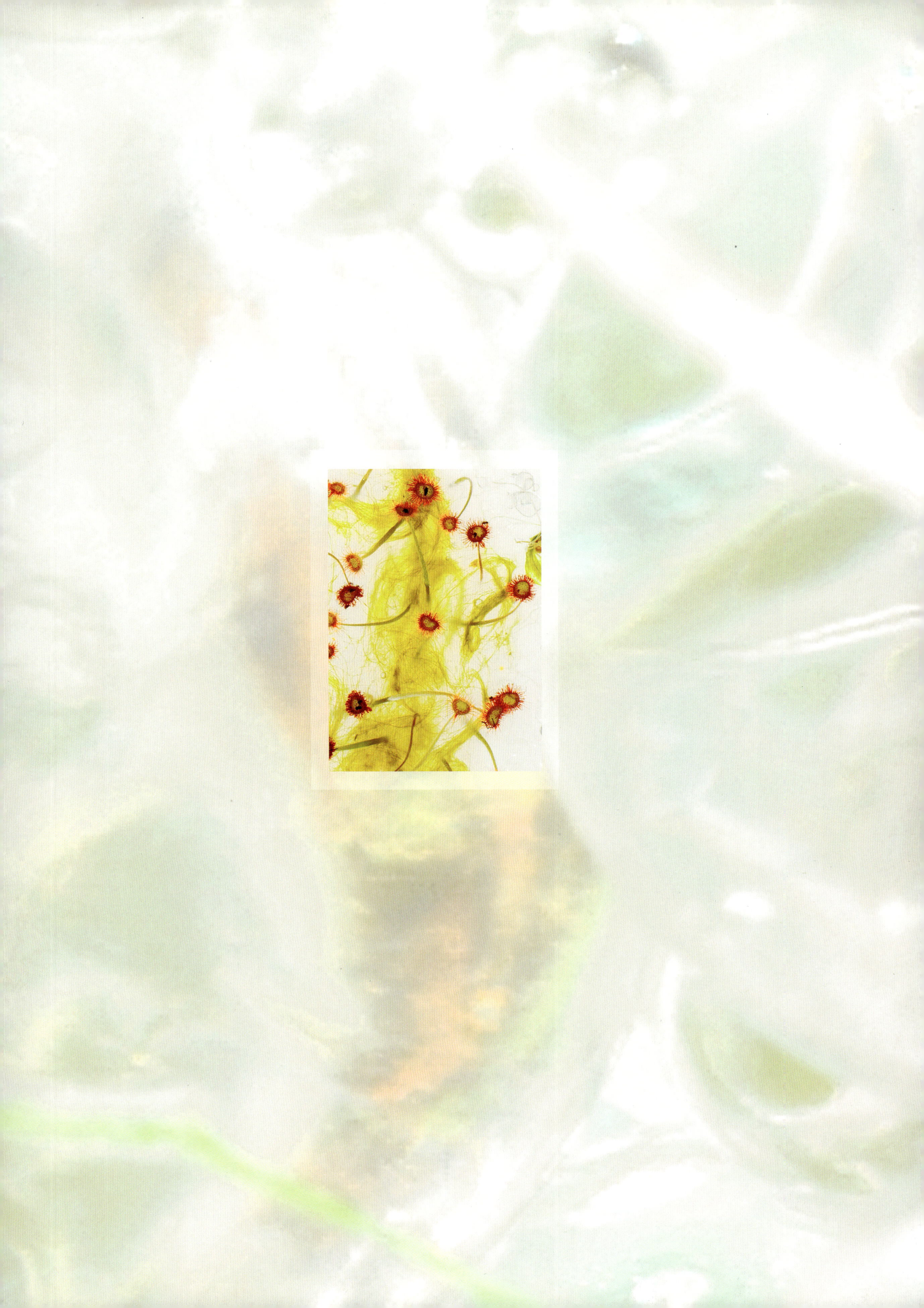

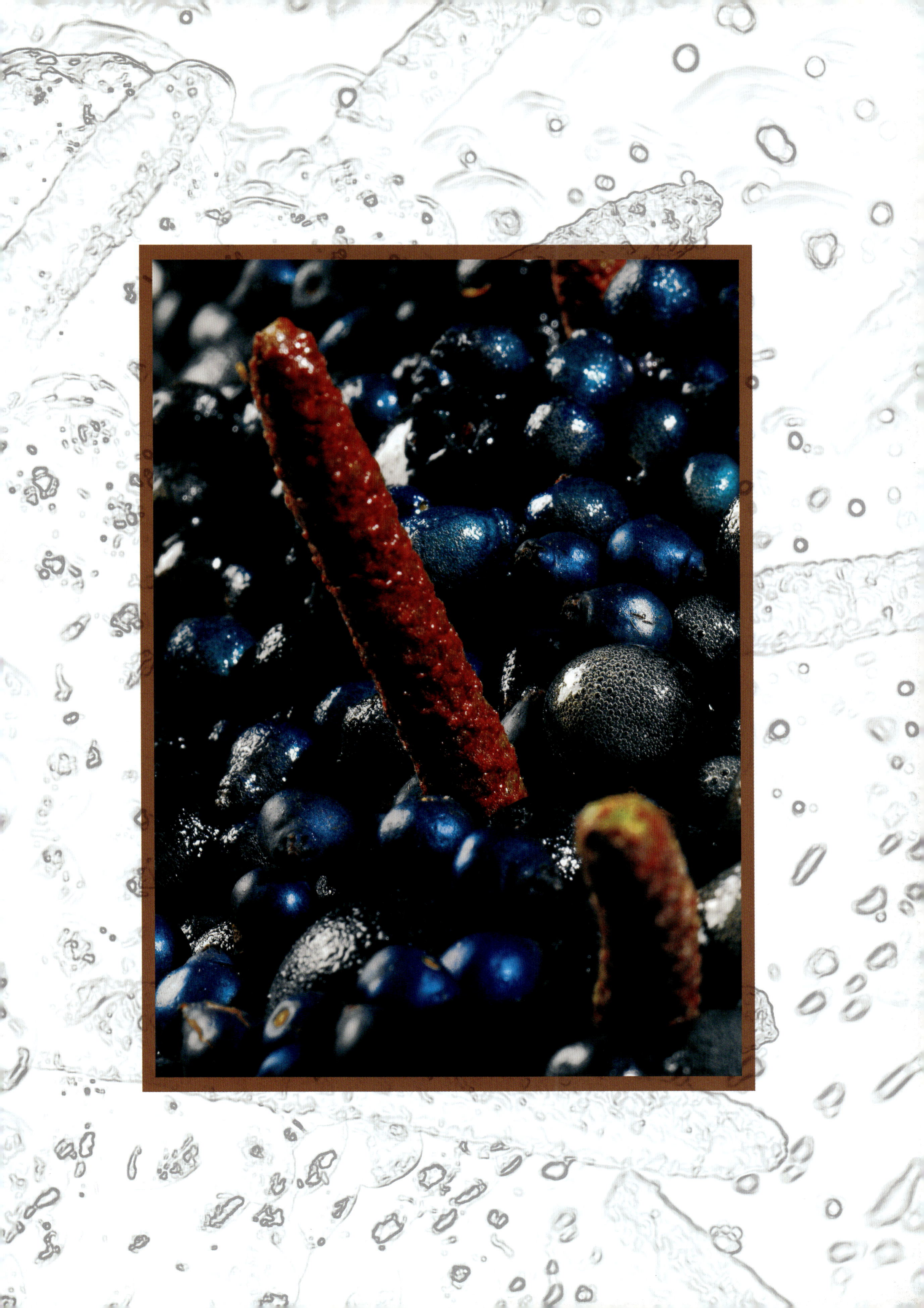

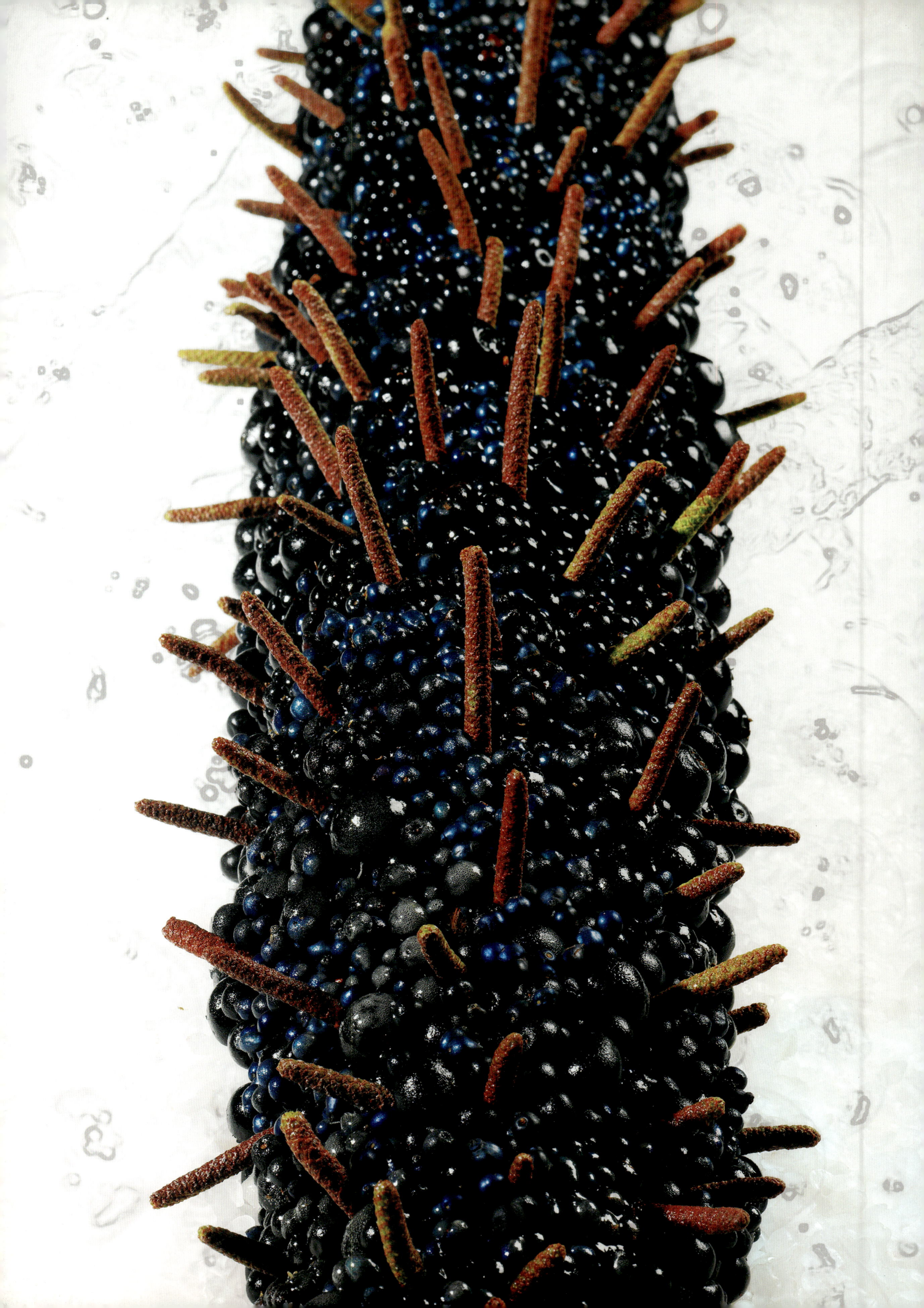

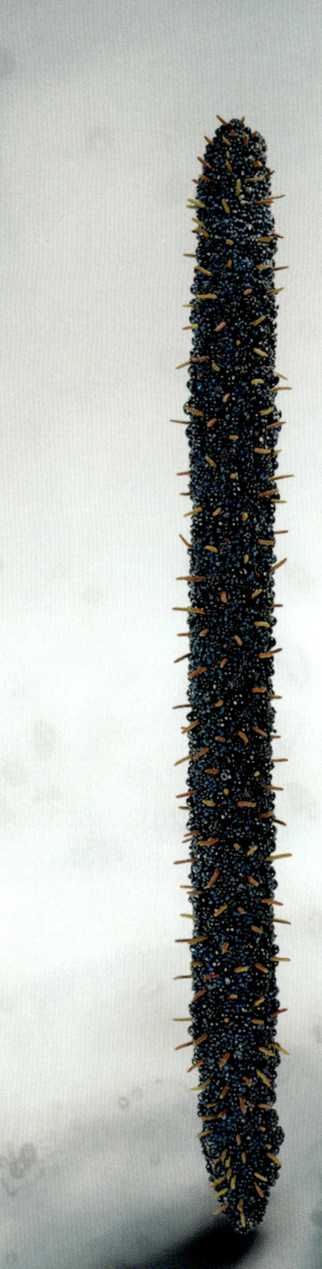

Facing the vacuum, sustenance and industry, towering

Pain de vie, organique, élevé face au néant

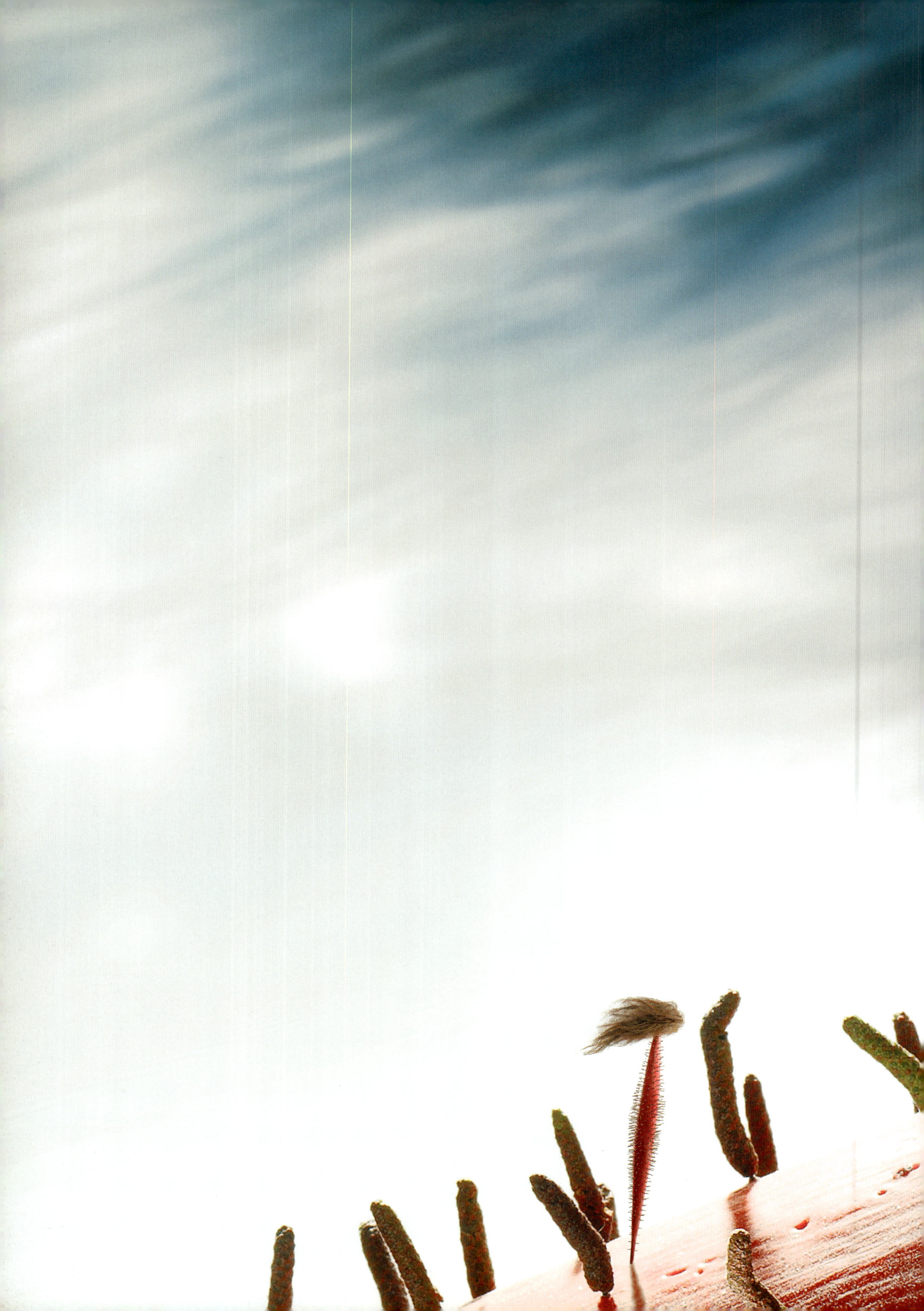

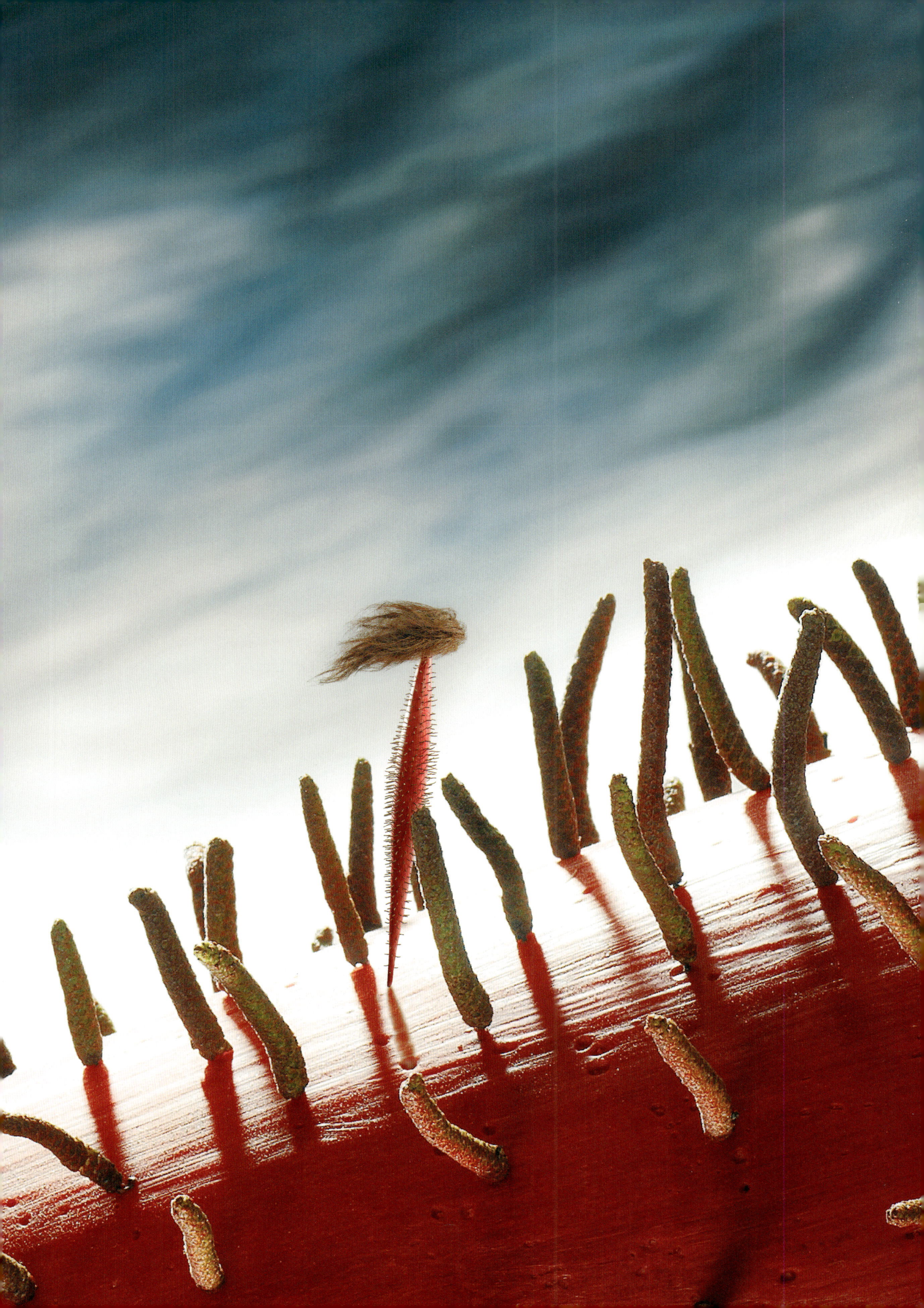

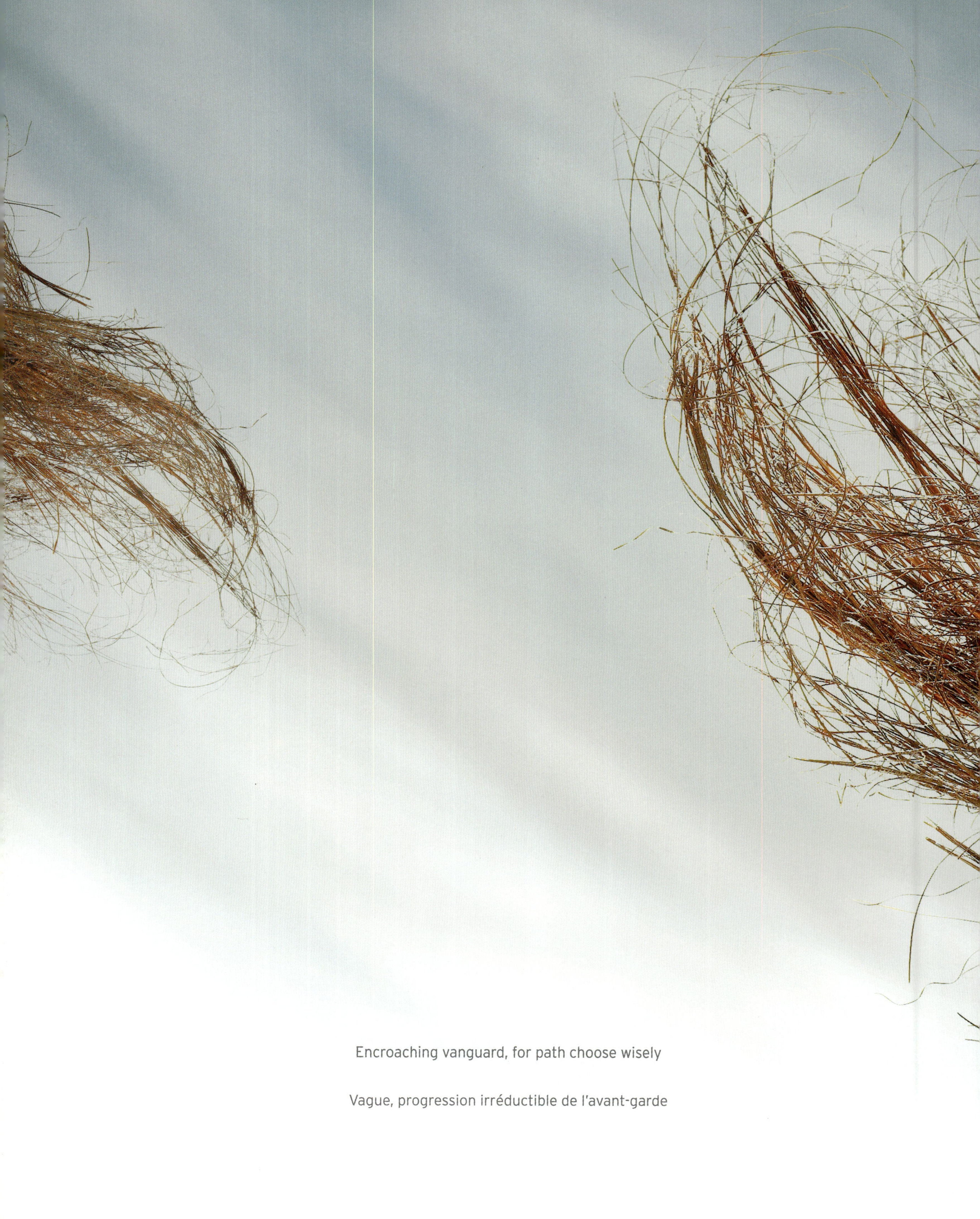

Encroaching vanguard, for path choose wisely

Vague, progression irréductible de l'avant-garde

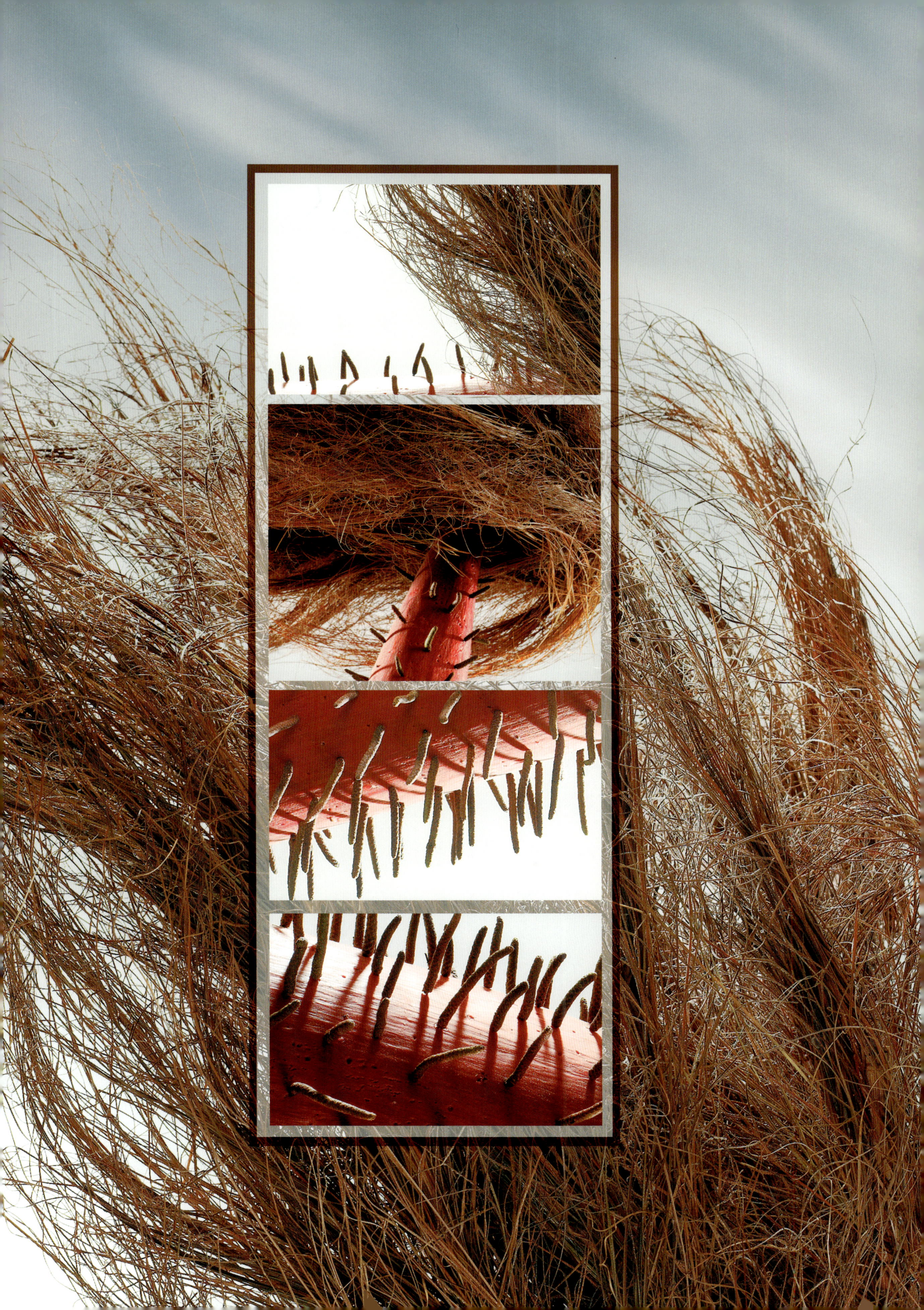

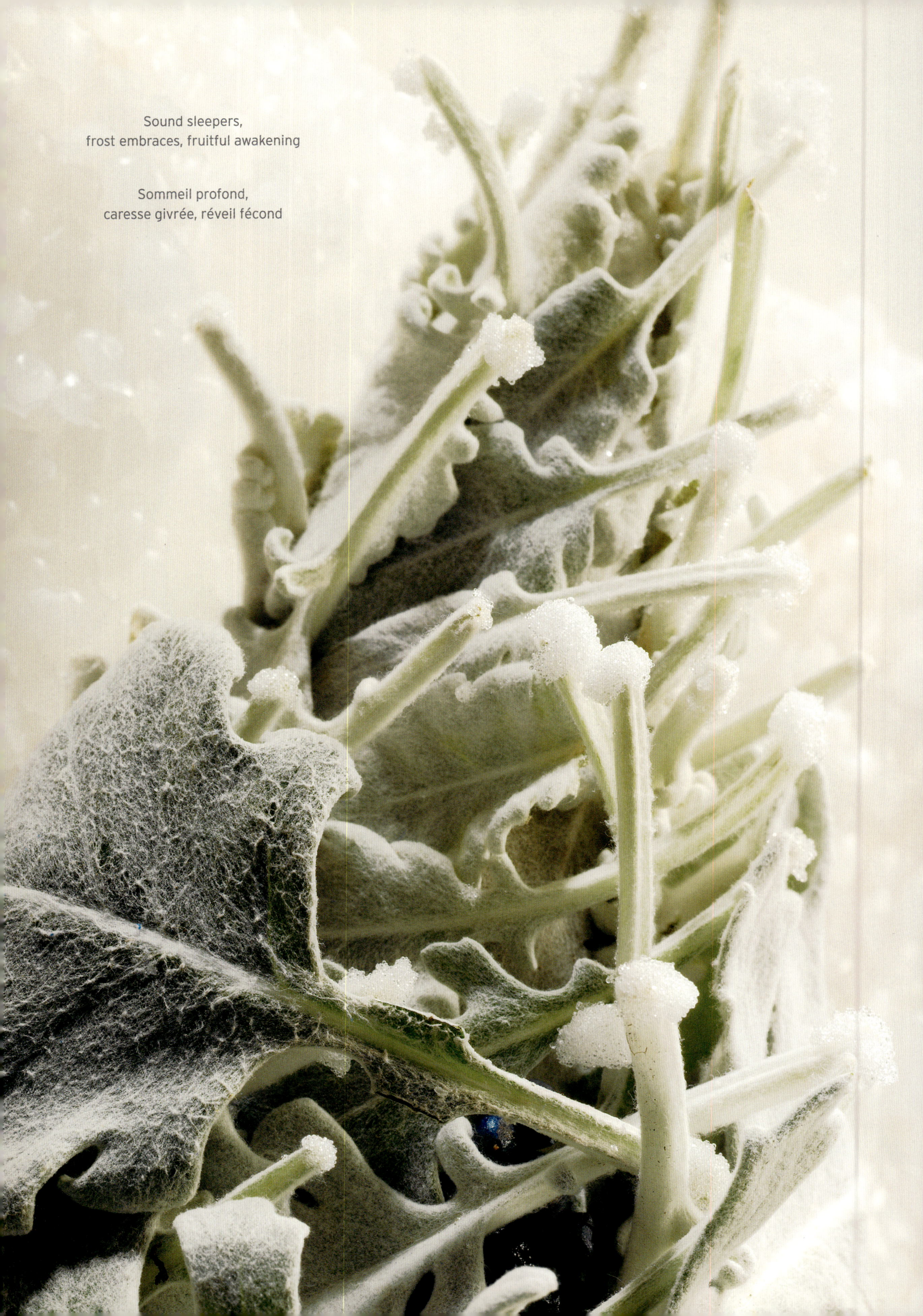

Sound sleepers,
frost embraces, fruitful awakening

Sommeil profond,
caresse givrée, réveil fécond

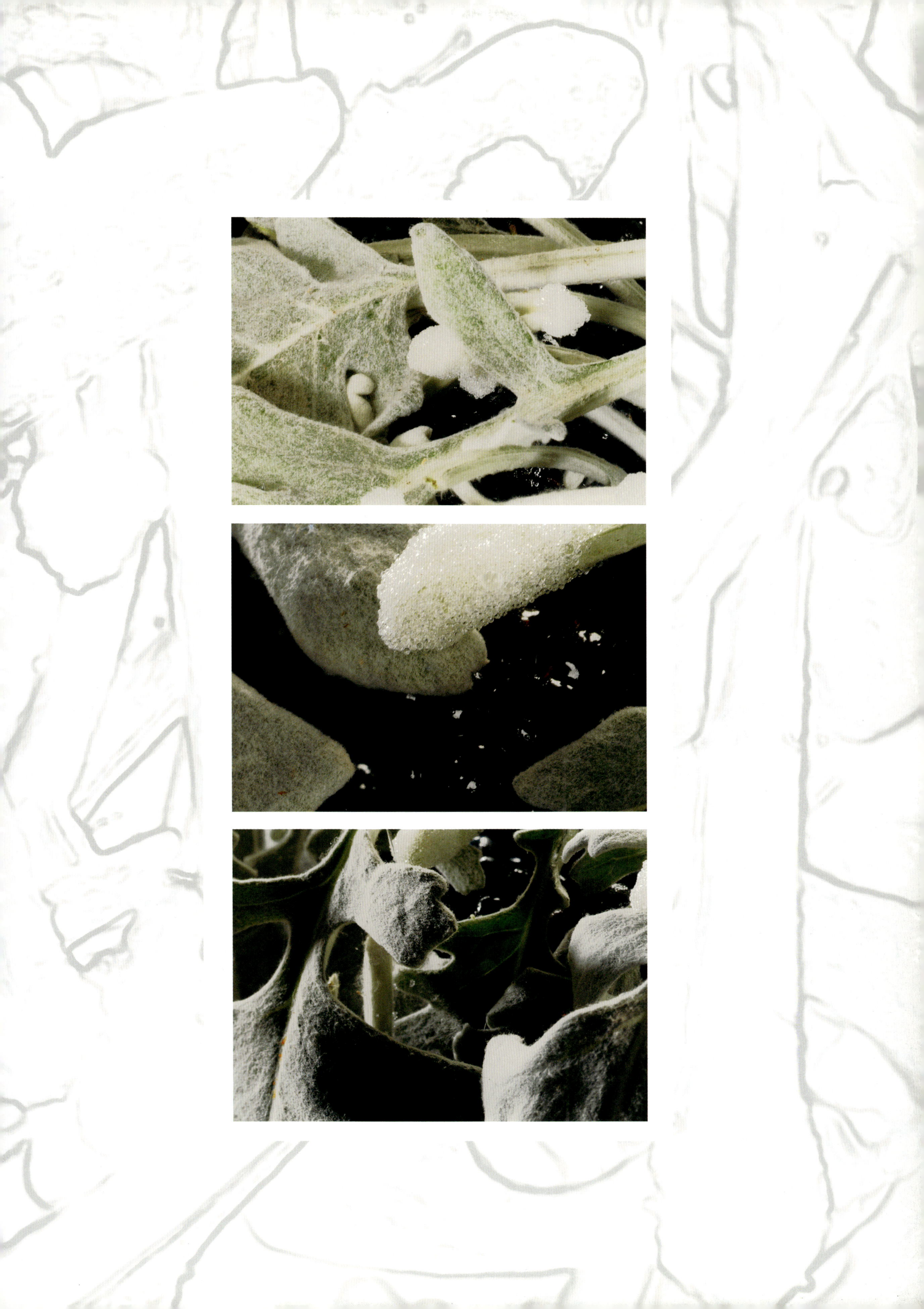

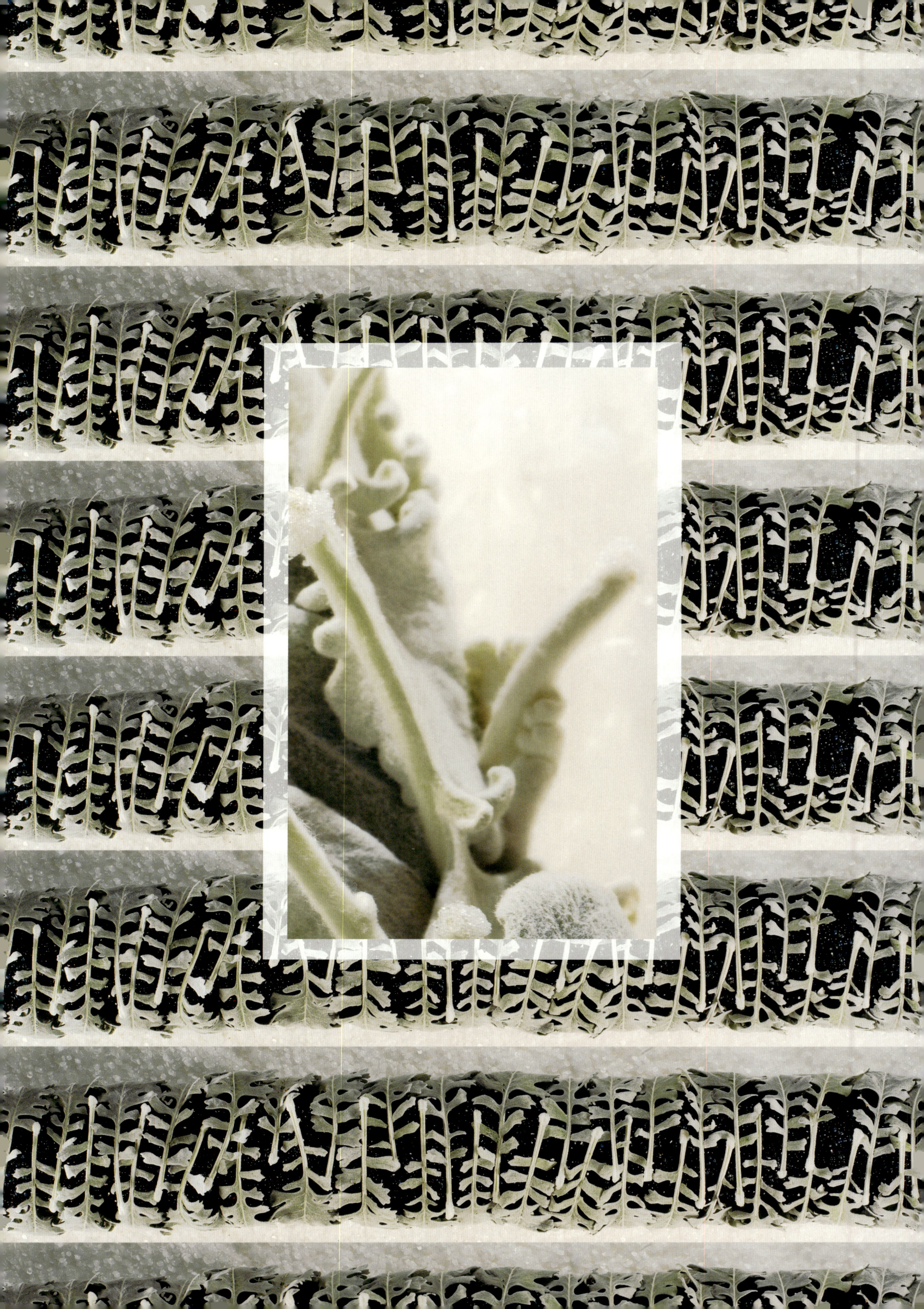

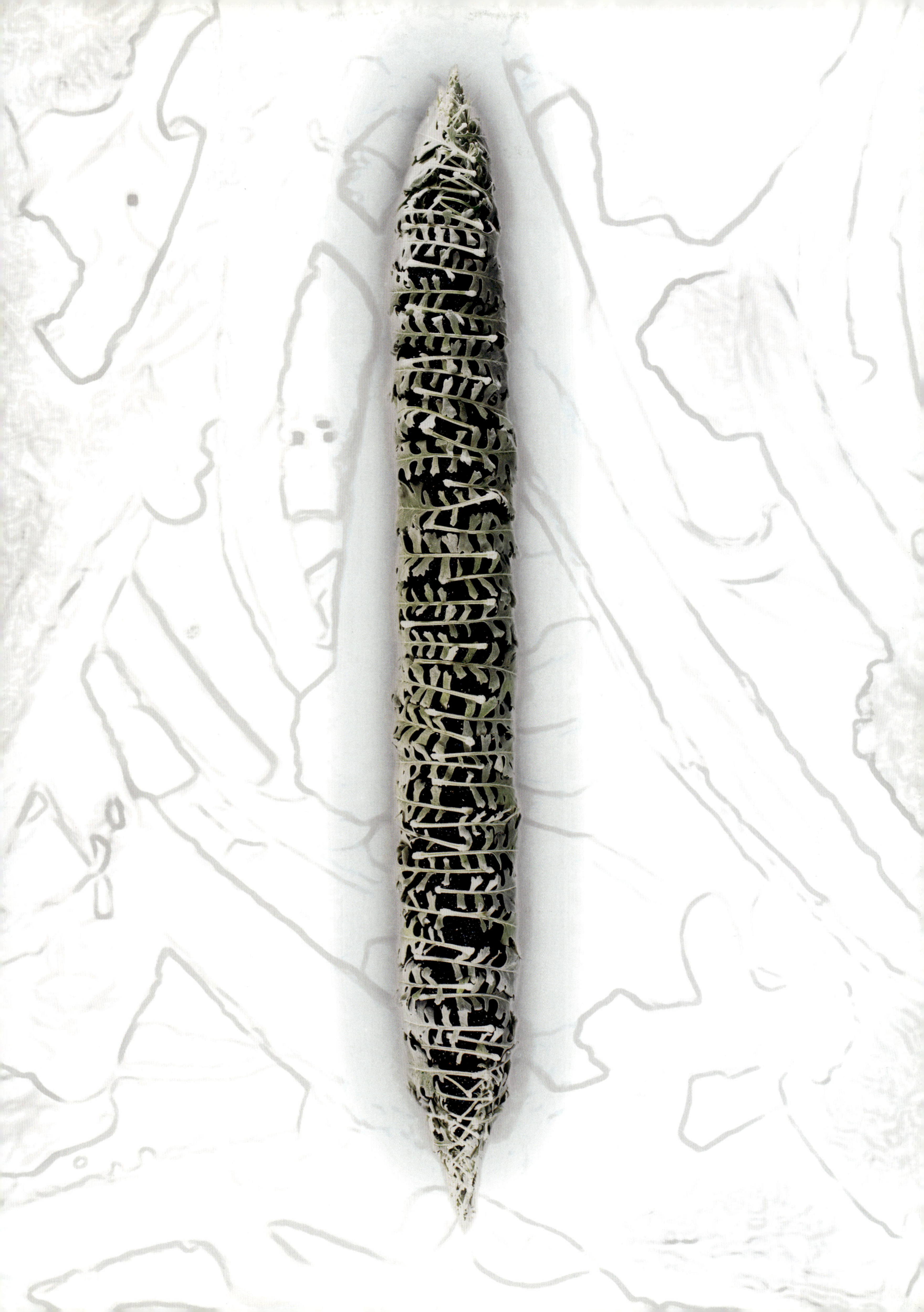

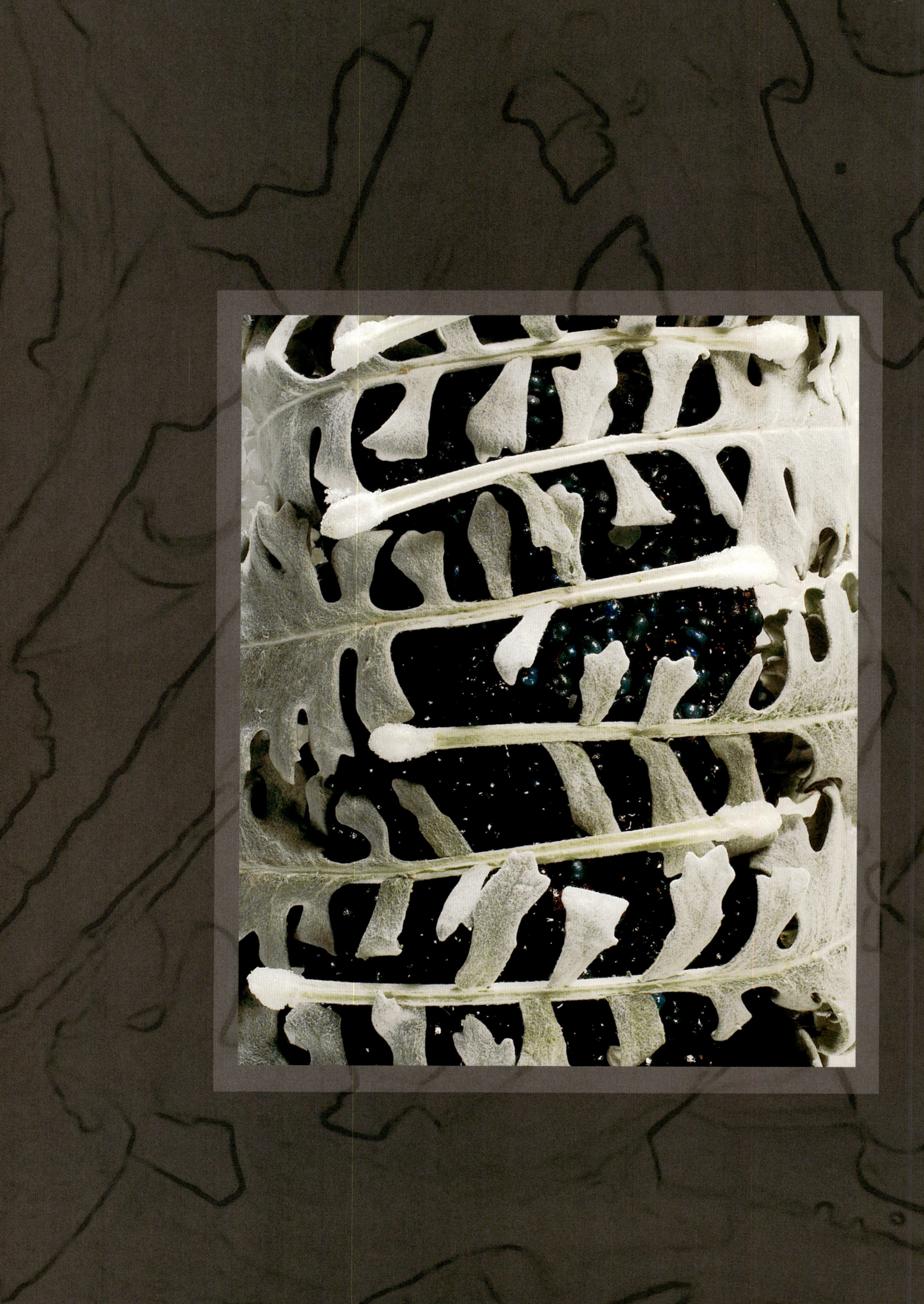

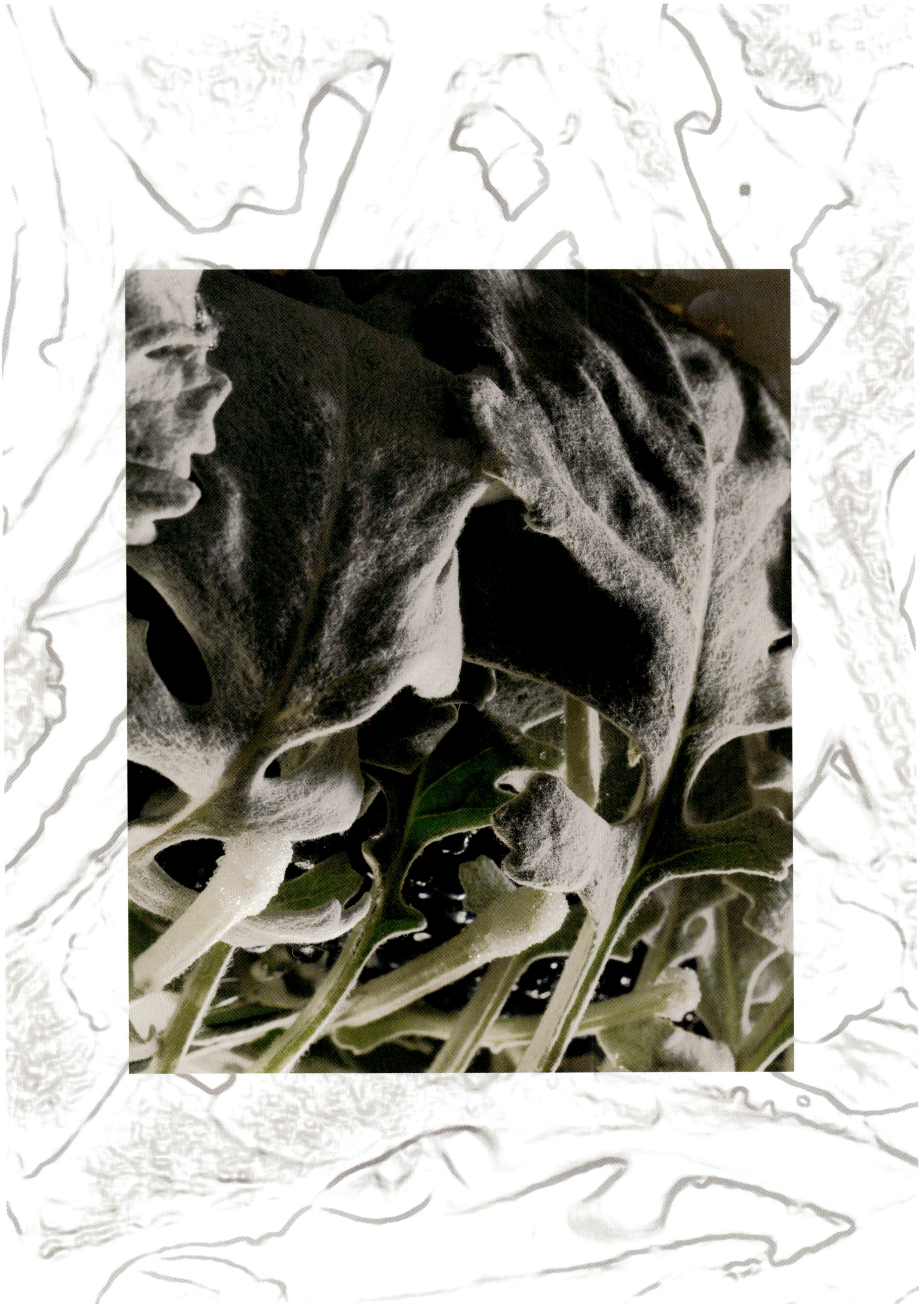

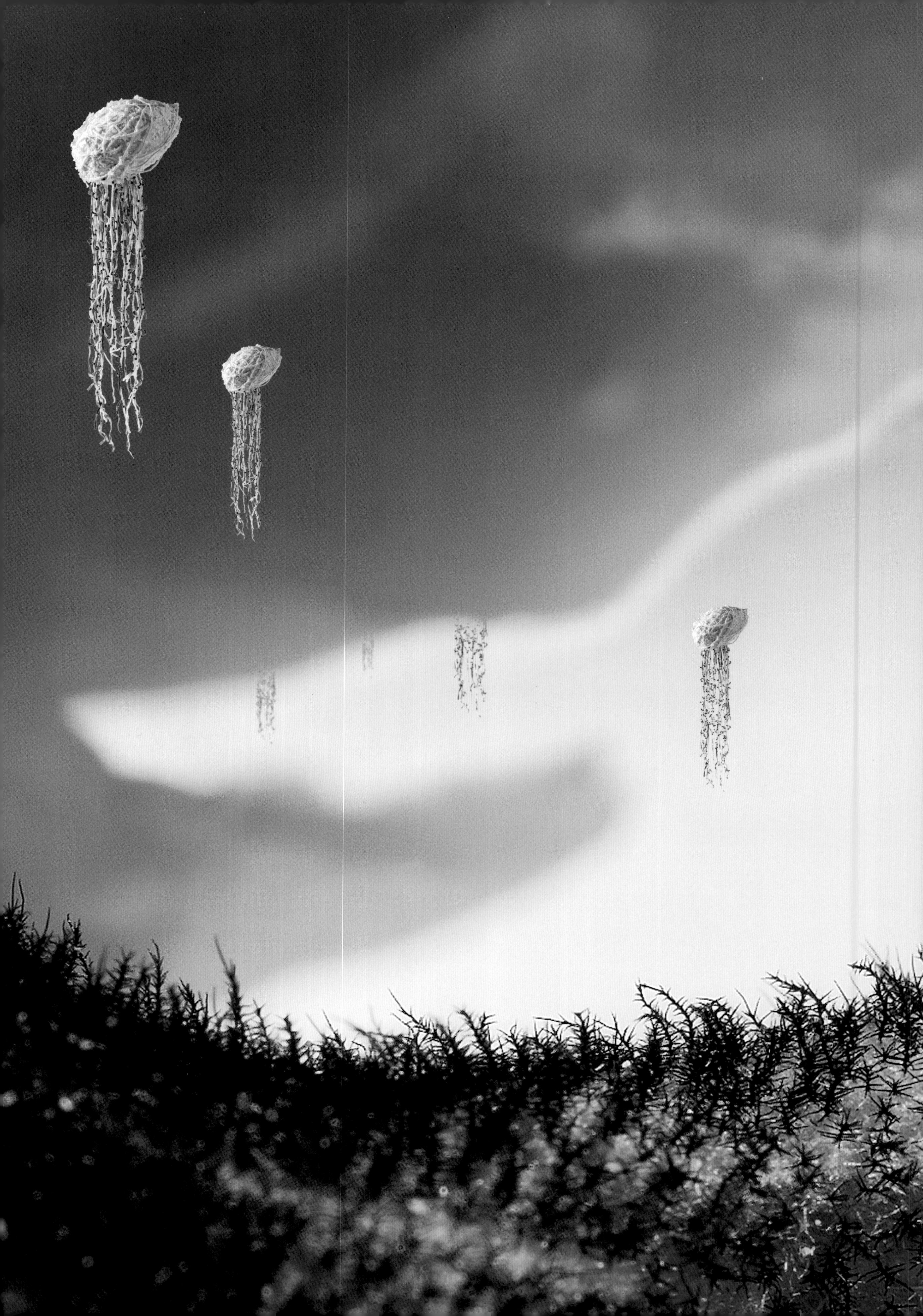

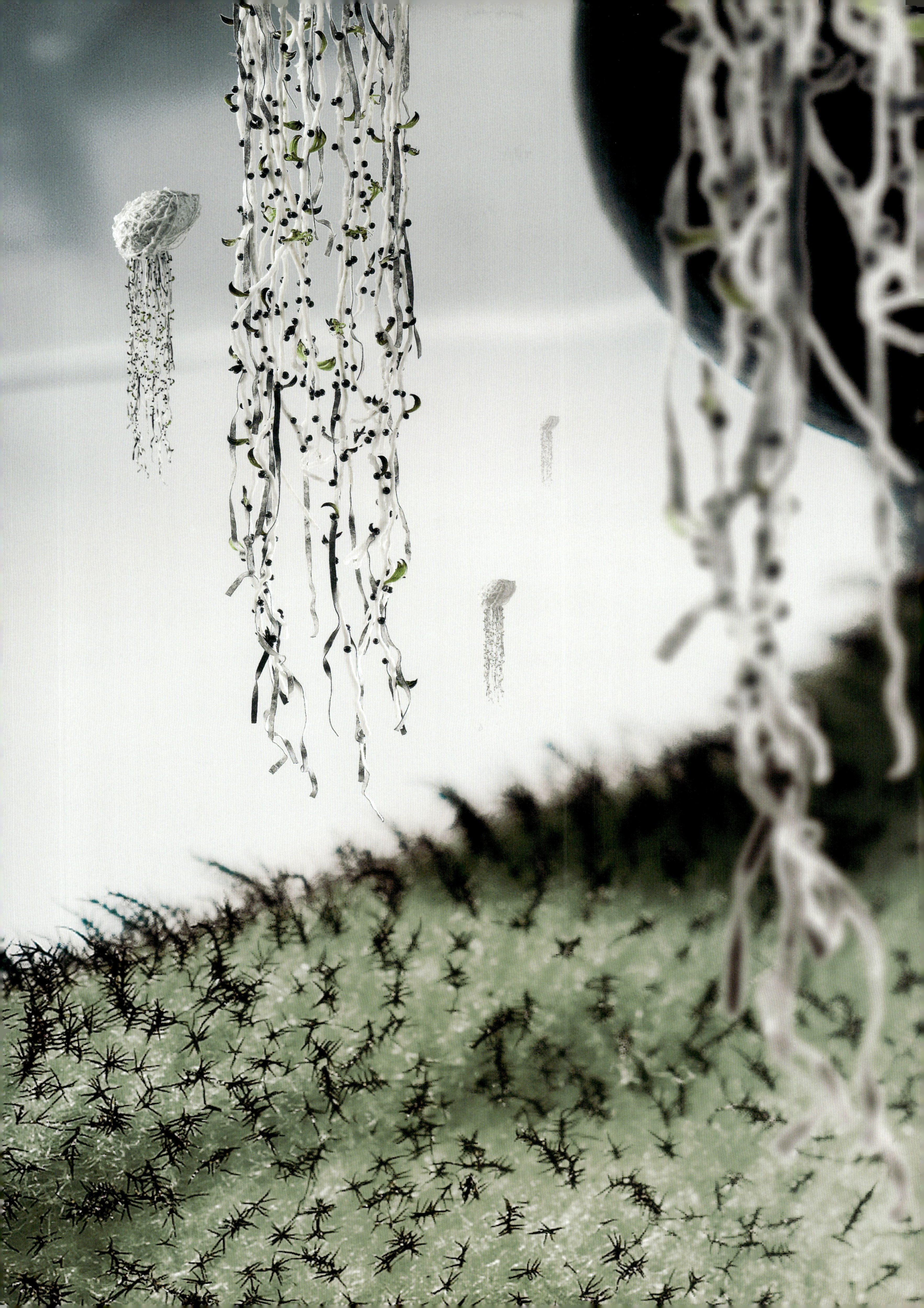

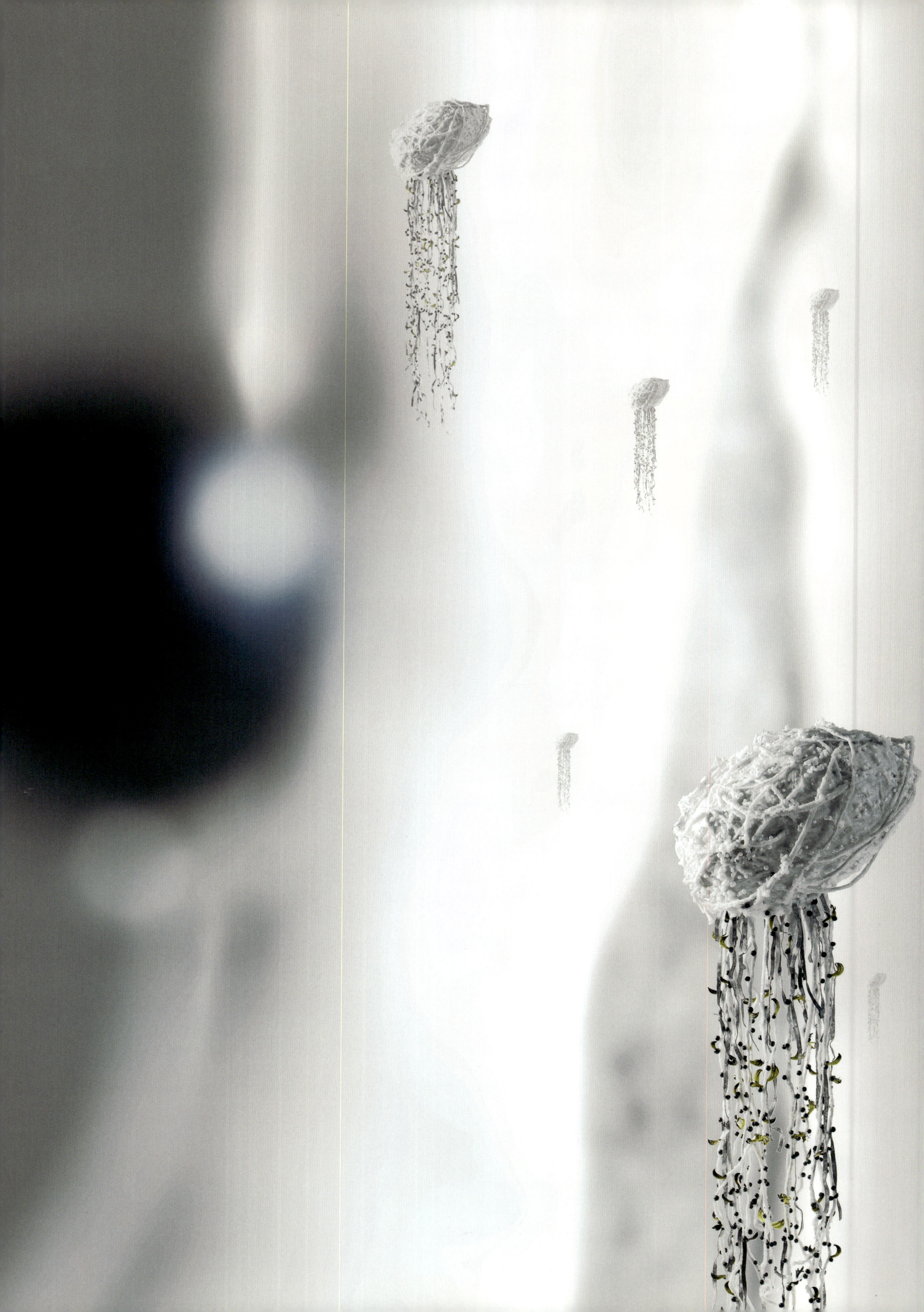

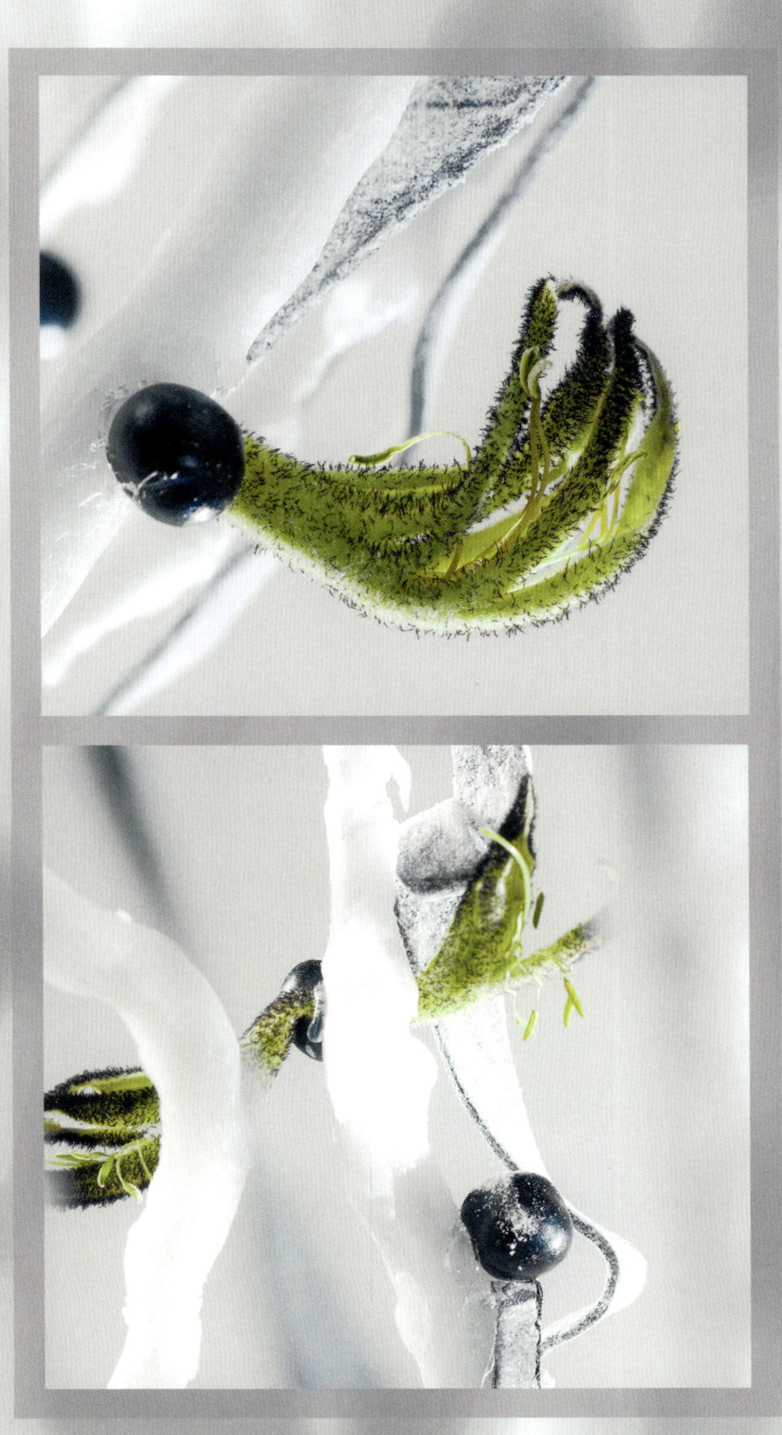

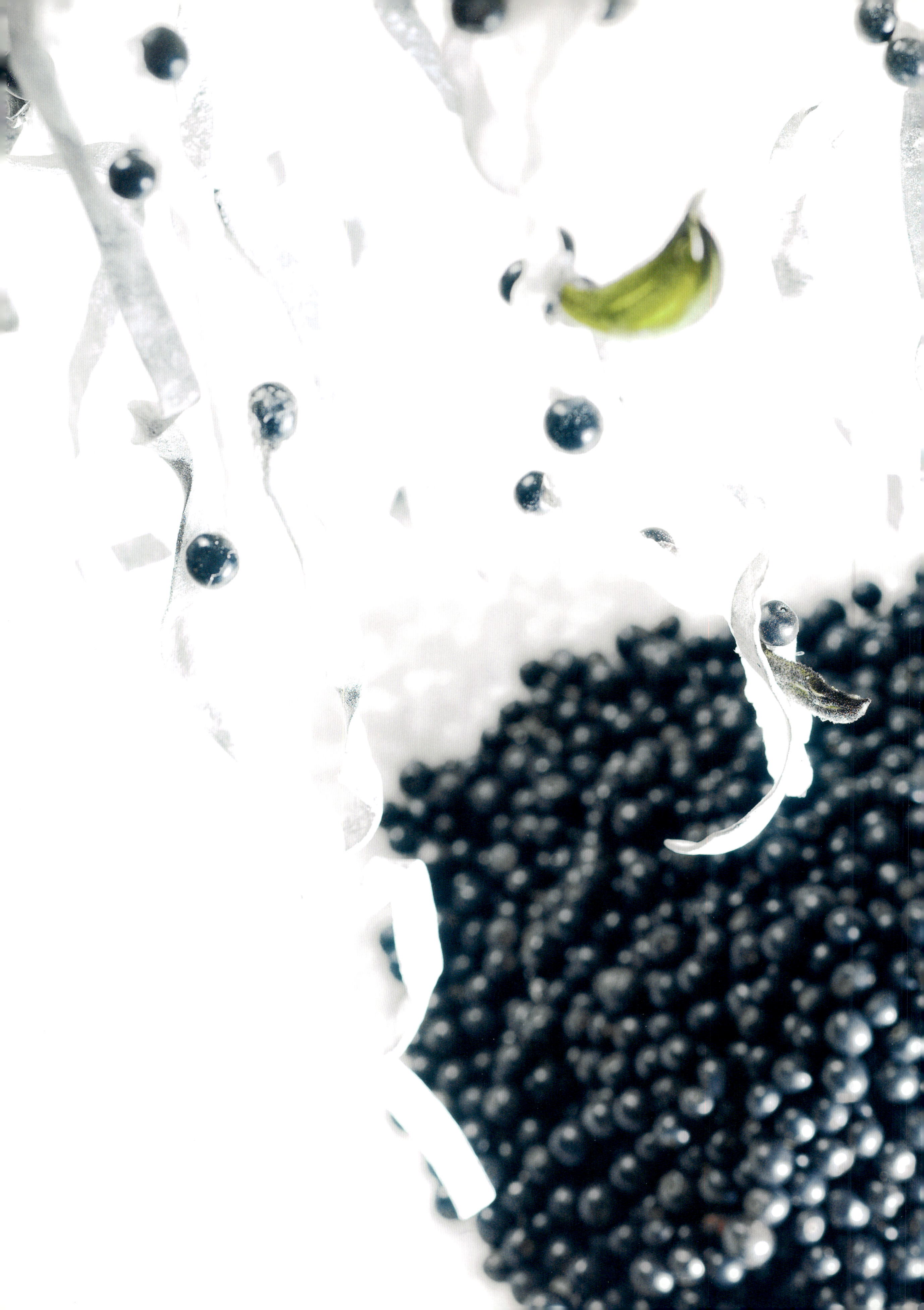

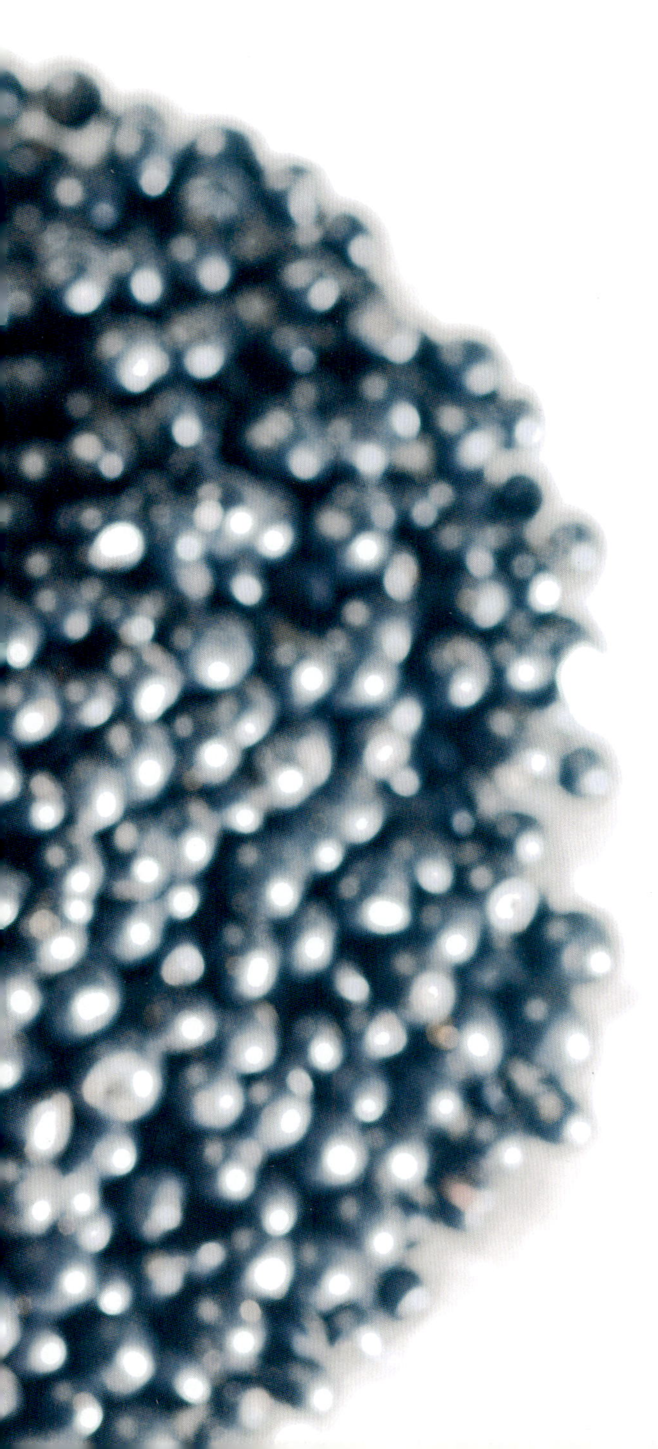

Deck with agate, porphyry, onyx and jade, silent

Paré d'agate, porphyrie, onyx et jade, le silence

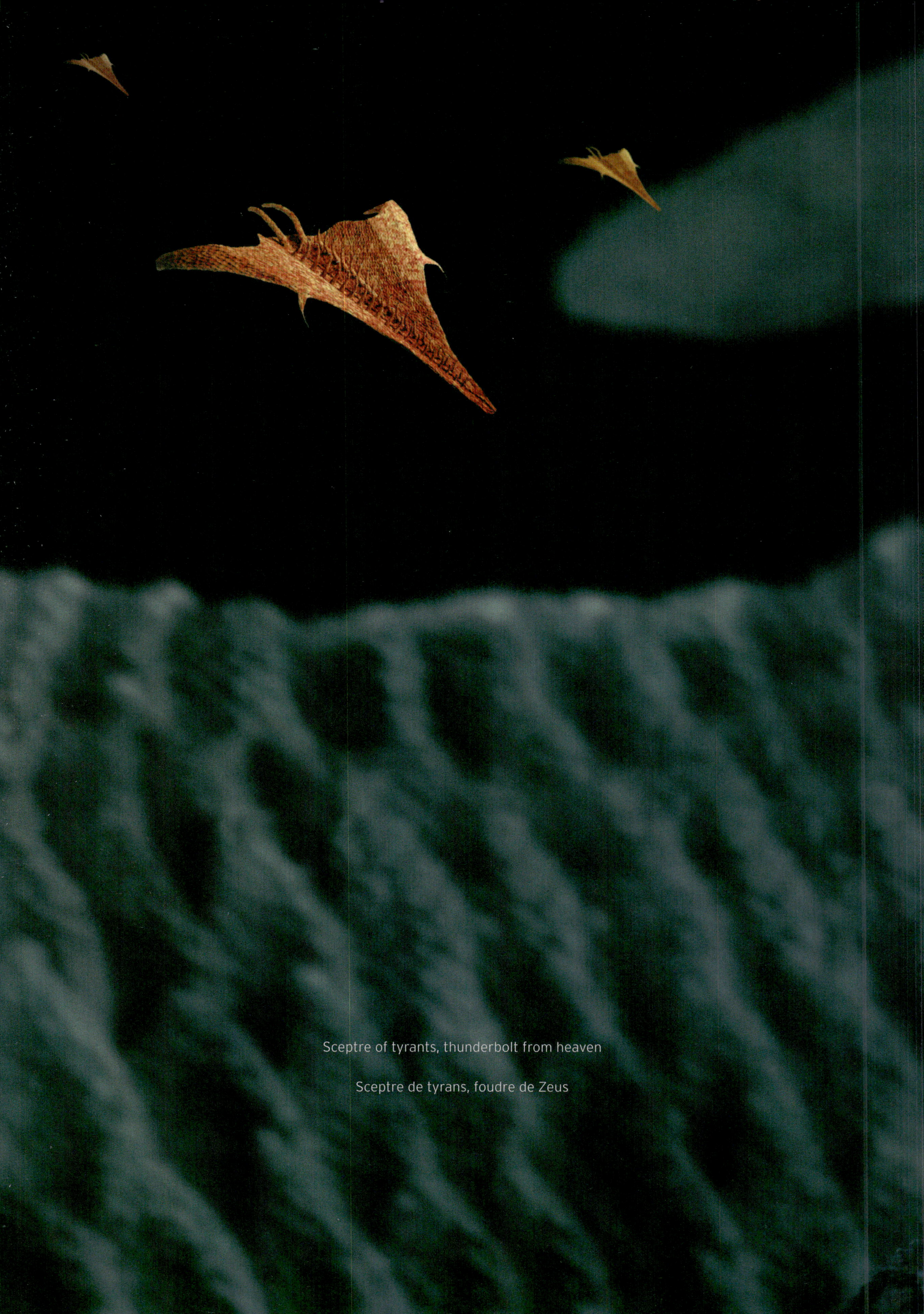

Sceptre of tyrants, thunderbolt from heaven

Sceptre de tyrans, foudre de Zeus

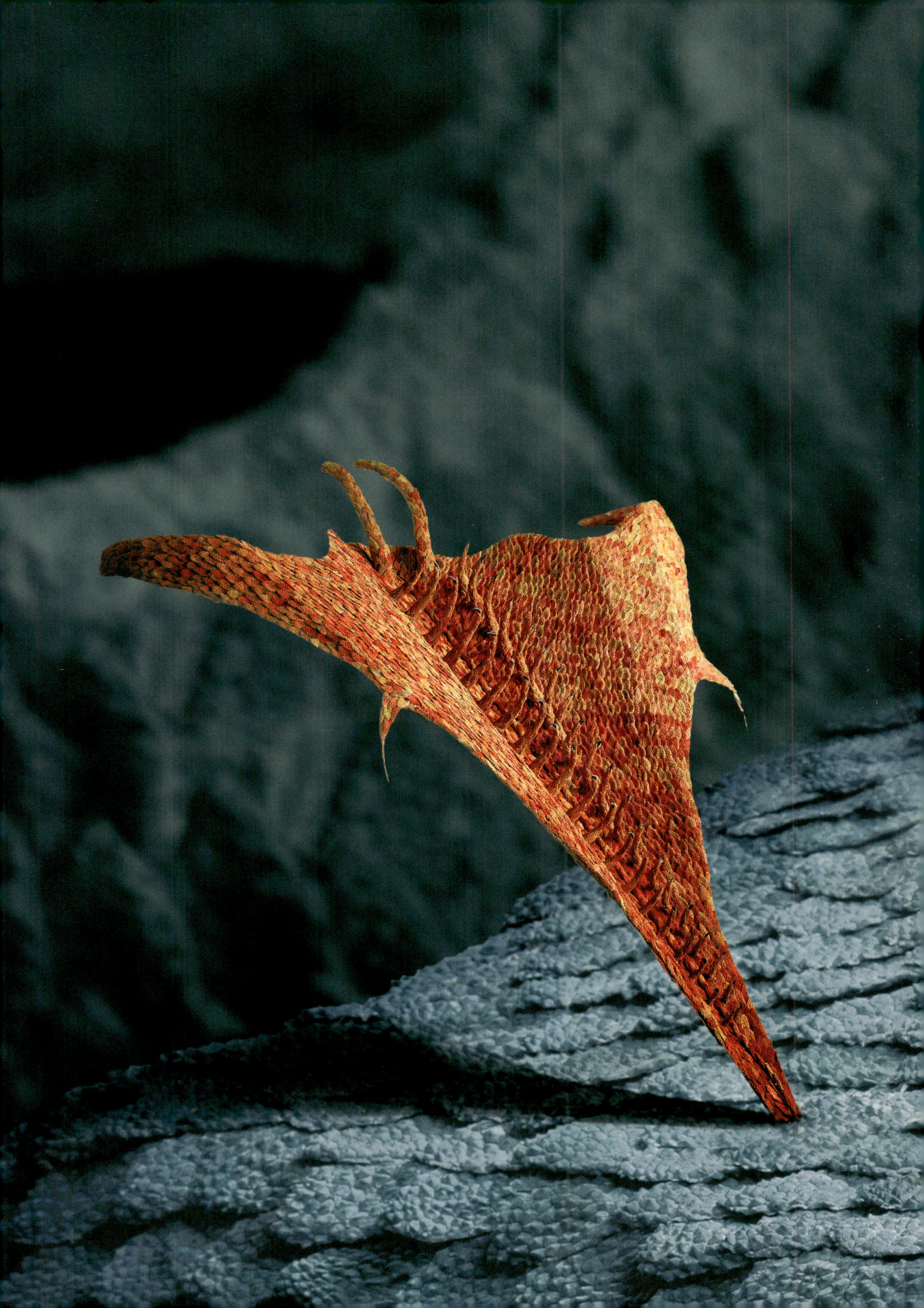

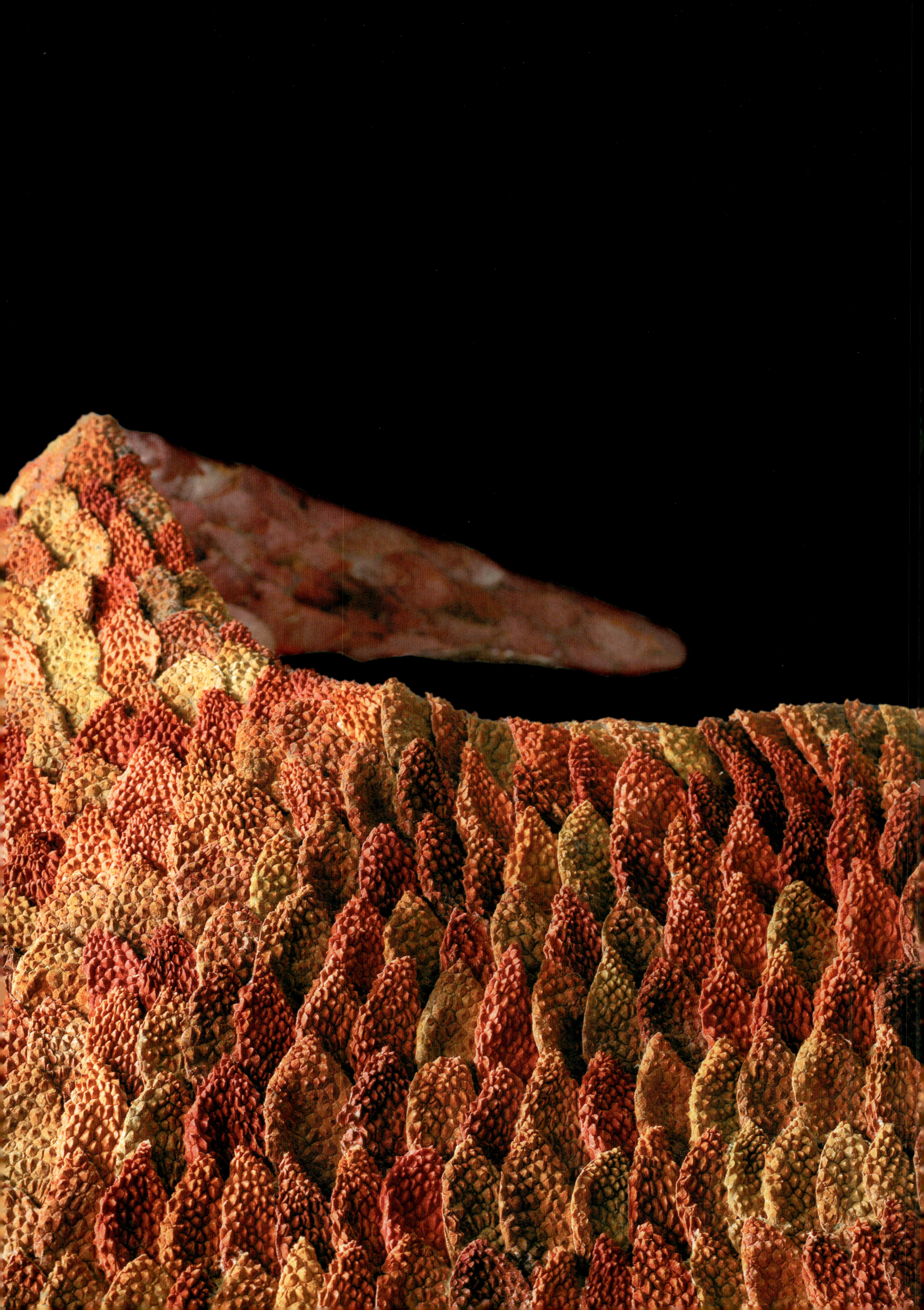

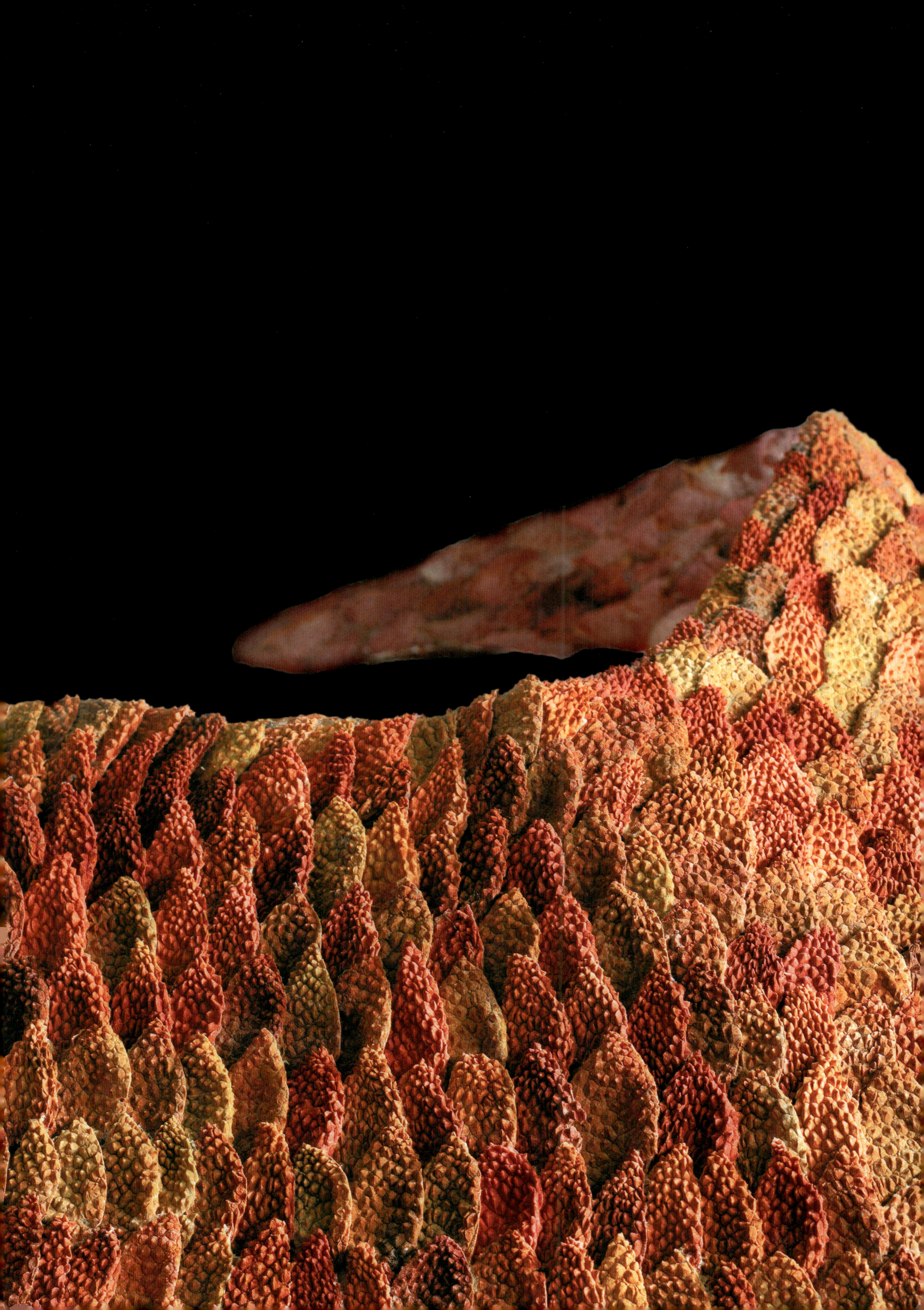

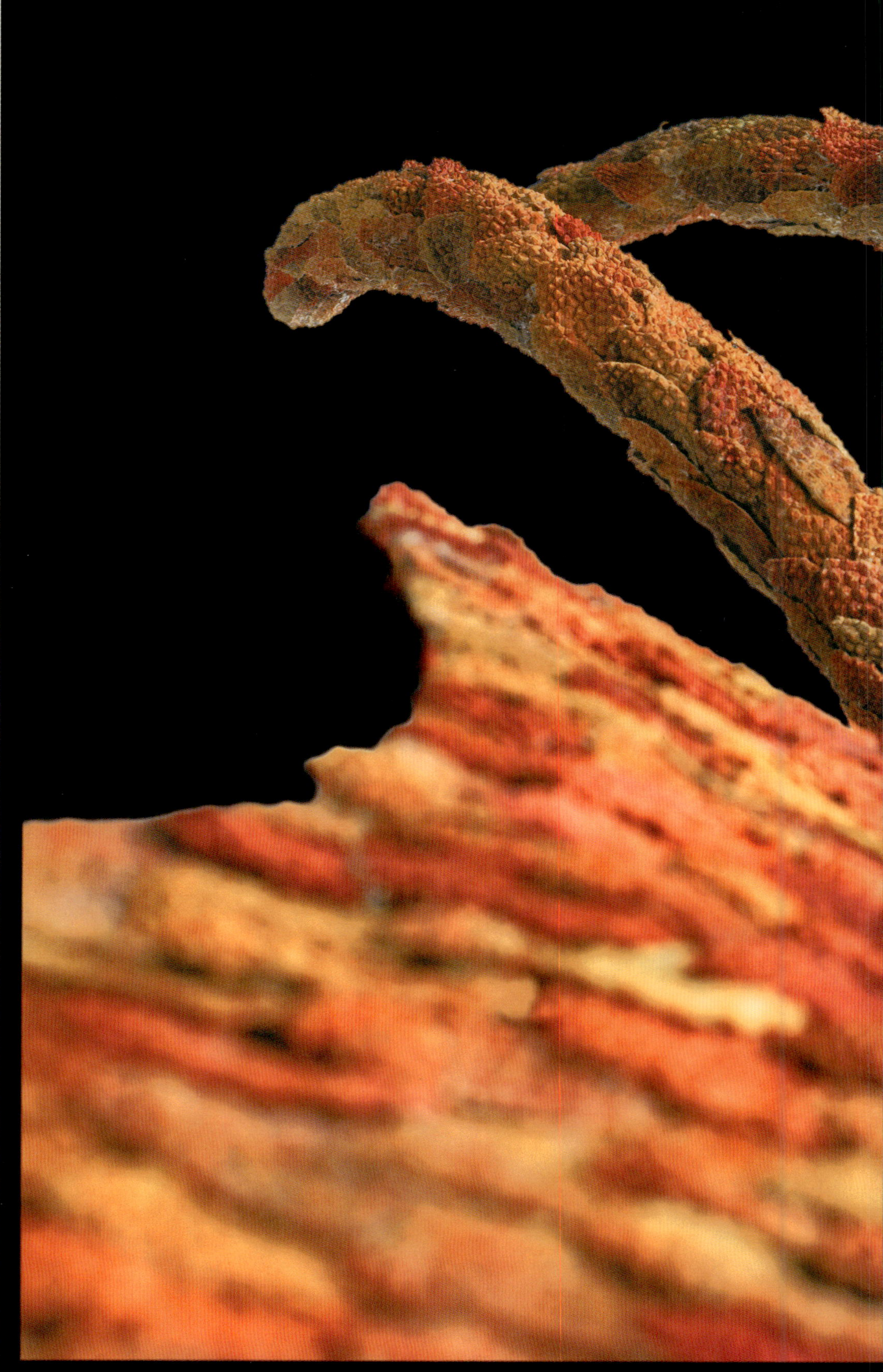

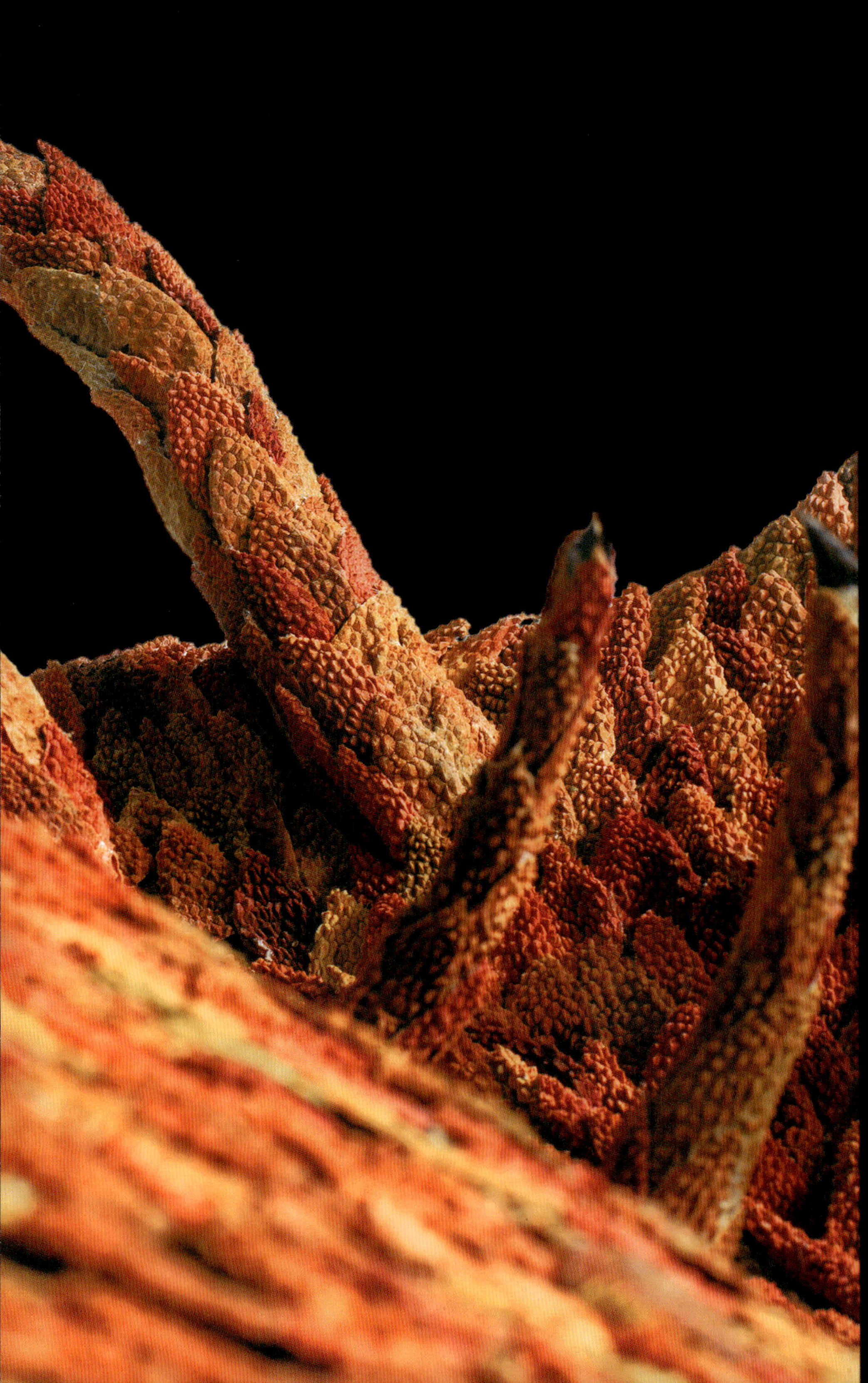

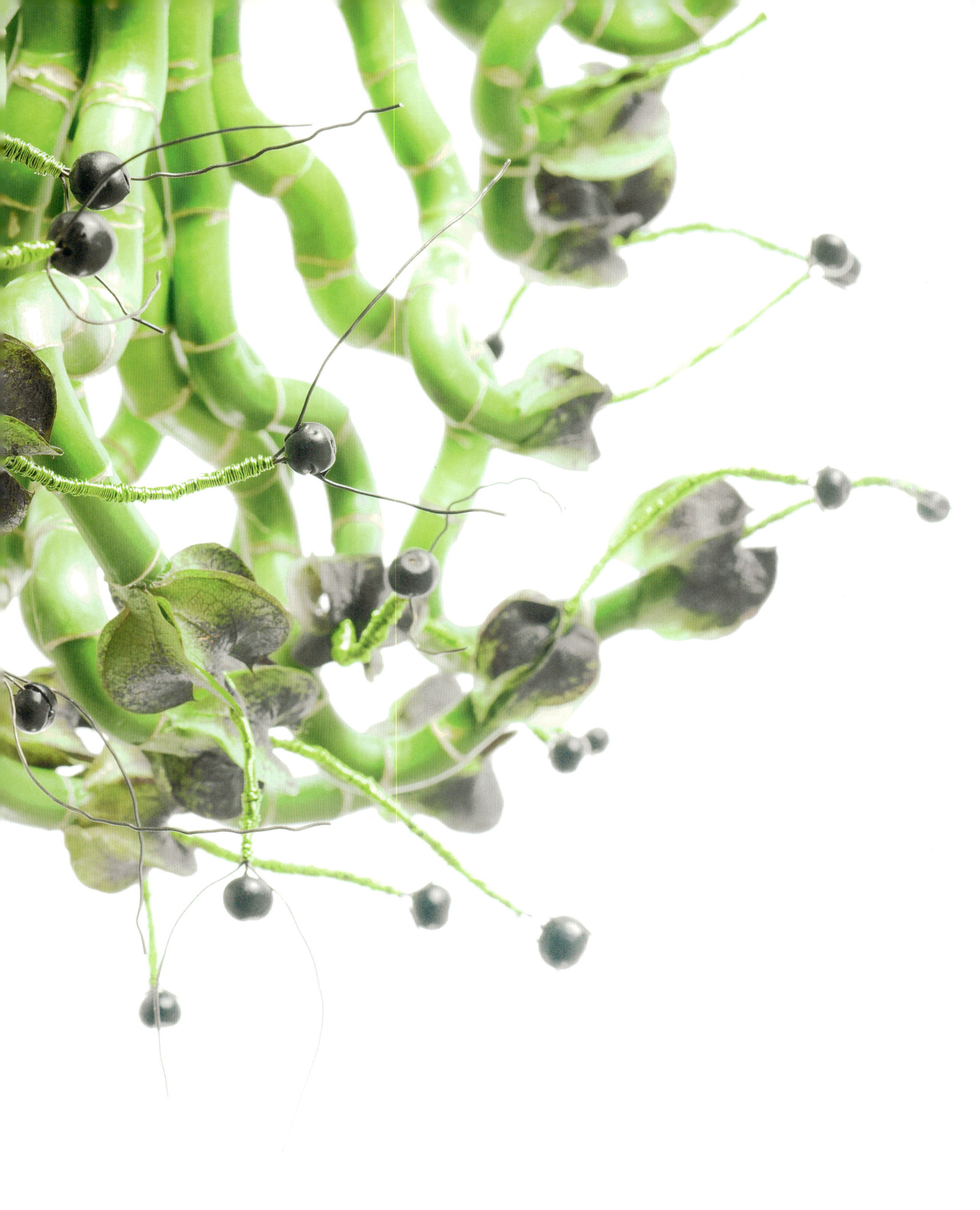

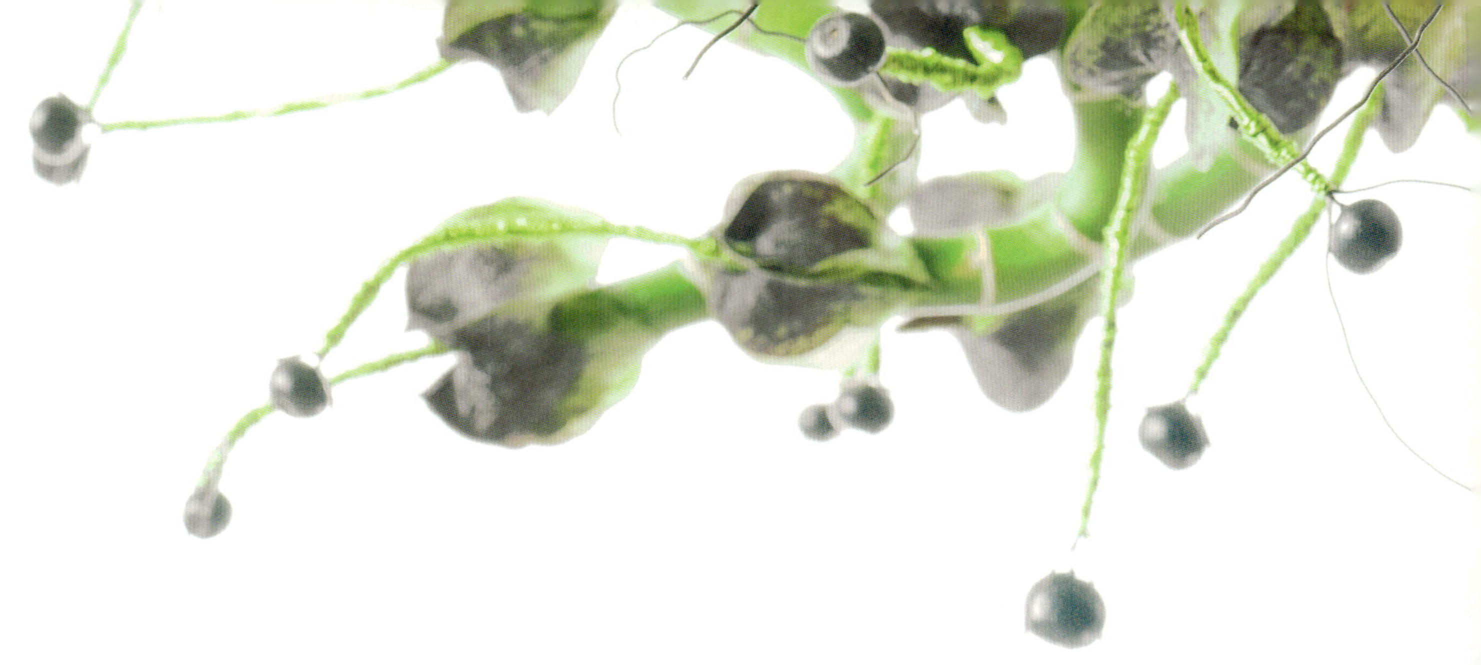

Pushing, writhing, probing, to grasp that which is already held

Pousser, hisser, forcer, pour atteindre ce que l'on a déjà

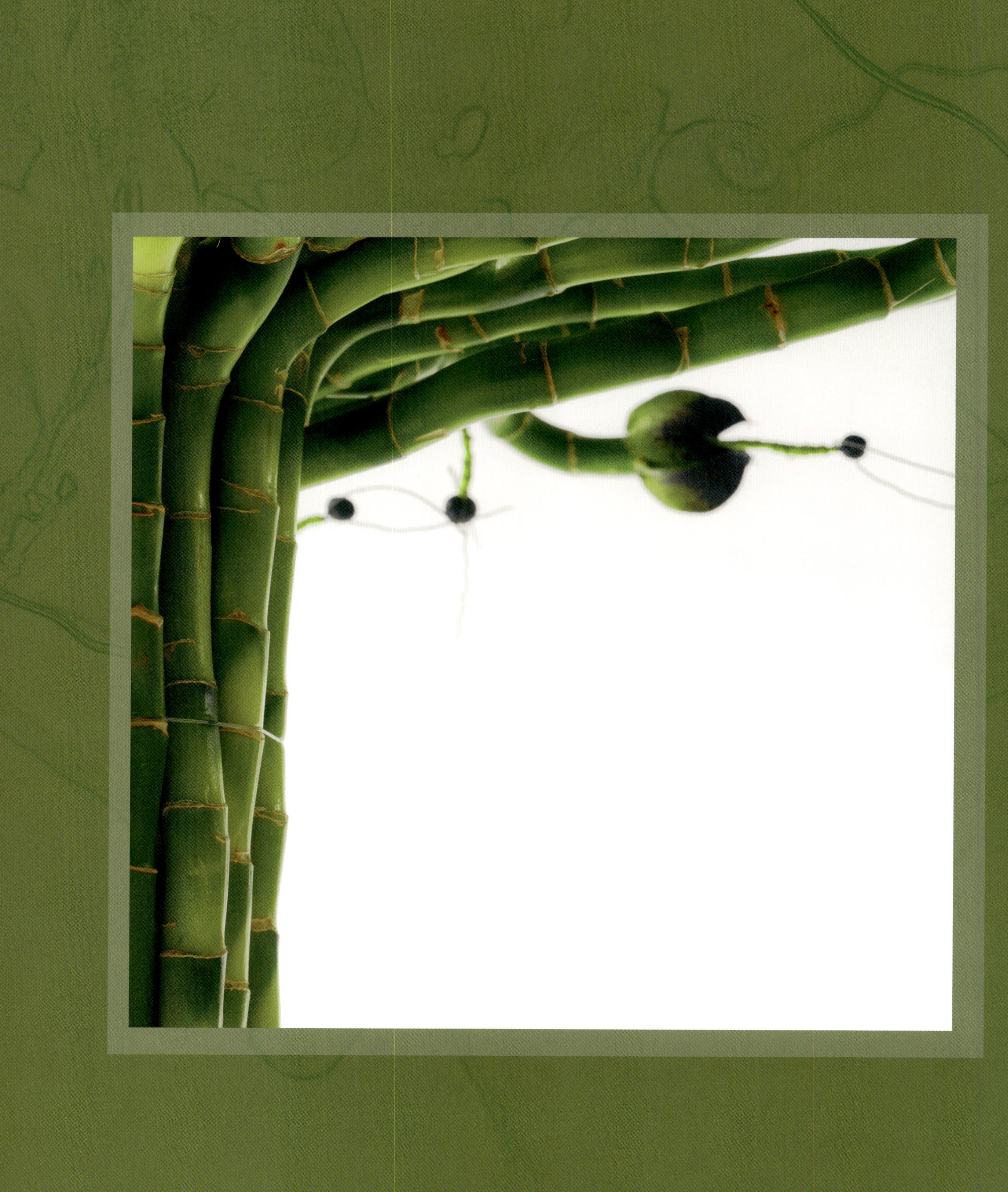

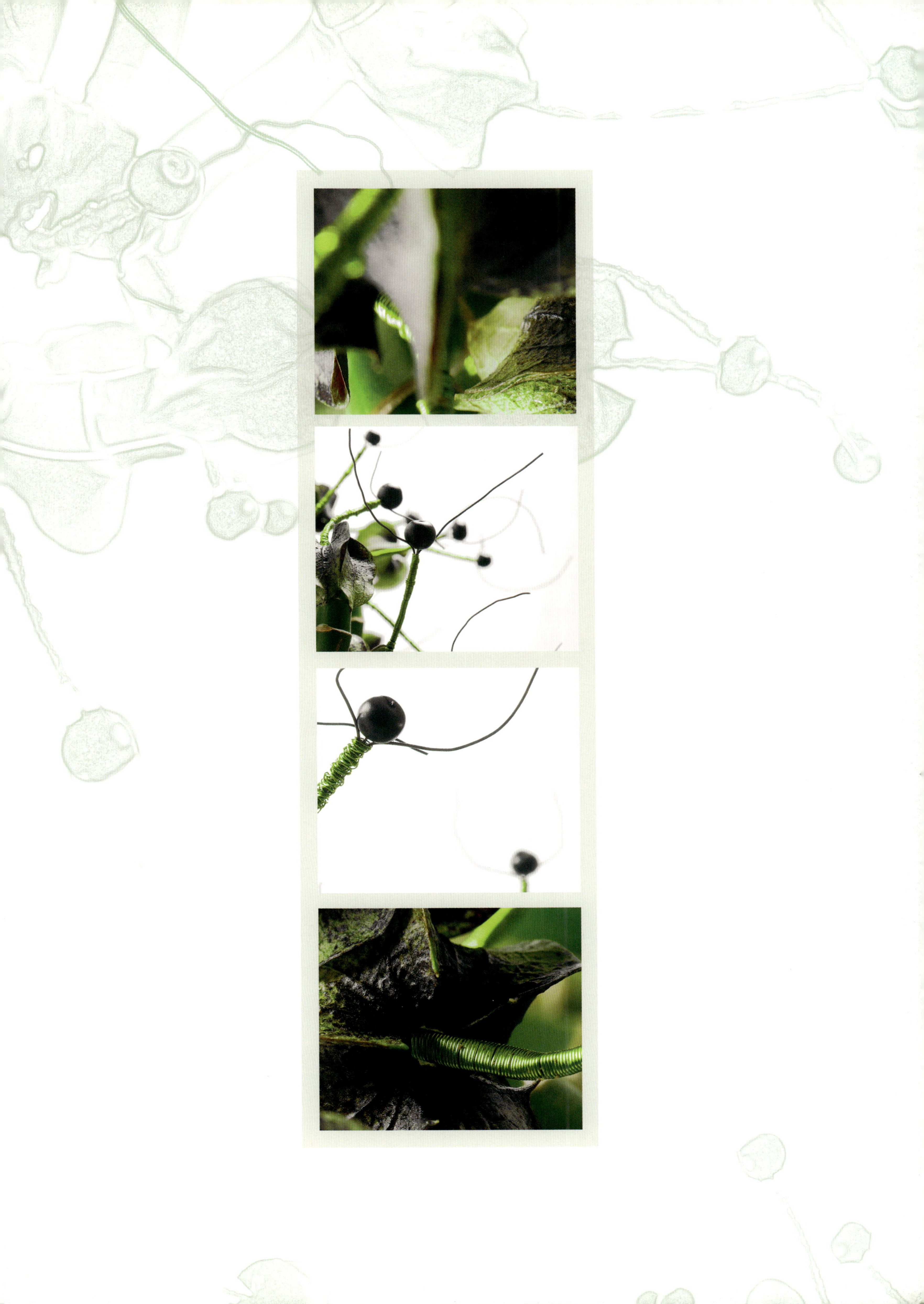

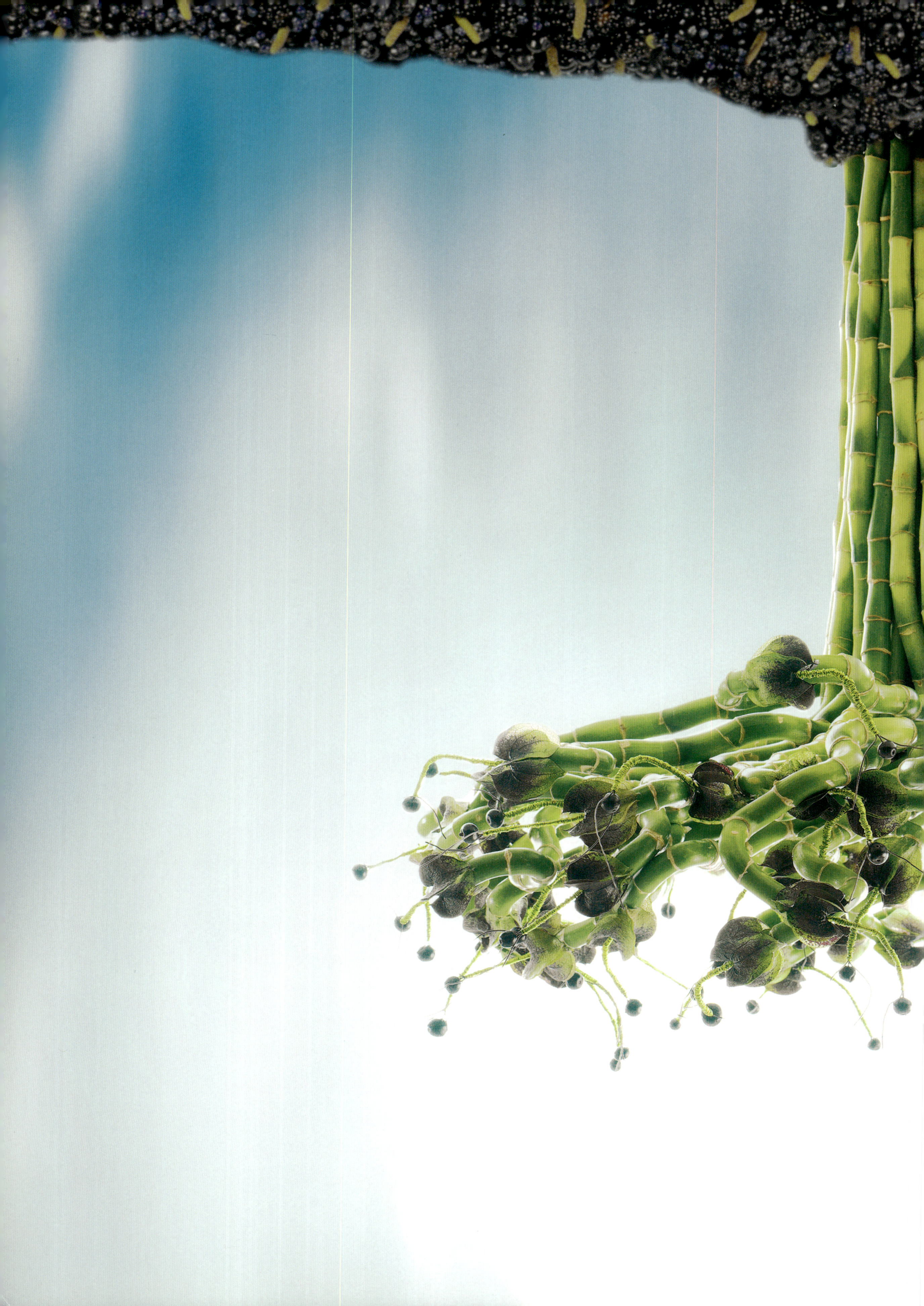

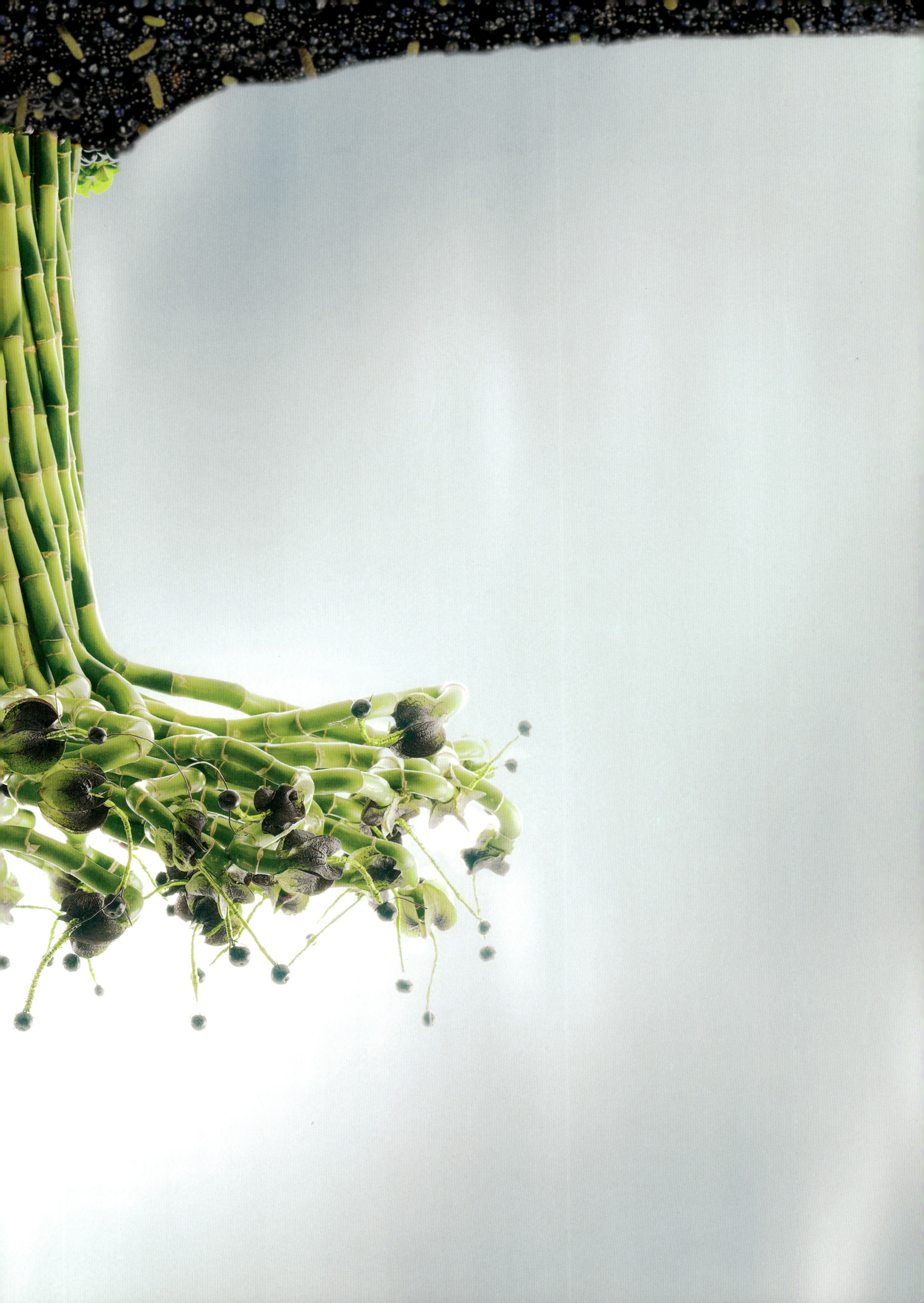

Jewel of existence, crafted by eons, jealously guarded

Forgé par les âges, jalousement gardé, joyau de l'existence

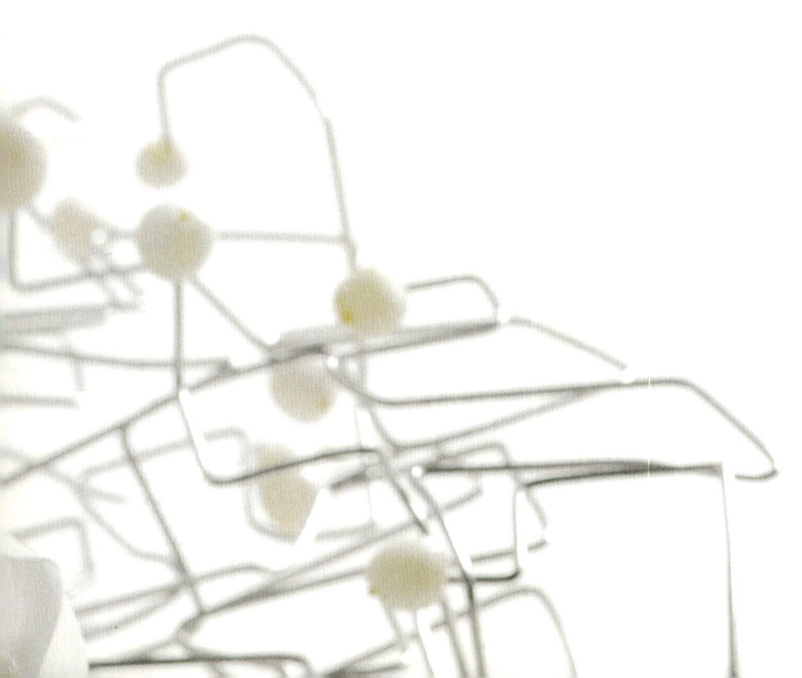

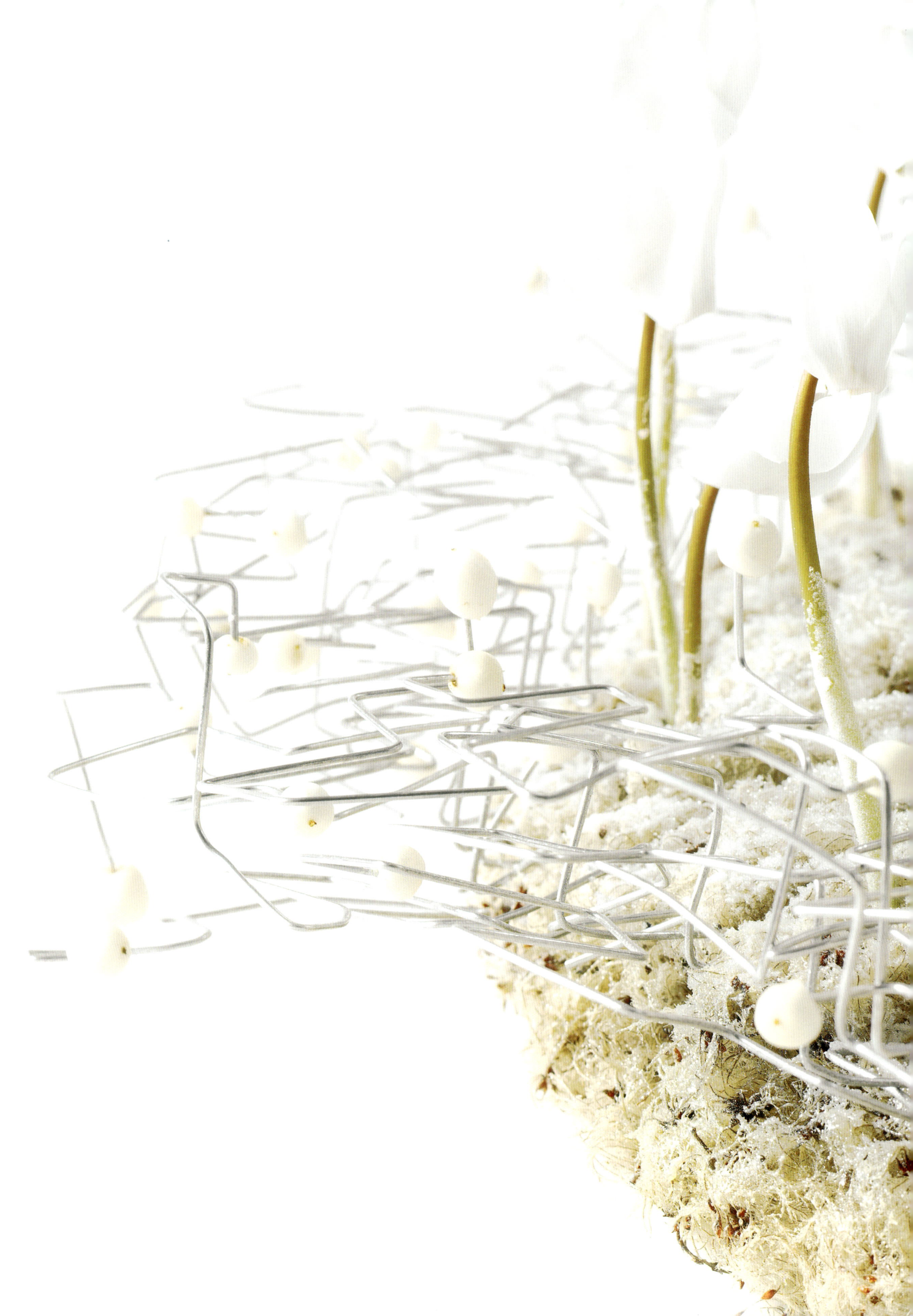

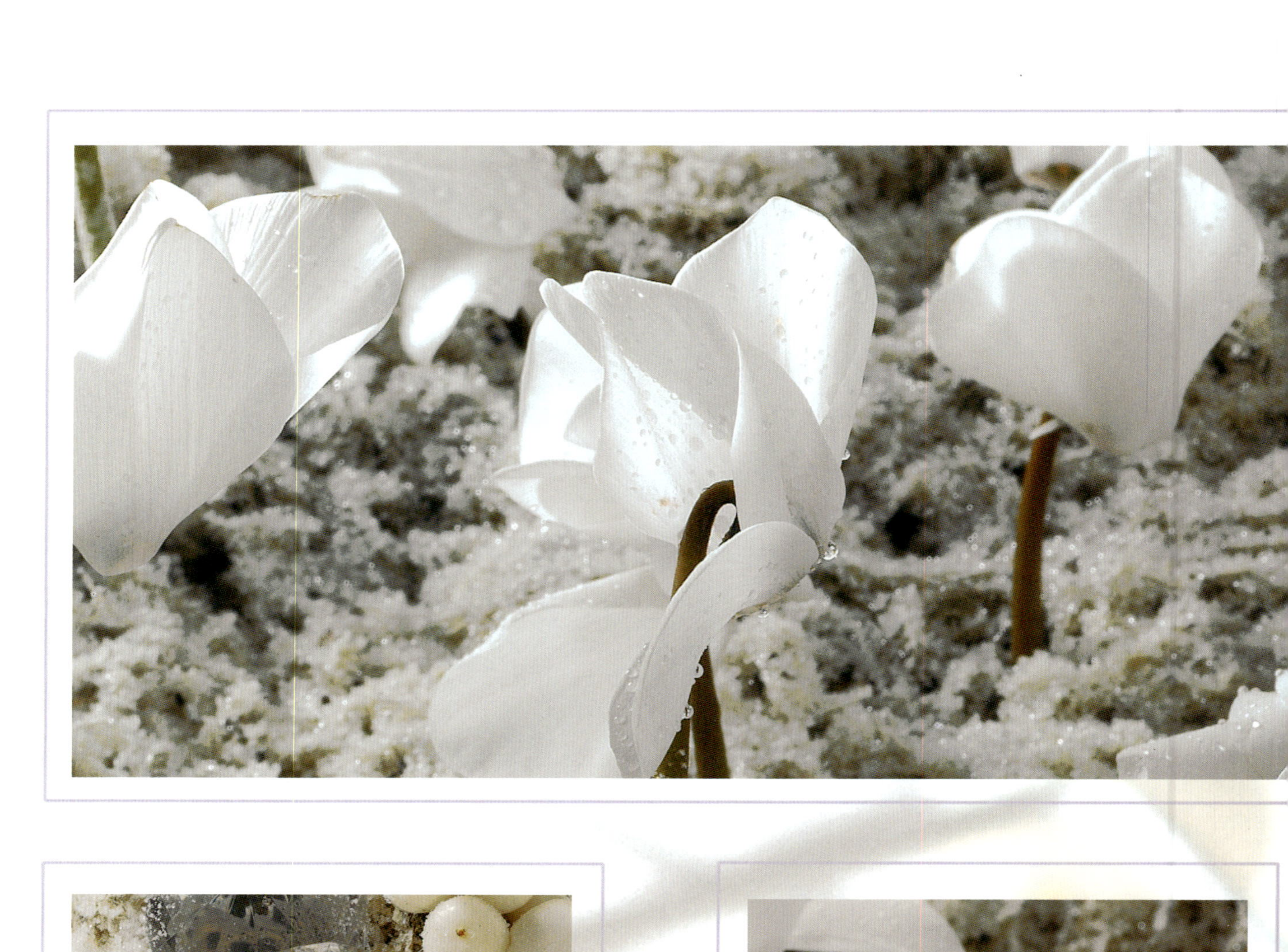

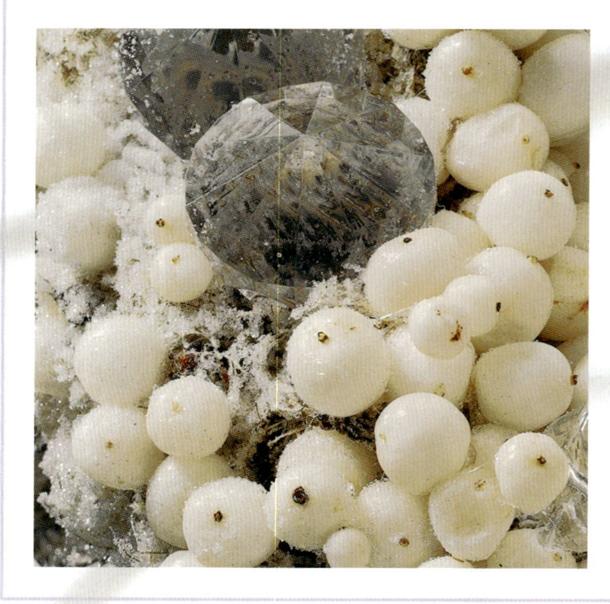

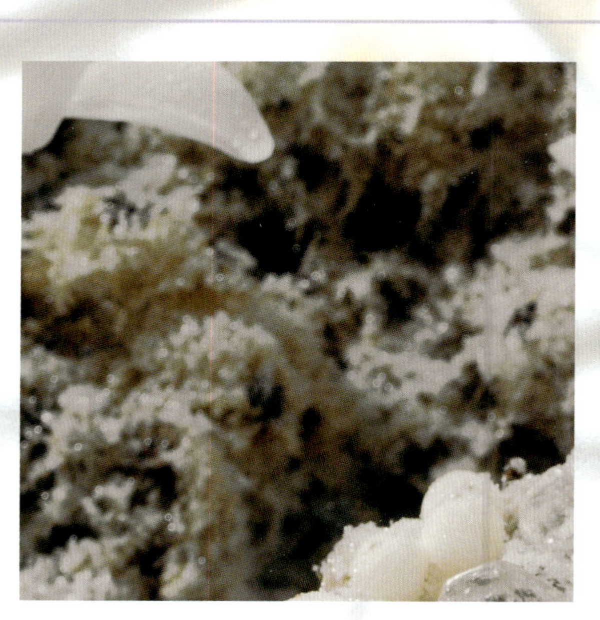

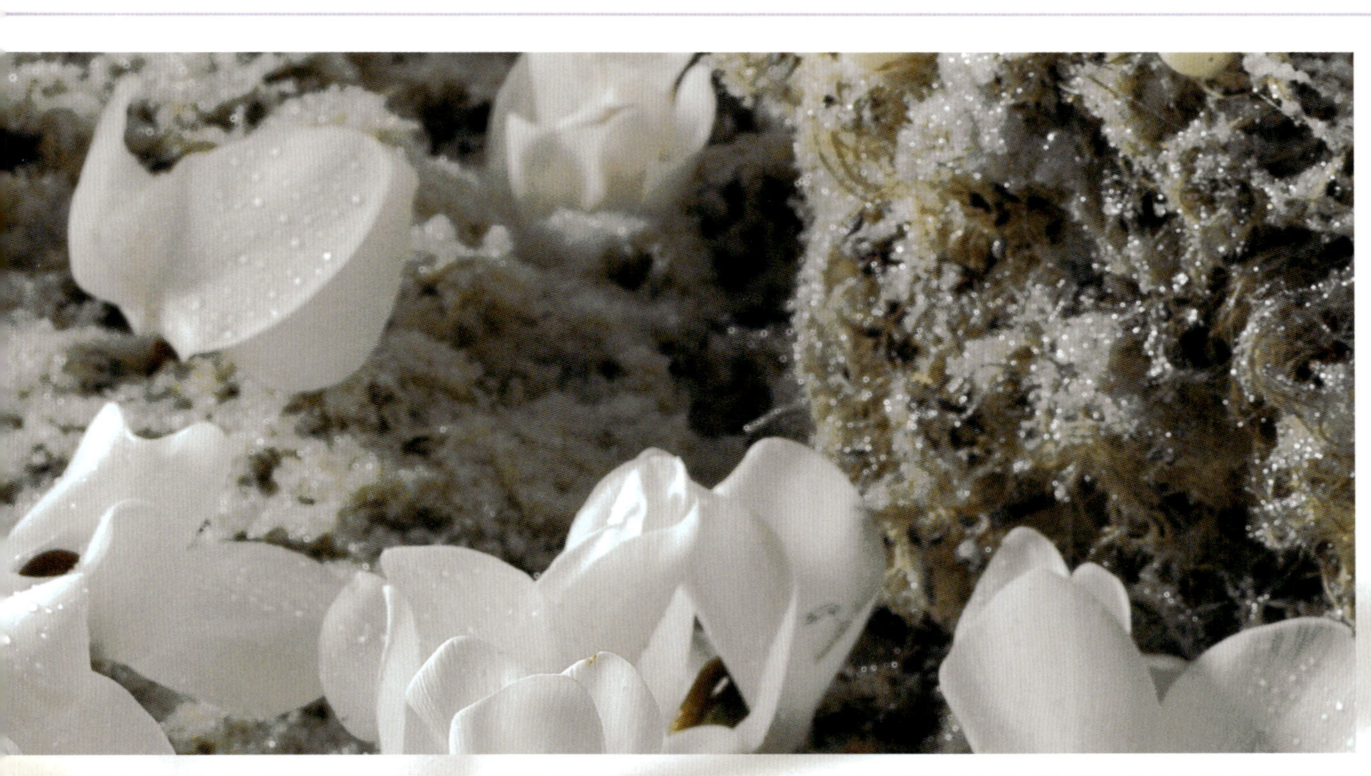

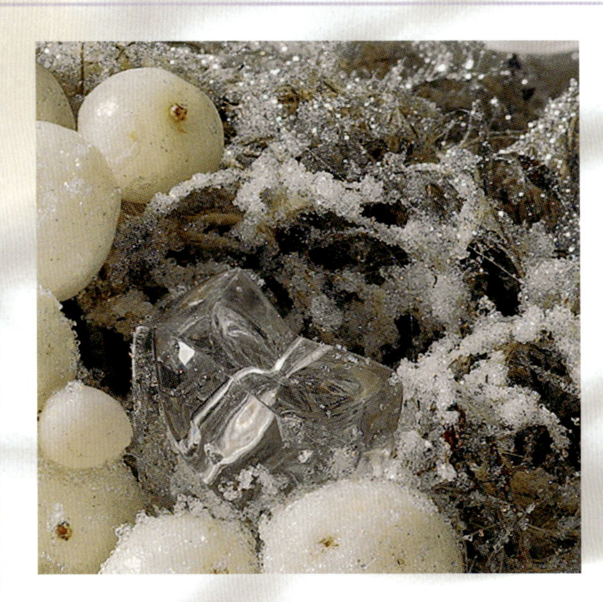

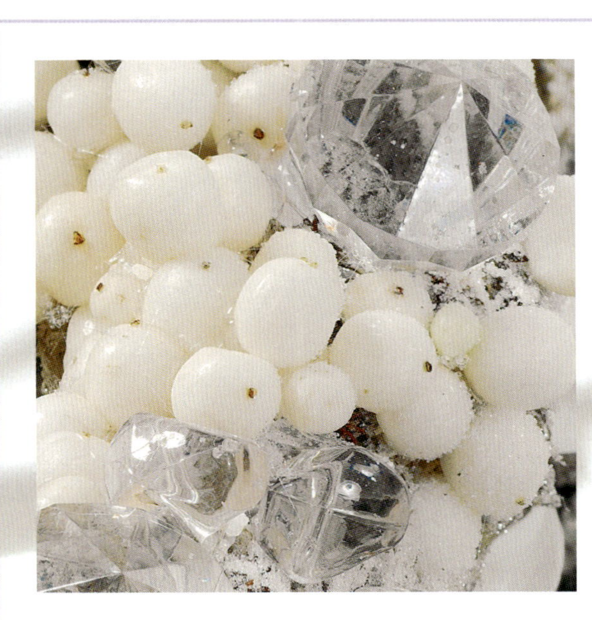

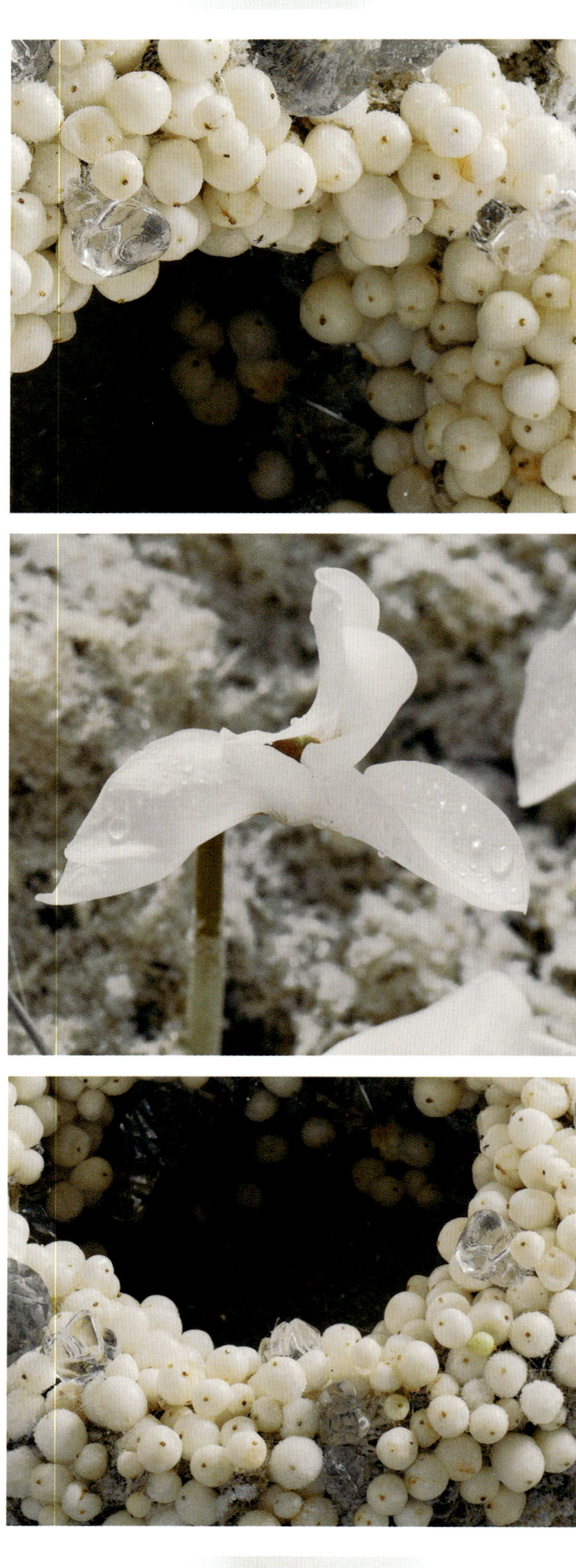
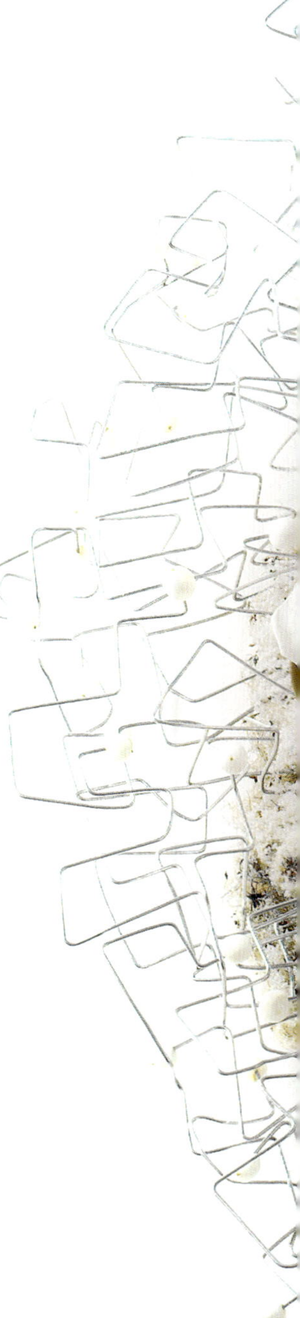

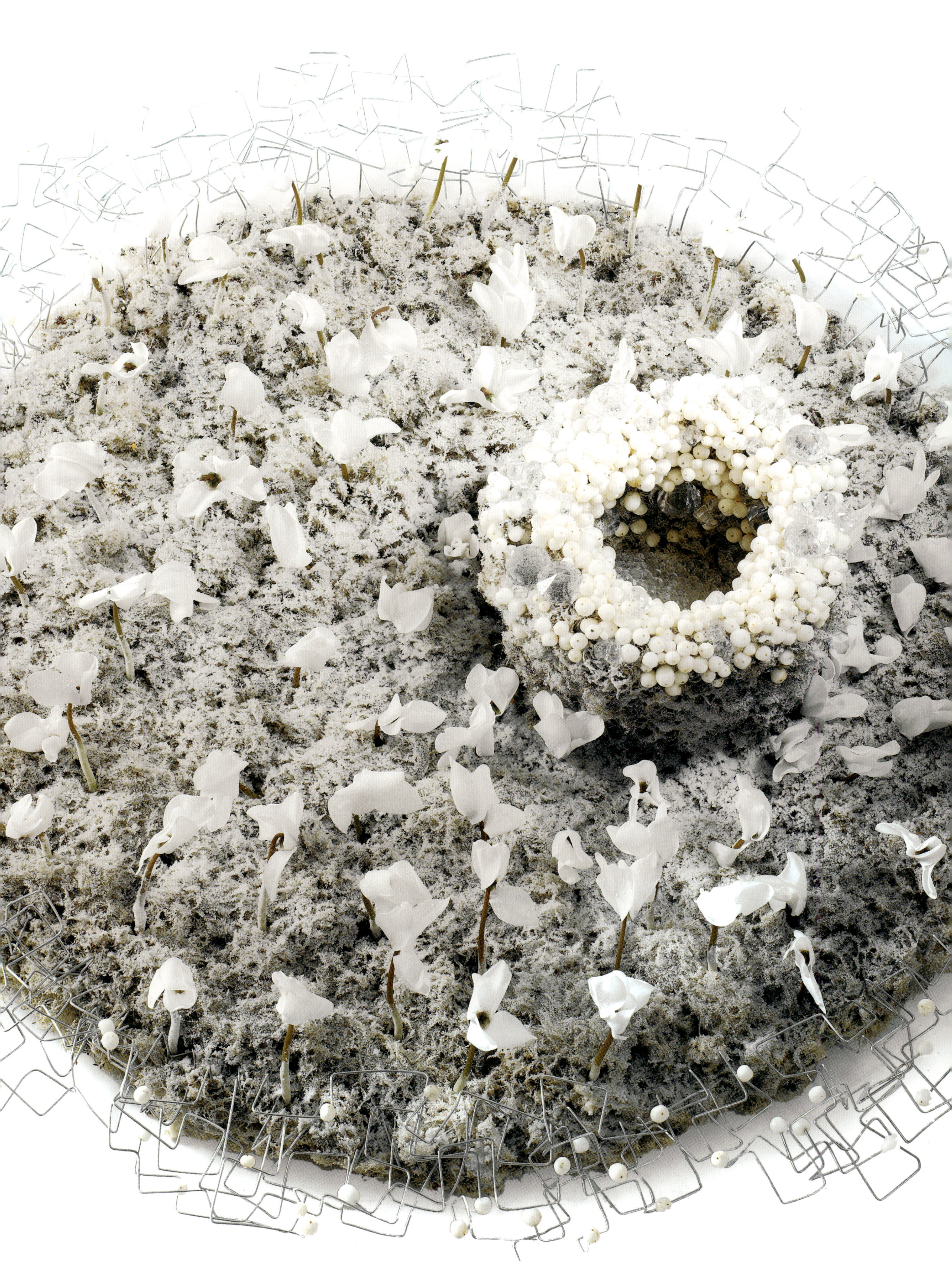

Jacques Castagné
Sculpteur Floral - Floral Sculptor

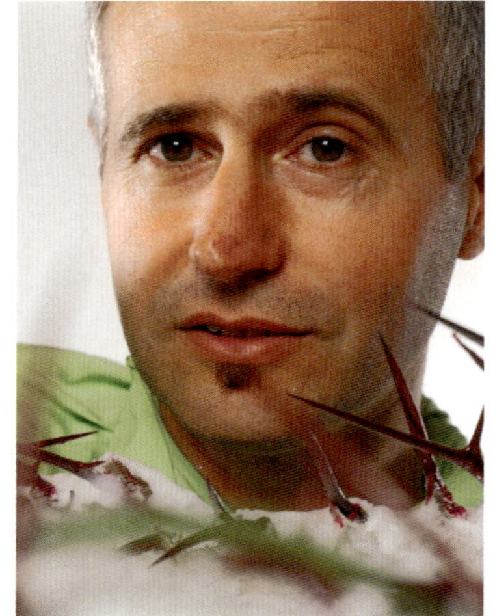

Jacques Castagné, originaire du Lot, est Parisien depuis plus de 20 ans. Après ses études en fleuristerie, il participe à divers concours nationaux et internationaux et a remporté depuis 2002, 8 concours des 9 auxquels il s'est présenté.

Elu en 2002 Champion de France d'Art Floral, il obtient ensuite le titre de Meilleur Ouvrier de France en 2004. En 2005, il se voit accorder la Feuille d'Argent parmi 140 fleuristes anonymes du monde entier, par le Jury de l'*International Annual of Floral Art 0506*.

Jacques Castagné revendique en permanence la recherche de l'émotion en tant que véritable artiste sachant jouer sur des registres différents.

Il n'hésite pas à employer des racines terreuses, des écorces et du lichen texturés, des branches en fleurs, en feuilles ou en fruits pour aboutir à des compositions toujours plus innovatrices. Jacques Castagné étend constamment le champ géographique de son intervention, présentant fréquemment des démonstrations à travers le monde, de l'Europe jusqu'en Asie et au Moyen-Orient.

Concernant le projet NEWLANDS, Jacques Castagné dit : « Après une telle somme de travail tout à coup, il y a eu un grand vide et c'est là que l'idée d'un livre a germé. Seulement un livre, je ne me voyais pas le faire tout seul et c'est là que je retrouve Daniel. L'idée est séduisante et il accepte aussitôt. »

« Connaissant ses qualités de grand photographe, je fus très touché qu'il soit emballé par ce projet ; alors que sa grande spécialité est la photographie culinaire. »

« C'est à la première prise de vue que Daniel a du se demander si j'étais vraiment fleuriste ... C'est d'ailleurs ce jour-là où il m'a présenté un étrange personnage qui faisait un métier tout aussi étrange pour moi, une sorte de magicien, de prestidigitateur des images, où l'on passe du réel au fantastique, Martin. »

Ceci est l'histoire de la rencontre de trois personnes soucieuses du beau et du travail bien fait. Mais non seulement cela. C'est aussi la volonté de chacun de s'épanouir et de travailler dans le souci de ses moindres gestes, de filtrer chaque chose, pour en tirer le meilleur et donner du plaisir.

Imaginer : créer et laisser vivre une idée, lui donner une existence, l'interpréter et l'offrir à tous.

Jacques Castagné comes from the South West of France, and has been based in Paris for over 20 years. After his studies as a florist, he began entering national and international competitions and since 2002, has won 8 out of the 9 he participated in.

In 2002, he became Champion of France in Floral Art, and was awarded the title of Leading Craftsman of France in 2004. In 2005, Jacques received the Silver Leaf among 140 unnamed florists worldwide, from the Jury of the *International Annual of Floral Art 0506*.

Jacques Castagné has always sought to invest his art with emotion, like a painter playing on varying tones of voice.

He draws on earthy roots, barks and textured lichens, together with branches of flowers, leaves and fruit, to assemble ever more innovative compositions. He is constantly broadening his geographic boundaires, frequently giving demonstrations around the world, including in Europe, Asia, and the Middle East.

About the NEWLANDS project, Jacques says: "After such a bout of constant work, there was a big empty space, and that's when the idea of doing a book sprang up. It didn't seem like something I could do by myself, and that was the moment for a timely meeting with Daniel".

"He really took to the idea and set to work straightaway. Given his credentials as a major photographer, I was very touched that he was so excited by this project - his big speciality has always been gastronomy. At the first shoot we did, Daniel must really have been wondering if I was a florist after all. That was also the day he presented me with another quirky character whose profession was equally unknown to me: a kind of magician, a conjuror of images, someone who takes us from the real world into one of fantasy ... Martin".

This is the story of the meeting of three people who are concerned with what is beautiful, and having a job well done. But more than that, too. It's about the will of each one to flourish in their work through their every gesture, to refine everything they do, and distill the best out of it, for the pleasure of others.

Let's imagine: create new ideas and let them breathe, interpret them, bring them to life, and give them to everyone.

Martin Lowe
Directeur Artistique - Art Director

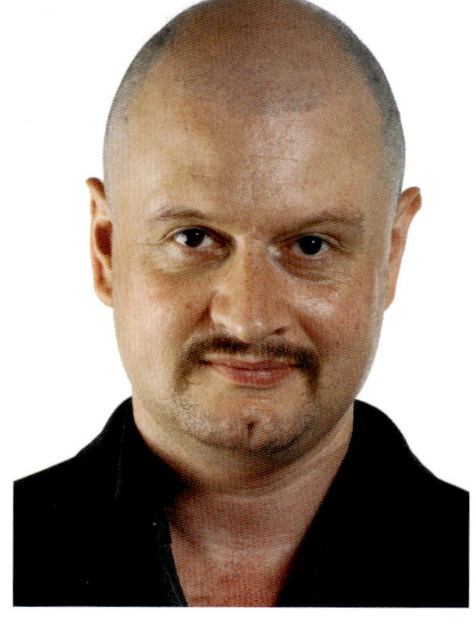

J'avais, jusqu'à présent, travaillé à travers l'Europe et les Etats-Unis. Des missions telles que l'ouverture du marché aux produits cosmétiques de Schwarzkopf, les shootings pour l'eau minérale S.PELLEGRINO (c'est de cette façon que j'ai rencontré Daniel car là nous avons travaillé ensemble, et j'ai appris un énorme respect pour son approche), des prises de vue de chats pour les conserves WHISKAS® avec Dimitri Tolstoï (l'arrière-petit-fils), des audits de magasins de lingerie, des recherches de noms d'entreprises !

Ensuite en 2005, au studio parisien de Mettoudi, un maussade lundi matin de mars, j'ai découvert Jacques Castagné.

Dès le premier rendez-vous, je me suis dit que ce type ne faisait pas que de l'art floral, ni des arrangements de fleurs. Il utilisait la qualité des matières végétales et les émotions qu'elles engendrent pour exprimer des expériences de sa vie personnelle.

En étudiant son art, je voulais simplement découvrir quelles étaient ces émotions pour le plaisir de les divulguer au public.

I had so far spent my career throughout Europe and the USA doing things like bringing new cosmetic products to the market for Schwarzkopf, shooting campaigns for S.PELLEGRINO mineral water (that's how I met Daniel when we worked together and I gained tremendous respect for his approach), photographing WHISKAS® cats with Dimitri Tolstoy (the great grandson), auditing lingerie stores, finding names for companies!

In 2005 on a grim March Monday morning, I was to discover Jacques Castagné at Mettoudi's Paris studio.

What struck me at that first meeting was, this guy wasn't doing 'floral art'. He wasn't arranging flowers. He was expressing things about his own life experiences using vegetable material qualities as essences of emotions he feels inside.

I wanted, simply, to find out what those emotions were by studying his art, and make them clearly visible to the world.

Mon objectif était de créer un monde où les plantes ne seraient pas juste posées là, un autre univers régi différemment où elles s'imposeraient d'elles-mêmes. Je voulais les voir bouger, ramper, glisser, faire les choses les plus effrayantes comme les plus belles, en interaction. Je voulais voir ce qu'elles feraient si je les laissais seules assez longtemps. Et c'est de là que viennent les gros plans, les cadrages, les placements, les paysages et le graphisme de cet ouvrage.

Les paysages sont entièrement construits à partir d'éléments végétaux.

Je pouvais à présent voir se dessiner des traits de caractère dans les sculptures, et je décidai de changer ces faux-fuyants de personnalité en cosmos imaginaires où les plantes n'auraient pas seulement un caractère, mais également une volonté commune et une aptitude à choisir de faire le bien et/ou le mal, mais pas des choses médiocres. Elles seraient claires et franches, contrairement aux humains.

Mon rôle a donc été de repenser chaque sculpture, pour l'investir de la caricature de sa propre personnalité. Les scénarios et les montages qui découlent de cette réflexion symbiotique sont comme s'ils avaient précédé l'existence même de la scène. Et NEWLANDS en est le recueil.

J'ai constamment cherché à surprendre, à déranger et à charmer le lecteur, le faire rire, l'effrayer, le rassurer, le maintenir en haleine.

Nous espérons y parvenir par nos images et textes.

My aim was to create a world in which the plants did not just sit there. Another universe with different rules, where they could come to be themselves. I wanted to see them move, creep and slide, do scary and beautiful things, and interact with each other. I wanted to see what they would do if I let them alone long enough. That's where the close-ups, cuts, placements, landscapes and all the graphics come from in this work.

The landscapes are built entirely from elements taken from the plants themselves.

I could now see traits of character in the actual sculptures and I decided to turn these apparent quirks of personality into our imaginary cosmos of otherness, where plants have not only personal but also community will, and are free to chose to do good and/or bad things. But no mediocre things. They were to be decisive and clear-cut, unlike humans.

So it was my task to rethink each sculpture and invest it with its own charicature personality, and the scenarios and the montages would spring from that symbiosis, as if they had always been there.

That's how NEWLANDS came about.

I wanted constantly to surprise, unsettle and delight the reader, make them laugh, horrify them, reassure them, keep them on the edge of their seat.

We hope the images and texts strongly reflect that.

Daniel Mettoudi
Photographe - Photographer

C'est en 1971 que débute ma carrière en tant qu'assistant photographe. Sept ans plus tard, je décide de me lancer seul, privilégiant alors les prises de vues de natures mortes et surtout de cosmétiques avec, à la clef, de prestigieux clients tels que Dior, Lancôme, Estée Lauder...

Ce n'est que quelques années plus tard que je découvre ma véritable vocation : la photographie culinaire. C'est loin d'être un hasard puisque j'ai toujours apprécié la bonne chère et les grands vins... Mais, entouré de grands chefs comme Chapel, Loiseau, Robuchon ou Senderens, ce qui était un goût déjà certain, devint véritable passion. Je lui consacrais alors tout mon espace professionnel.

Puis, un jour, rencontre insolite dans une agence de publicité, un soir d'été, au Quartier latin. Echange d'onomatopées, séances de prises de vue, mouvements de mains et agitation de la langue à la vue des polaroïds. Les bouteilles de San Pellegrino viennent de prendre un mouvement d'ondulation et d'existence : le livre de réservation naissait, là, à l'aube du 21ème siècle. Croisement de chemin, personnage insaisissable, sensation étrange qui vous fascine et vous attire : Martin !

Martin, toujours entre deux pays, mais à chacun de ses retours en France, le plaisir de l'échange...

Autre rencontre, autre direction : Jacques, qui m'interpelle par sa créativité autour de l'art floral ! Il souhaitait réaliser un livre, je fus immédiatement partie prenante. Mais quelle ne fut pas ma surprise lorsqu'il arriva avec des sculptures de résine, de métal, des gobelets en plastique, des pailles... mais où était le végétal ?

Je fus fasciné par ces extraordinaires compositions qui flirtent davantage avec l'œuvre d'art qu'avec le bouquet et qui sont toutes le reflet d'un imaginaire riche de sensations et de sensibilité. Il ne leur manquait que de la lumière. Cette lumière que je traque et capture avec toujours autant de passion. Et pour la mise en page de cet insolite ouvrage, un nom s'est alors imposé à moi : Martin !

L'aventure pouvait commencer...

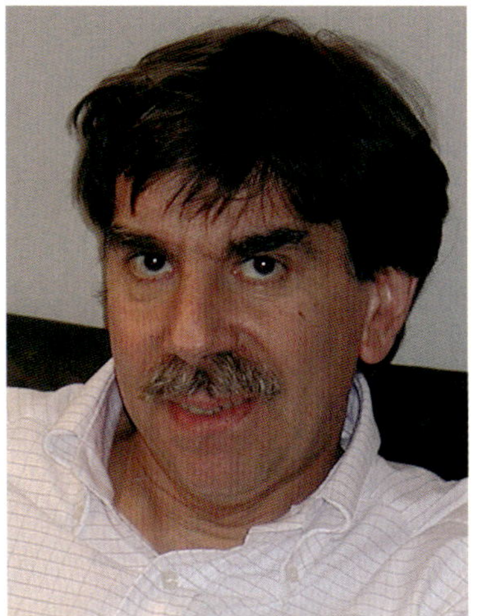

I started my career in 1971 as an assistant photographer. Seven years later, I decided to go it alone, and focussed on shoots of still life, but above all cosmetics, which lead to big-name clients like Dior, Lancôme, and Estée Lauder ...!

It was to be several years before I discovered my true vocation: photographing cooking. This turned out to be far from luck, because I have always been stuck on great food and fine wines ... Yet now, surrounded by leading chefs like Chapel, Loiseau, Robuchon and Senderens, my well-tuned palette had turned photography into my true passion. And by this point, I was dedicating all of my professional time to it.

Then one fine day, an unexpected encounter in a Paris agency, a summer evening, in the Latin Quarter. Onomatopeoic exchanges, frenetic photo shoots, agitating of the hands and flickering tongues over polaroids never before seen: S. PELLEGRINO mineral water bottles just took on an undulating life of their own! A new campaign of S.PELLEGRINO merchandising sees the day, at the dawn of the 21st century. My path had crossed with an elusive character, a strange feeling that compells you and draws you in: Martin!

Always with his feet in two different countries, but on each of his returns to France, we took the time to catch up ...

Now, a different meeting, and a different direction: Jacques, whose holistic creativity in floral art you cannot put down. He wanted to do a book, and I signed up to that idea immediately. But what a shock I was in for, when he turned up with sculptures made out of resin, metal, plastic drinking cups and straws ... So where is the plant life, Jacques?

I was gobsmacked by these extraordinary contraptions which have more to do with art than they do with flower arranging, and which are the product of a rich imagination, full of sensations and sensitivity. All that was needed was to shed light on them. A light that I chase and seize upon with an ever increasing passion. And to make this unusual meddly into a book, just one name springs to mind ... Martin!

The adventure was ready to begin ...

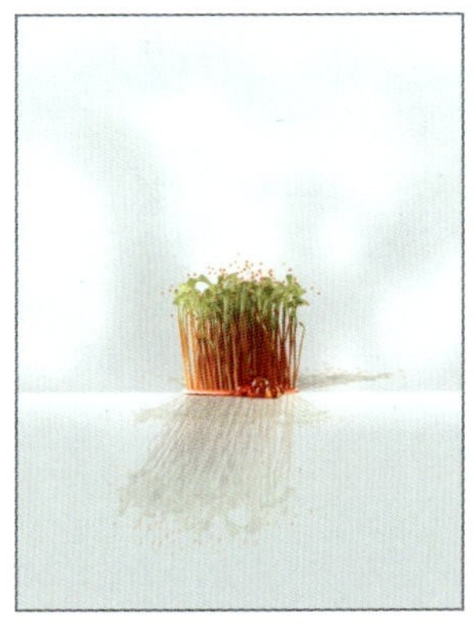

PEPEROMIA CAPERATA
NERTERA GRANADENSIS

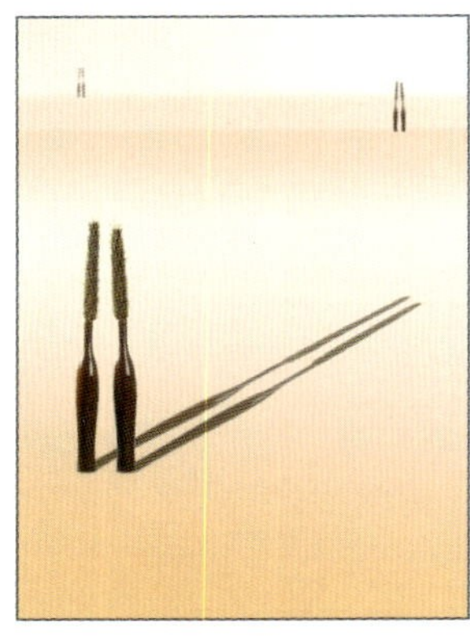

ECHIUM
WHEAT GERM / GERME DE BLÉ

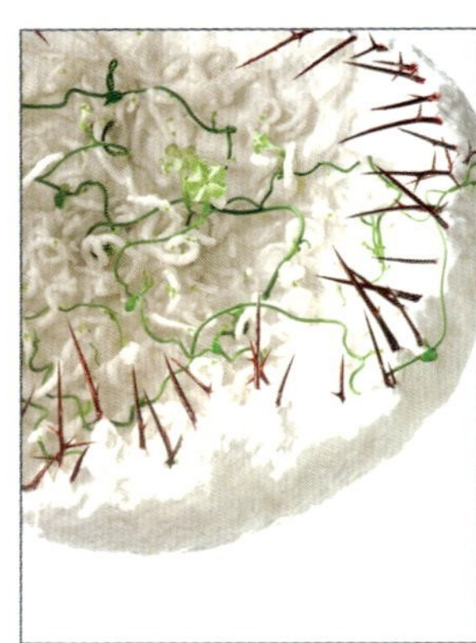

CEROPEGIA SANDERSONII
GLEDITSIA TRIACANTHOS

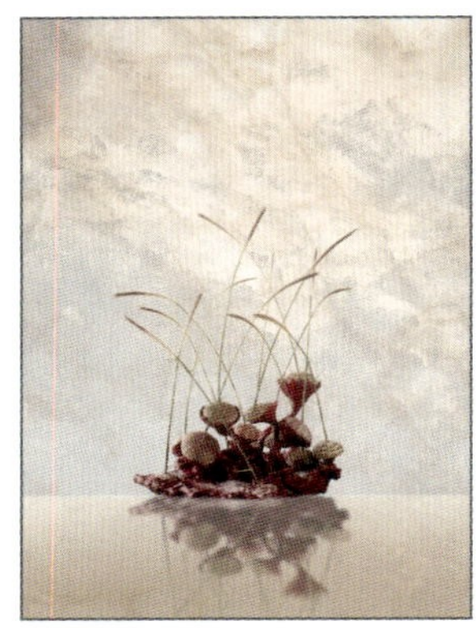

PENNISETUM SETACEUM
TEA GRASS

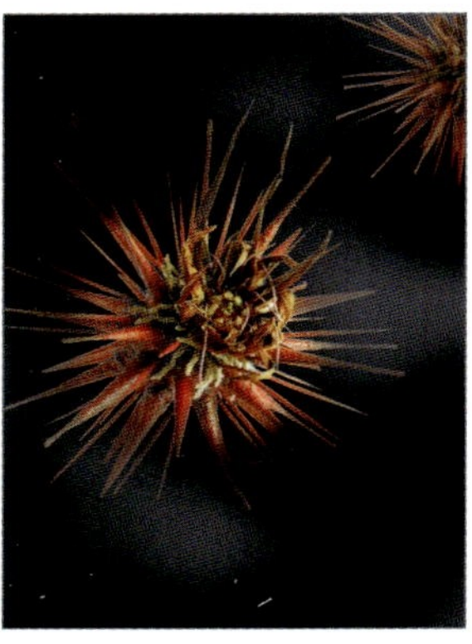

HELICONIA SHIKONG
PEPEROMIA CAPERATA
ACACIA
PROTEA
NUTENS (LEUCOSPERMUM)
RIBES SYLVESTRIS

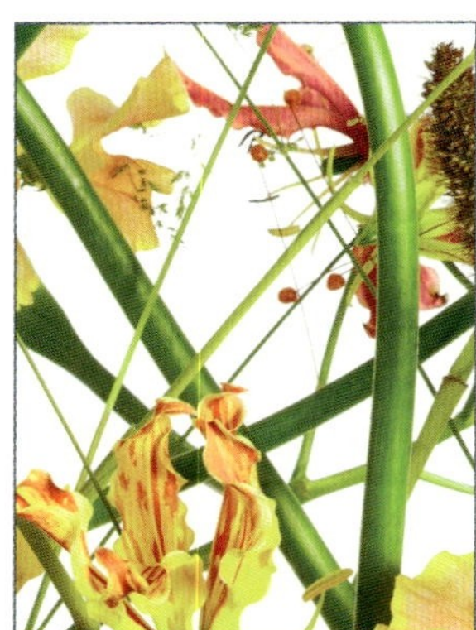

PENNISETUM
GLORIOSA
PYRUS
LATHYRUS ODORATUS
NERTERA
PANICUM

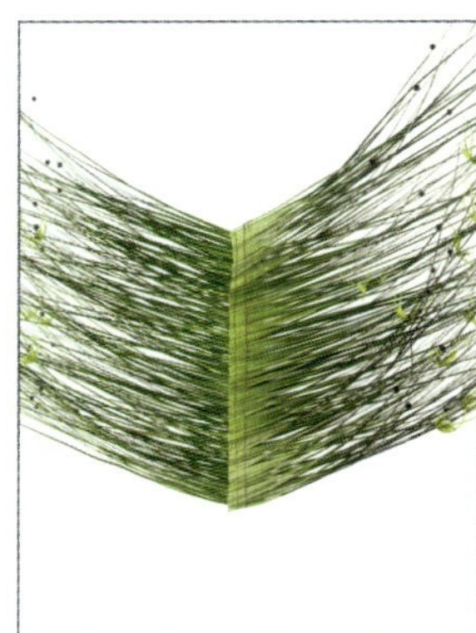

STEEL GRASS
MYRTUS COMMUNIS
BRASSIA (ORCHID / ORCHIDÉE)

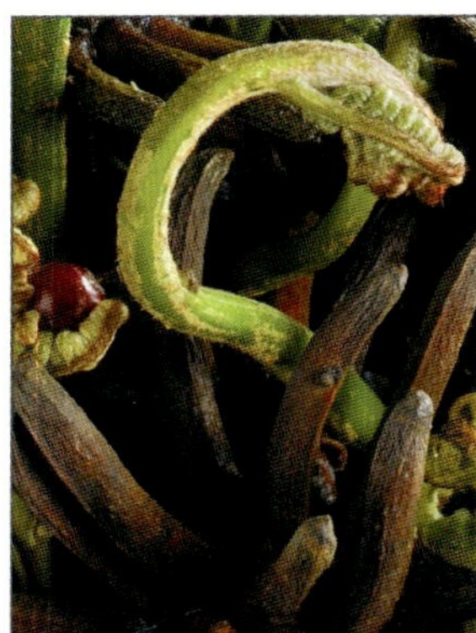

DRYOPTERIS (FOUGÈRE GRAND
AIGLE)
RIBES SYLVESTRIS
EUCALYPTUS (FRUIT)

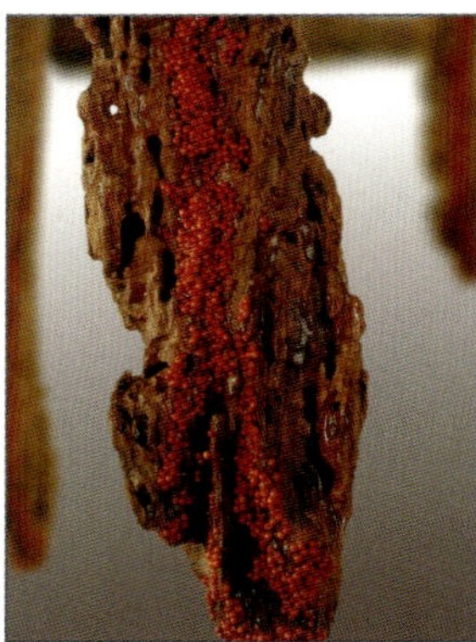

NERTERA
DEAD TREE TRUNK / SOUCHE DE
BOIS MORT

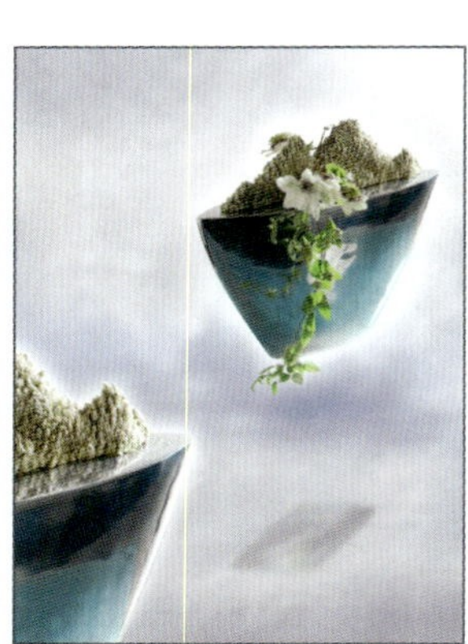

BRIZA
CLEMATIS

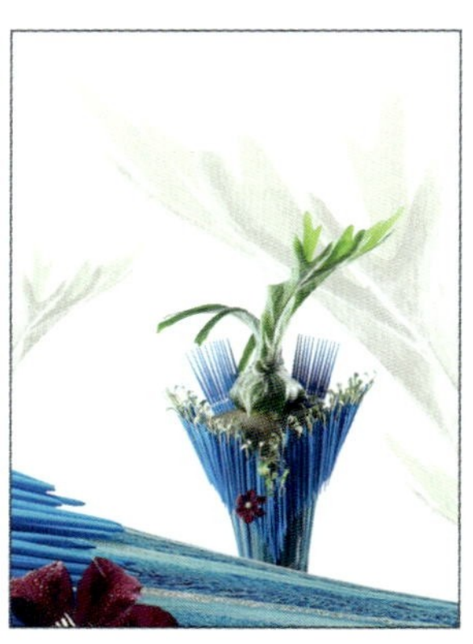

PEPEROMIA CAPERATA
PLATYSERIUM ALCICORNE
CLEMATIS

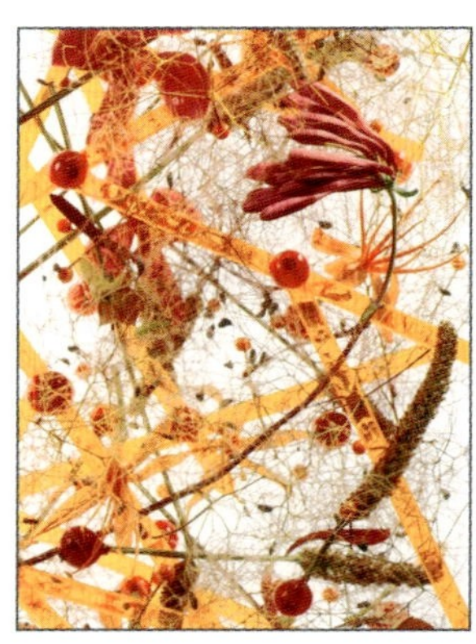

PLANTAGO LANCEOLATA
LONICERA
NIOCTIANA TABACUM
VANDA
AMARANTHUS
SCODOXUS MULTIFLORUS
RIBES SYLVESTRIS

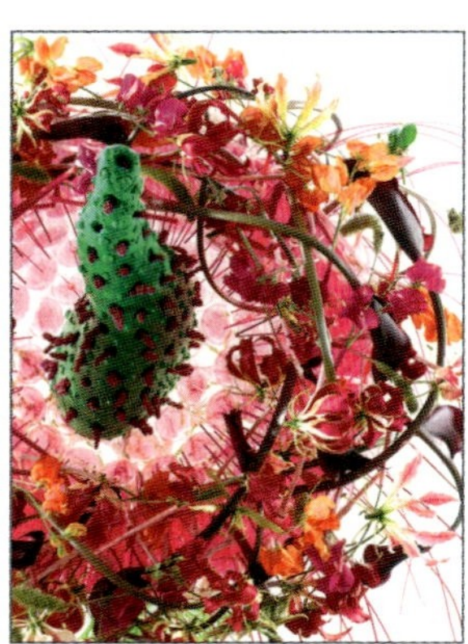

CALLA
GLORIOSA SUPERBA
LATHYRUS ODORATUS
PENNISETUM SETACEUM
ASTILBE

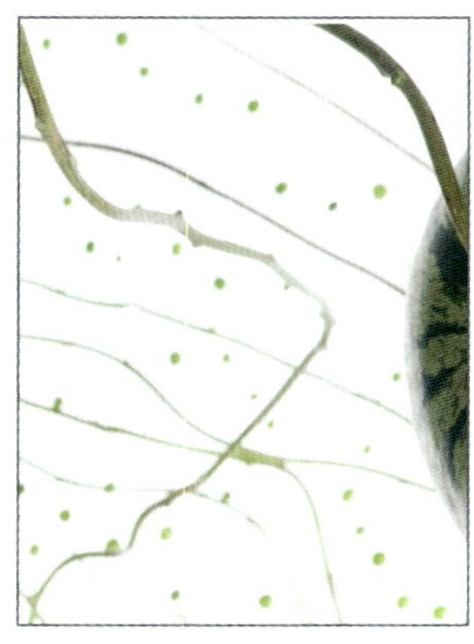

CITRULLUS COLOCYNTIS
TAMUS COMMUN
CLEMATIS

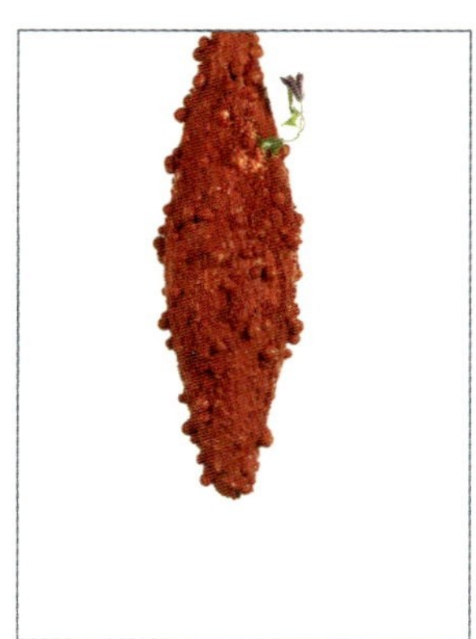

PANICUM FUNTIN
COLLETIA (SEEDS / EPINES)
NERTERA
CLEMATIS

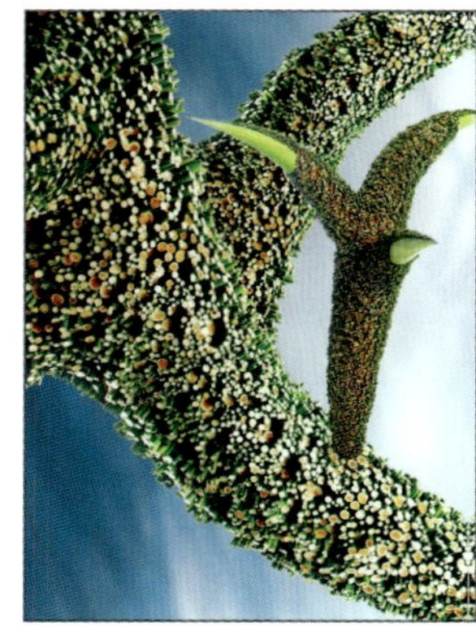

JUNCUS
AGAVE (CORE / COEUR)

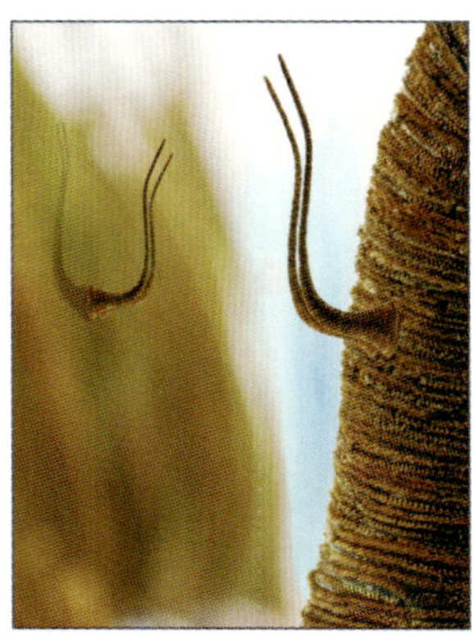

CORREA
MYSCANTHUS
BUFFALO FRUIT
EICHHORNIA CRASSIPES

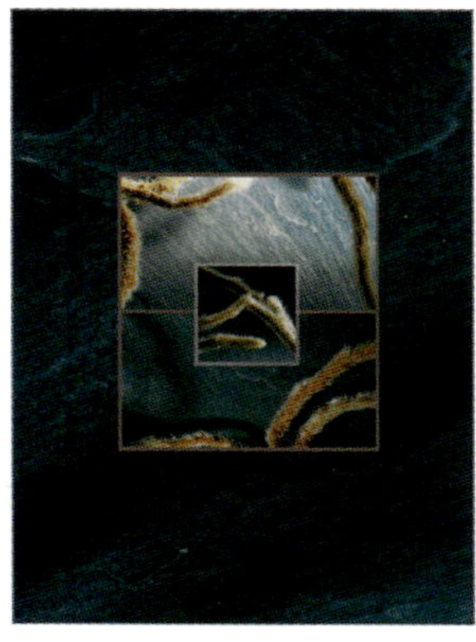

POLYPODIUM (TUBER / TUBER-
CULE)
NEPHELIUM LAPPACEUM

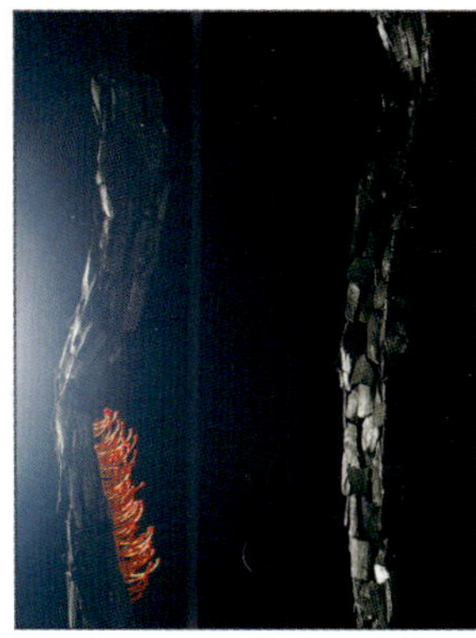

LEUCOSPERMUM
COAL / CHARBON

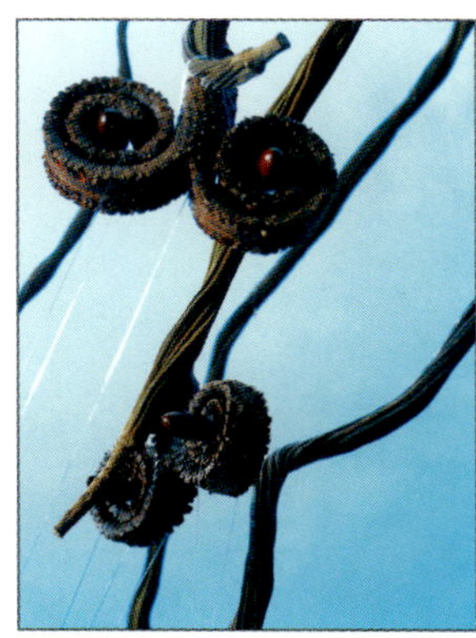

PINUS
INGHA EDULIS (GOUSSE / POD)

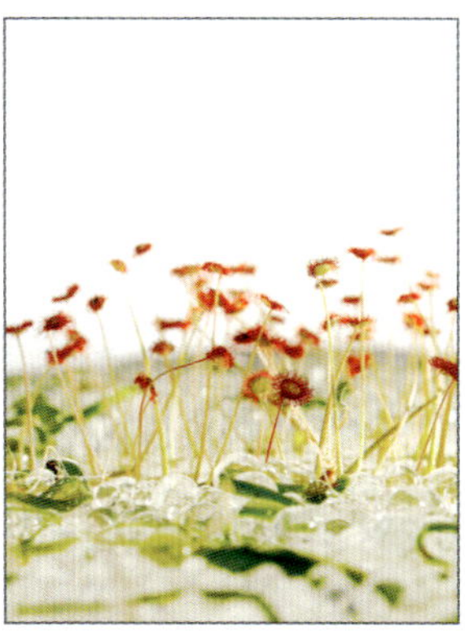

DROSERA
FRESHWATER ALGAE / ALGUE D'EAU
DOUCE
WHEAT GERM / GERME DE BLÉ

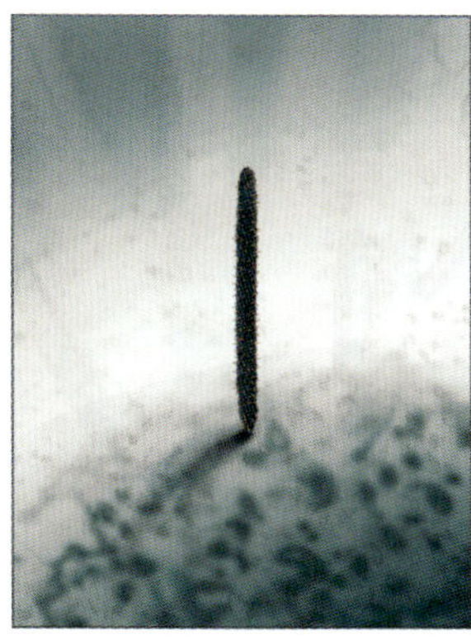

RUBUS FRUTICOSUS
VITIS
HEDERA
MYRTUS COMMUNIS
LIGUSTRUM
ALDER

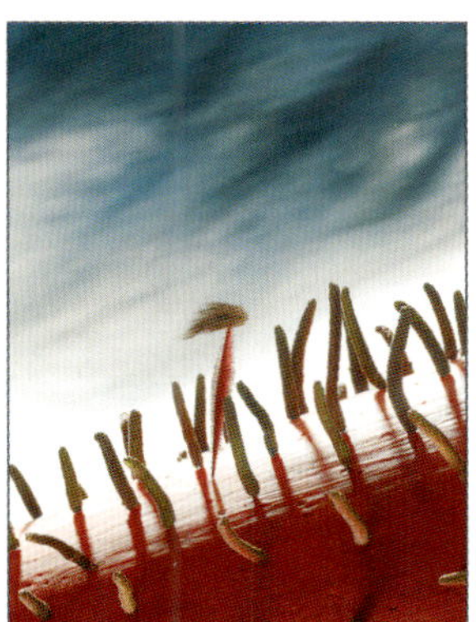

ALDER
CAREX

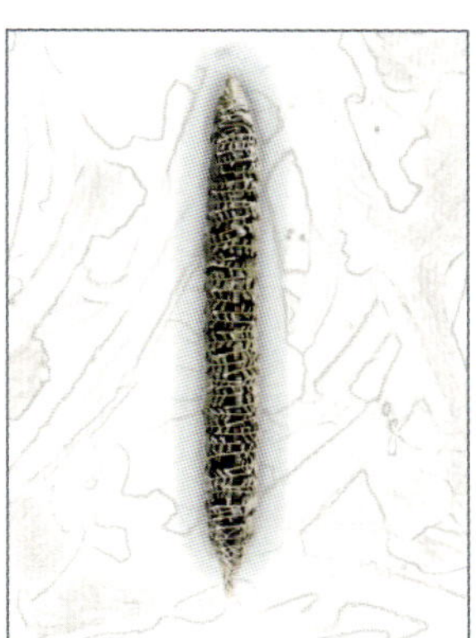

RUBUS FRUTICOSUS
VITIS
HEDERA
MYRTUS COMMUNIS
LIGUSTRUM
CINERARIA

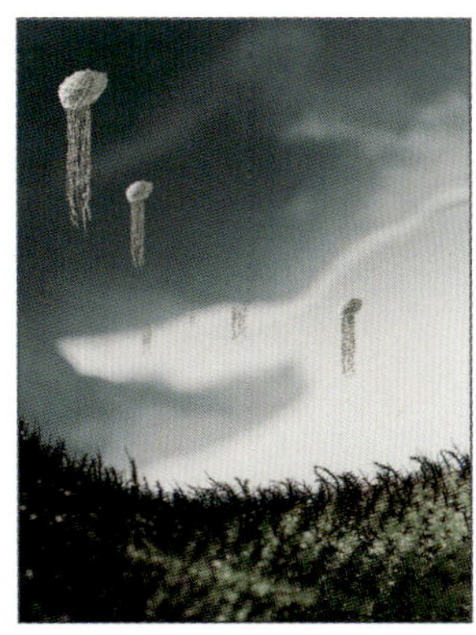

ANIGOZANTHOS
LIGUSTRUM

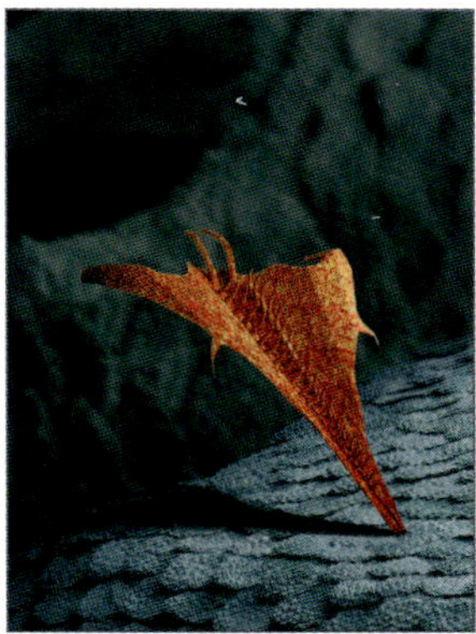

LITCHI CHINENSIS

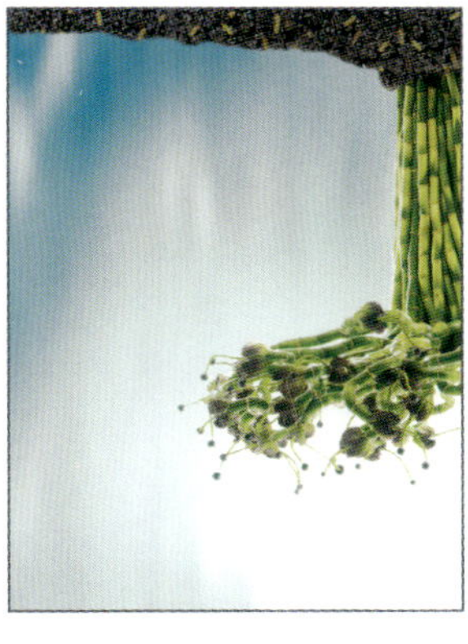

LIGUSTRUM
NICANDRA (PHYSALOIDES)
SNAKEN
CHINESE CANE / CANNE CHINOISE

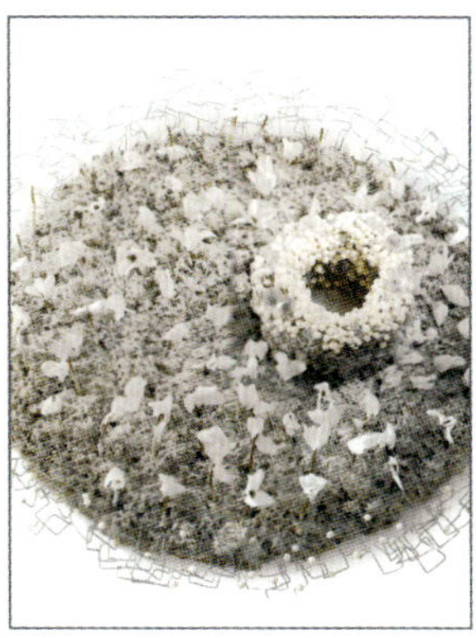

VIBLRNUM
CYCLAMEN (WHITE / BLANC)
SYMPHORINE

Floral Sculptures / Créations florales
Jacques Castagné

Art Direction & Text / Direction Artistique & Textes
Martin Lowe

Photography / Photographies
Daniel Mettoudi

Colour Separations / Photogravure
Graphic Group Van Damme bvba, Oostkamp (B)

Printed by / Impression
Graphic Group Van Damme bvba, Oostkamp (B)

Published by / Une édition de
Stichting Kunstboek bvba
Legeweg 165
B-8020 Oostkamp
t 0032 50 46 19 10
f 0032 50 46 19 18
info@stichtingkunstboek.com
www.stichtingkunstboek.com

ISBN-10 90-5856-214-x
ISBN-13 978-90-5856-214-2
NUR 421
D/2006/6407/37

Thank You
Merci

Authors / Auteurs

Jacques Castagné
Floral Sculptures

Martin Lowe
Art Direction & Text

Daniel Mettoudi
Photography

Jacques Castagné assisted by / assisté par

Josiane Compte
Brice Le Guennec
Sébastien Chol
Maribel François
Muriel Le Couls
Nicolas Rosière
Chika
Jardin Exotique de Ponteilla
Jean-Luc Finck

Martin Lowe assisted by / assisté par

Lee Gilbert
Alex Nauman
Stéphanie Buob
Michael Elliott
Jim Kezman
Sooyoung Kim
Marie Peron
Juli Rasmussen

Daniel Mettoudi assisted by / assisté par

Marie Gruel
Dominique Mettoudi
Valérie Piroud
Patrick Plazzi
Stéphane Ruchaud
Nathalie Zahnd